儒学与文明

CONFUCIANISM AND CIVILIZATION

（第二辑）

河南省儒学文化促进会 主办

王廷信 刘太恒 主编

中原出版传媒集团
中原传媒股份公司

大象出版社
·郑州·

图书在版编目(CIP)数据

儒学与文明. 第2辑 / 王廷信主编. — 郑州：大象出版社，2017.12
ISBN 978-7-5347-9536-7

Ⅰ.①儒… Ⅱ.①王… Ⅲ.①儒家—传统文化—研究 Ⅳ.①B222.05

中国版本图书馆 CIP 数据核字(2017)第 268504 号

儒学与文明　第 2 辑

王廷信　刘太恒　主编

出 版 人	王刘纯
刊名题字	王刘纯
责任编辑	杨天敬
责任校对	牛志远　裴红燕
封面设计	王莉娟
英文译校	周聪贤　杨柳梅

出版发行	大象出版社（郑州市开元路16号　邮政编码450044）
	发行科　0371-63863551　总编室　0371-65597936
网　　址	www.daxiang.cn
印　　刷	郑州市毛庄印刷厂
经　　销	各地新华书店经销
开　　本	787mm×1092mm　1/16
印　　张	15.75
字　　数	244 千字
版　　次	2018 年 4 月第 1 版　2018 年 4 月第 1 次印刷
定　　价	35.00 元

若发现印、装质量问题，影响阅读，请与承印厂联系调换。
印厂地址　郑州市惠济区清华园路毛庄工业园
邮政编码　450044　　　　电话　0371-63784396

编 委 会

顾 问（以姓氏笔画为序）

王立群　王太顺　张德广　骆承烈　傅佩荣

名誉主任

郭国三

编委会主任

王廷信

编委会副主任（除常务外，以姓氏笔画为序）

周桂祥（常务）　牛书成　王永杰　王刘纯　王桂兰　王清选
任晓林　刘太恒　刘振山　宋　歌　张宝明　张倩红　张富群
陈文魁　李占成　杜海洋　杨学法　郑旭辉　侯建光　赵国运
徐东彬　高兴中　程印学　韩　磊

编委会委员（以姓氏笔画为序）

于咏华　王向东　王守雪　王景全　冯迺郁　史鸿文　冷天吉
张永超　张国防　张枫林　李　慧　李若夫　杨合理　辛世俊
周海涛　郑国强　赵　振　赵志浩　高建立　鹿　林　路志宏
颜立茗　魏　涛　魏长领

主 编

王廷信　刘太恒

副主编

李若夫　鹿　林　魏　涛

编辑部主任

鹿　林（兼）

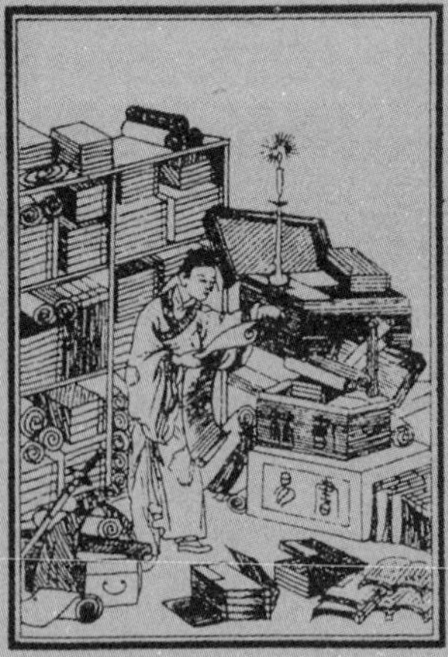

目　录

传统价值观研究

中华母亲节建设与社会主义核心价值观培育 …………………… 王廷信 /003
传统儒学价值观的创造性转化与当代中国价值观的重塑 ………… 魏　涛 /012
儒家群己观的现代价值考察及应用尝试 ………………………… 臧豪杰 /025

冯友兰研究

20 世纪 70 年代末中国哲学界对于冯友兰"抽象继承法"的批判 …… 乔清举 /043
爱国无理由与工业化社会的爱国观
　　——论冯友兰的爱国思想 ……………………………………… 刘素娟 /054
从冯友兰人生境界论看人生终极问题 …………………………… 杨柳梅 /062

宋明新儒学研究

二程治国安民思想述论 …………………………………………… 刘学民 /075
论二程工夫论的"悟"与"修" ………………………………………… 孟耕合 /085
从《横渠易说》看张载的注释观与诠释主旨 ……………………… 刘　泉 /096

礼义研究

中国传统家训中的人格理想 ……………………………………… 赵清文 /109

传统儒家祭祀思想与中华新祭礼教育 ················· 鹿　林 /118
"克己复礼为仁"辨析 ······························· 袁永飞 /130

德政研究
荀子关于建立"大一统"秩序的论证逻辑 ··············· 赵志浩 /143
孔子廉洁思想论析 ································· 刘晓靖 /153
论儒家"德政逻辑"及其当代价值 ····················· 李晓龙 /165
孔孟诚信思想在社会治理中的作用 ··················· 罗雅琼 /178

乐教研究
荀子论"乐"及其美育意义 ····················· 卢　焱　刘　衡 /191

周易研究
邵雍《伏羲易》方图的生成及其极数 ················· 鲁庆中 /205
《易传》的技术统治隐喻 ····················· 冷天吉　冷万豪 /215

医道研究
"中和观"的医儒会通与逻辑理性 ····················· 孙可兴 /225

Contents

003　The Construction of Chinese Mother's Day and the Cultivation of Socialist Core Values / WANG Tingxin

012　The Creative Transformation of Traditional Confucian Values and the Reconstruction of Contemporary Chinese Values / WEI　Tao

025　The Study of Modern Value and Application about Confucian View of Social and Individual / ZANG Haojie

043　The Criticism of Feng Youlan's Abstract Inheritance Method in the Field of Chinese Philosophy in the Late 70's / QIAO Qingju

054　Patriotism without Reasons and Views on Patriotism in Industrialized Society / LIU Sujuan

062　The Ultimate Questions of Life from Feng Youlan's Theory of Life Bourn / YANG Liumei

075　On the two Chengs' Thoughts of Ruling the Country and Bring Its People Stability / LIU Xuemin

085　On Spiritual Enlightenment and Practices about the Two Chengs' Moral Recognition and Practice Theory / MENG Genghe

096　On Zhang Zai's Opinion and Keynote of Annotation from *Heng Qu Yi Shuo* / LIU Quan

109　The Ideal Personality in Chinese Traditional Family Education / ZHAO Qingwen

118　Traditional Thoughts of Confucian Sacrifice and Education of Chinese New Sacrificial Rites / LU Lin

130　Discrimination of "One Who Restrains Himself in Order to Observe the Rites Has Become the Benevolent" / YUAN Yongfei

143　Xunzi's Logic of Argument about the Blueprint of Great-Unity Order / ZHAO Zhihao

153　On Confucius' Thoughts of Probity / LIU Xiaojing

165 The Importance of Confucian Political Ethics to the Construction of "Official Morality" /LI Xiaolong

178 The Role of Confucius and Mencius' Thought of Integrity in Social Governance/LUO Yaqiong

191 Xunzi's Music Theory and Its Aesthetic Significance/LU Yan, LIU Heng

205 Shao Yong's New Generation Method of the Diagram and the Number of Poles of Commentary on the Book of Changes by Fuxi/LU Qingzhong

215 The Metaphor of the Technical Rule of Appendices to the Book of Changes/LENG Tianji LENG Wanhao

225 Integration of Confucianism and Medicine in "Mean and Harmony" and its Logical Rationality/SUN Kexing

传统价值观研究

中华母亲节建设与社会主义核心价值观培育

王廷信

(河南省儒学文化促进会,河南 郑州 450053)

摘 要:节日文化是历史文化的重要形式和民族文化的重要载体。中华民族五千多年来形成的丰富多彩的节日文化不仅培育了中华儿女特有的文化心理,而且全面地营造了整个民族日常文化生活的社会氛围,引导着全体中华儿女的精神价值追求,塑造了中华民族独有的精神文化家园。孝道文化是中华传统文化的重要内容,蕴含着极为丰富的孝敬母亲的文化精神,我们不应该盲目追随西方的"母亲节",相反,理应弘扬中华孝文化传统,自觉地建立中华母亲节。建立中华母亲节,是中国人民共同的感情与心愿的表达,不仅可以进一步弘扬中华孝道文化,而且对促进培育和确立社会主义核心价值观,推进国家富强、民族振兴和文明建设都具有重要的意义。

关键词:节日文化;母亲节;孝道;社会主义;核心价值观

节日文化是历史文化的重要形式,更是一种国家或民族文化的重要载体,因为任何节日都蕴含着丰富而深刻的民族文化,积淀着浓厚的民族文化心理,传承着民族文化传统,都是为了纪念某些对国家、民族繁荣发展做出过极为重要贡献的历史人物或极具深远影响力的历史事件,能够给后人以激励、鼓舞或警示,从而使整个民族始终保持自身的尊严、清醒或警惕。因此,节日文化代表着世界上各个国家和民族对自身发展历程的艰辛探索,它本身就是人类文明进步的成果。中华民族是人类最伟大的民族之一,五千多年来创造了光辉灿烂的中华传统文化,形成了许多

作者简介:王廷信(1939—),男,河南唐河人,原中州大学党委书记、校长,教授,国际儒学联合会顾问,河南省儒学文化促进会执行会长。

独具特色的民族节日,如春节、元宵节、清明节、端午节、七夕节、中秋节等。可以说,中华民族所拥有的多样而丰富的节日文化,不仅培育了中华儿女特有的文化心理,而且也全面地营造了整个民族日常文化生活的社会氛围,引导着全体中华儿女的精神价值追求,塑造了中华民族独有的精神文化家园。

在丰富多样的节日文化中,以传承孝道为根本的孝文化是中华优秀传统的重要组成部分,孝是中华传统节日文化的主导精神之一,体现着中华民族普遍的对自身生命源泉的高度认同与呵护。然而,由于我们的自觉性和警惕性不高,自改革开放以来,特别是进入21世纪以来,伴随着西方文化的普遍渗透,过洋节越来越时髦,而我们自己的民族节日反而被冷落。在孝道文化传承上,最为典型的就是兴起了过美国"母亲节"的热闹现象,而广大传统文化热爱者倡导的中华母亲节却少有人关注。事实上,中华传统文化蕴含着极为丰富的孝敬母亲的文化精神,而且蕴含着极为深刻的价值观念,美国的"母亲节"其内容和寓意是根本无法与之相比的。当今世界上有很多国家民族都在过自己各具特色的母亲节。中华民族理应弘扬中华优秀传统文化,建立中华母亲节。建立中华母亲节,是中华五千年文明发展的重要标志之一,是中华民族共同的感情与心愿的表达,不仅可以进一步弘扬中华孝道文化,而且对促进培育和确立社会主义核心价值观,推进国家富强、民族振兴和人民幸福的伟大中国梦的实现都具有重要的意义。

一

孝观念和孝行为是人类在生存发展和种族繁衍过程中经过数千年的积淀而形成的普遍观念和普遍行为,它存在于世界上一切民族的文化中,只不过在不同的民族文化中有着不同的价值诉求和表现形式。孝文化既有普遍性又有特殊性。中华传统孝文化在与世界各民族孝文化的比较中总能凸显出自己的特色和优势,中华民族不仅赋予孝道以崇高的道德价值追求,而且还在日常伦理道德生活中形成了丰富而具体的规范和要求,实现了孝文化的理念与实践的高度统一。以传承孝道为核心精神的孝文化经过数千年的深厚积淀,已经成为中华优秀传统文化和传统美德的重要内容,为构建中华民族的精神家园,反映中华民族的精神需求,促进中华文明进步做出了重要贡献。

孝亲敬老是中华民族的传统美德。据《孝经》记载,孔子指出:"天地之性,人为贵,人之行,莫大行孝。"(《孝经·圣治章第九》)孔子认为,孝是先王借以达到"以顺天下,民用和睦,上下无怨"(《孝经·开宗明义章第一》)的"至德要道"。孔子被儒家奉为至圣先师,以孔子为代表的原始儒家重视孝文化,将其放在极为重要的地位,充分地认识到孝道文化在弘扬社会道德、构建社会和谐、促进文明建设等方面发挥着不可替代的重要功效。这是因为:一、孝是人的特有天性。母爱和爱母是人类最原始、最自然、最内在的本性。从个体生育上讲,从母体受孕到十月怀胎,婴儿受母体滋养,与母体连在一起,互爱的根已深植,并渗透在细胞里。婴儿出生后要三年哺乳,不仅从母亲血液中供给幼儿营养,而且哺乳本身就是肌肤传爱交流的过程。俗话说"母子连心",就是指母亲与幼儿的心灵感应,日久天长形成的慈爱和孝亲的天然本性。二、孝的作用根源于事物的内在规律。事物的内在规律是:越是内在的东西、越是能量最大的东西、越是人们发自内心深处的感情,其释放的能量就越大、越持久。母子之爱,是与生俱来最天然、最原始的爱,蕴蓄的能量是巨大的。客观地说,儒家对孝文化的认识是非常深刻的,而孝文化在中华民族传统家国一体的文化传统形成与中华民族繁衍发展过程中确实发挥过不可估量的作用。

身处当今社会的我们,理应清醒地认识到:尽管母子之爱源自人的本性,是人们灵魂深处的爱,但孝爱的潜能依然有待于后天的教育。当今,受各种思想的冲击,特别是受西方价值观念的侵蚀,许多年轻人过分强调自己的个性自由和独立发展,在"挣脱家庭束缚"的同时,也日益淡化了对父母长辈的孝爱情感,个别人甚至孝亲本性泯灭了。这种情形,是任何真心关切中华民族长远利益和伟大复兴,忧虑中华民族生死存亡的清醒的中华儿女所不愿看到的。事实上,孝文化建设在当今不仅是构建社会主义和谐社会的重要内容,而且也是传承中华优秀文化的重要途径。只有通过正确的教育和培养,才能消除各种错误思想造成的混乱,使人们全面深刻地认识到孝道在维护家庭、传承亲情、促进社会和谐、繁衍壮大中华民族等方面的价值和意义。建设中华母亲节,通过节日文化形式开展孝文化教育,从娃娃抓起,贯穿青少年成长全过程,培养一代又一代中华儿女的孝爱情感,无疑是很重要的。

通过中华母亲节开展中华孝文化教育,既要充分总结和借鉴中国古圣先贤人生教育的智慧和经验，又要全面贯彻现代教育科学的理念、原则和办法。笔者认为，传承孝文化理应抓好四个阶段的教育：一是幼儿养性教育，二是童蒙养正教育，三是少年养志教育，四是成年养德教育。每个阶段，都应该在加强中华优秀传统文化，特别是孝德教育的基础上学习文化科学知识。通过以上阶段相关内容行之有效的教育，人的德孝特性就能不断发展壮大，真正成为德才兼备的社会主义建设者和接班人。当然，除了建设中华母亲节，引导儿童、青少年过好中华母亲节，进行中华孝道文化教育，还可以通过其他中华民族传统节日开展孝文化教育活动，培育其孝爱情感。孝亲敬老是中华民族的优良传统，实际上在中华民族多个节日文化中都有所体现，如春节、清明节、端午节、中秋节、重阳节、冬至节、腊八节、除夕节等都承载着孝亲敬老、尊宗拜祖的中华优秀传统美德，反映出浓厚的中华孝道文化。当然，相比而言，中华母亲节最能凝聚子女对母亲的孝爱情感，是中华孝文化的最佳载体，倡导建立中华母亲节是弘扬中华孝文化的最好途径，引导中华儿女过好中华母亲节，能更好地弘扬和践行中华孝道文化。

二

母爱乃人类爱心之端，母亲的素质决定着人类的命运和民族的未来。具有五千年文明史的中华民族有悠久而浓厚的孝亲文化传统，在古代历史上出现过众多优秀贤母，她们含辛茹苦生育儿女，用中华美德教育子女，其功德和精神永垂史册，为中华文明和世界文明的发展做出了重要贡献。为了纪念母亲，目前世界上已经有数十个国家建立了母亲节，这是人类文明进步的重要标志之一。

然而，不同国家的母亲节代表着不同国家的文化内涵和民族精神，这是因为不同文化的母亲节都有各自不同的文化个性，流淌着自己民族文化的血液，承载着自己民族的传统文化。尽管中华民族很多节日都传承和普及着孝文化，讲究孝亲敬老、尊宗拜祖，但严格来说并没有特定的母亲节以表达人们对母亲的孝敬之心，在中华大地上出现过母亲节的观念，的确是一些人学习模仿西方的结果。因此，对中国来说，母亲节文化是改革开放以来，特别是进入新时期以来逐渐地孕育和滋长起来的。客观而言，母亲节文化的兴起，促进了人们对母爱、孝敬母亲情感的重视与弘扬。因为这也是我们构建和谐家庭、和谐社会，促进中国特色社会主义现代化事业所不可缺少的重要内容。然而,不少人在盲目宣传母亲节的过程中,仅仅认识到了母亲节所彰显的尊重母亲、孝敬母亲的普遍性,而没有注意或忽视了各民族国家母亲节所蕴含的文化特性或个性,进而盲目地将个别国家的母亲节当成了"世界母亲节"。从根本上讲,这是很多人没有深入了解各个民族和国家母亲节的起源与特殊文化内涵的结果,也是一些人"以洋为美""以洋为尊"的表现。

毫无疑问,当前相当一部分人把西方的母亲节当作"世界母亲节"在中国加以推广,这不仅不科学,而且是错误的,我们应当过好中华母亲节。如果说母亲节具有世界普遍意义,因为它传承着尊重母亲、孝敬母亲等人类最基本的情感,然而西方的母亲节却只具有相对特殊的意义。美国母亲节是美国文化的产物,同美国的历史、文化、宗教有不解之缘。确切地说,美国母亲节虽然也是为了纪念母亲,但它所纪念的是美国人所确立的"美国母亲",其母亲形象寄托着浓厚的西方宗教文化情感。当今世界,多数国家未设立母亲节,伴随着美国强势文化的渗透,一些人盲目地跟着过"美国母亲节",并将之误认为"世界母亲节"。美国的母亲节绝不是世界母亲节。事实证明,虽然欧洲文化跟美国的文化很接近,但许多欧洲国家仍然设立自己国家的母亲节。例如,英国母亲节定在每年3月的第四个星期日,法国的母亲节设在5月最后一个星期日,俄罗斯的母亲节设在11月最后一个星期日,瑞典、匈牙利、西班牙、波兰、奥地利等国家都设有母亲节。在欧美文化圈之外,世界上其他许多国家也都建立了自己国家的母亲节。因此,美国母亲节只具有相对狭隘的意义,不具有普遍性,它所确立起来的母亲形象无法涵盖更多丰富的文化意义,也无法表达更丰富的情感,更不可能代替其他民族和国家的人们对母亲的尊敬与爱戴。对中国人而言,世界各国的母亲节,包括美国母亲节,所承载的都是异质文化,不能传承中华优秀传统文化,更无法表达五千多年来中华儿女形成的对母亲的特殊情感和对母爱的珍爱。因此,理应像世界上其他国家那样,根据自己的民族文化传统,有意识地倡导和建立适合中华民族优秀文化的母亲节——中华母亲节。中华儿女不仅应当过母亲节,而且应该过好自己的母亲节。独具中华民族特色的中华母亲节应植根于中华五千年文明的沃土之中,具有中华民族的文化内涵和民族精神。

事实上,建立中华母亲节不仅势在必行,而且业已赢得人们普遍的支持和欢迎。我国有识之士倡导建立中华母亲节已经历时十多年,经全国各地专家的广泛推荐与反复论证,从中华民族历史上数十位贤母中选出孟子的母亲作为中华民族历史上的优秀贤母,一致认定,以孟母生孟子之日(即农历四月初二)为中华母亲节。此举得到了全国各界的广泛支持和认同。2006年12月,在山东邹城——孟子故里,成立了中华母亲节促进会,并进行首届倡导建立中华母亲节启动仪式。与此同时,一百多位全国人大代表和政协委员等连续数年提交提案和议案,联名支持设立中华母亲节,民间也开展了丰富多彩、深入人心的群众活动。2016年5月8日(农历四月初二),河南省儒学文化促进会联合社会各界数十个单位在郑州举办了"倡导中原建立中华母亲节启动仪式",收到很好的社会效果。全国各地倡导建立中华母亲节的实践证明:中华大地的广大群众内心蕴藏着极大的积极性,为了中华民族复兴的伟大理想,他们热切地投入倡导建立中华母亲节活动之中,表现出强大的文化自信和价值观自信。至此,倡导建立中华母亲节的活动,在中国大地上已成燎原之势。在我国建立中华母亲节的条件趋于成熟,建议全国人民代表大会尽快通过立法形式确定为国家法定节日。如此一来设立中华母亲节,年年过母亲节,就能够逐步成为中华民族的新民俗。这不仅是必要的,而且是可行的。中华母亲节是中华优秀传统文化的载体,特别有利于弘扬中华孝道文化,促进中华母教精神的振兴。

三

当前,如何培育和践行社会主义核心价值观,并在此过程中传承和升华中华优秀传统文化及其核心价值观念,是整个社会考虑的重大课题。众所周知,社会主义核心价值观,其核心在于倡导富强、民主、文明、和谐,倡导自由、平等、公正、法治,倡导爱国、敬业、诚信、友善。习近平总书记多次指出,中华优秀传统文化的思想精华和道德精髓,是社会主义核心价值观的重要基础和源泉,并强调:"我们提倡的社会主义核心价值观,就充分体现了对中华优秀传统文化的传承和升华。"①中华母亲节是中华优秀传统文化的重要载体,建立中华母亲节的重要目的就是为了更好地

---

① 习近平:《在北京大学师生座谈会上的讲话》,2014年5月4日。

弘扬中华优秀传统文化,特别是中华孝道文化,对促进和丰富社会主义核心价值观的主要内容有直接联系。在此,对建立中华母亲节与培育践行社会主义核心价值观的内在联系进行有益的探索,为国家以法律的形式设立中华母亲节提供更多的科学依据。

第一,建立中华母亲节有利于传承母爱和母教精神,促进国家富强和民族振兴。推动世界的手是推摇篮的手,有了母亲才有了世界。母亲的素质决定着人类的命运和民族的未来,优化母亲的教育决定着国家的富强和民族的振兴。在人生的教育成长道路上,母亲是孩子的第一任教师,又是最重要的教师。母亲的教育是最基础的教育,是塑造人生的基础工序。如果说生育是母亲创造生命,而教育是从母亲开始创造人品。要改变那种做母亲就是生孩子的片面认识,而母亲更重要的任务是养育——抚养和教育儿女。科学实践证明:一方面,幼儿的家庭教育是非常重要的,人的性格形成大都是在幼年,这种性格甚至会成为人生的第二天性;另一方面,人生所受教育中家庭教育的比重最大,家庭教育占人生教育的51%,学校教育占人生教育的30%,而社会教育占人生教育的19%。这说明在人生教育中家庭教育,特别是母亲教育的极端重要性。

母亲是伟大的创造者,世界上最伟大的工作就是母亲的工作。母亲的伟大不仅在于生育儿女,更重要的是教育子女。爱子必须教子。重视母爱必须提升为母教,并且要落实在母亲教育上。从国家建设、民族振兴层面上看,母亲教育是民族素质建设和人才资源开发的原始性、长久性的基础工作,也是国家富强和民族振兴的一项基础工作。中华母亲节选择孟子的母亲作为代表人物,就是因为孟母教育孟子事迹典型,《三字经》中"昔孟母,择邻处,子不学,断机杼"的故事,中华儿女耳熟能详。"孟母三迁"和"断机喻学",成为最原始、最著名的贤母教子事迹。建立中华母亲节,发扬母教精神,传承母教文化,尽快实现国家富强、民族振兴,这些内容正是社会主义核心价值观内容在国家层面上的体现。

第二,建立中华母亲节有利于弘扬孝道文化,促进社会诚信、友善等社会主义精神文明建设。爱母和孝亲是中华孝道文化。中华母亲节和孝道文化存在着内在的不可分割的关系,中华母亲节以感恩母亲为中心,表达爱母和孝亲精神,是孝道文化的最好载体。父母生育子女,对子女的慈爱是一种天性,是一种无私的特性;

而子女在母亲的体内孕育、成长起来,自然地滋长着感恩、报恩的品质和行为,这就是孝,这是人性的自然亲情。这种亲子互爱是人类爱心的起点和基石,也是道德启蒙的起点和基石。但是,近一百多年来,由于种种原因,父母对子女慈爱的天性没有减少,而子女对父母的孝心、爱心的本能却有所淡化,甚至在一些地方子女不孝已经发展成为社会问题。一些以个人为中心,不知感恩父母、不知孝亲的人,长大后就会成为自私自利、对国家不热爱、对社会不奉献的人。显然,这些人的增加必将有碍于社会和谐与文明建设。

建立中华母亲节,就是让天下父母的爱子(女)之心得以彰显,让天下子女对父母的孝心得以唤醒。通过过好中华母亲节,在全社会积极弘扬中华孝道文化,使子女认真践行中华孝道文化,在年复一年的母亲节文化体验中,让中华孝文化在全社会生根、发芽、开花、结果。"老吾老以及人之老"(《孟子·梁惠王上》),把这种爱母、孝亲文化推及社会,诚信、友善的良好社会道德便会应运而生。这些内容与社会主义核心价值观的内容相契合。

第三,建立中华母亲节有利于构建和睦家庭,促进社会和谐与文明发展。通过建立中华母亲节,孝文化深入家庭之中,成为构建家庭和睦、邻里和顺的根本法则。中国有句古语"家和万事兴"。"家和"主要表现在父慈、子孝、兄友、弟恭。其中父母对子女的慈爱是天性,兄弟之悌恭是建立在孝的基础之上的,因此家和的主导方面是子女对父母的孝,"一个孝字全家安"体现出家和的关键所在。"夫孝,德之本也,教之所由生也。"(《孝经·开宗明义章第一》)《孝经》不仅把孝作为家庭和睦的根本,而且也把孝当作一切道德的根本,人们的教化就从这里产生。家庭和睦是社会和谐的基础,人们接受孝的社会教化就会产生良好的社会道德,从而推进社会和谐。把孝推及社会就是诚信待人、明礼行善、爱岗敬业,把孝推广到国家就是忠于国家、热爱祖国,就会出现国家安定和社会文明进步。过好中华母亲节,逐渐使孝文化生活化、家庭化、常态化、社会化,社会和国家将会出现安定团结的崭新局面,更有利于社会主义核心价值观的培育和践行。

节日文化是中华民族喜闻乐见的传承优秀传统文化的好形式。作为人伦色彩比较浓厚的中华母亲节,承载着中华孝道文化的重任,应该尽早以法律的形式确定下来,这样一则可以避免西方宗教意义上的特殊母亲节趁虚而入,传播西方异质文化,二则有利于践行中华孝道文化,有利于社会主义核心价值观的确立,有利于实现国家富强和民族振兴。真心希望更多的有识之士和社会团体参与到倡导建立中华母亲节活动之中,为正式建立中华母亲节做出贡献!

The Construction of Chinese Mother's Day and the Cultivation of Socialist Core Values

WANG Tingxin

(Henan Association of the Promotion of Confucian Culture, Zhengzhou, Henan, 450053)

Abstract: The festival culture is an important form of historical culture and an important carrier of national culture. The colorful festival culture forming in over five thousand years not only cultivates the Chinese unique cultural psychology, but comprehensively creats an social atmosphere for the daily cultural life of the whole nation as well, which guides every Chinese in the pursuit of spiritual values and shapes the unique spiritual home of Chinese nation. As a vital part of Chinese traditional culture, the culture of filial piety contains abundant cultural spirit of showing filial respect for mothers. We should carry forward the Chinese traditional culture of filial piety and consciously establish Chinese Mother's Day instead of blindly following the western countries' Mother's Day represented by the United States. Establishing Chinese Mother's Day is an expression of shared feelings and wishes of Chinese people, which can not only further promote the culture of filial piety and have great significance for the cultivation and establishment of the socialist core values, the promotion of our national prosperity, rejuvenation and construction of civilization.

Key words: festival culture; Mother's Day; filial piety; socialism; core values

传统儒学价值观的创造性转化与当代中国价值观的重塑

魏 涛

(郑州大学 历史学院,河南 郑州 450001)

摘 要:深入挖掘传统儒学的现代意义,推动其创造性转化,是晚近以来一代代学人理论思考与探索的重要课题。在当前培育和践行社会主义核心价值观的语境下,无论是就价值渊源和共识的视角,还是借由现实观念呈现的客观事实皆可看到,传统儒学的价值观正在不断地进行着自我调适,推动自身的创造性转化,实现与社会主义核心价值观的交融互渗。在激活儒家思想在现代社会人们生活领域的价值时,亦应看到和儒学价值观在历史时期传播层面的一些经验和有价值的做法。在活化儒学价值观,积极推进儒学价值观与马克思主义价值观、西方现代价值观的融通中,推进当代中国价值观的建设。

关键词:儒学;价值观;转化;中国价值观

习近平总书记在系列讲话中多次强调,培育和弘扬社会主义核心价值观必须立足中华优秀传统文化。牢固的核心价值观,都有其固有的根本。抛弃传统、丢掉根本,就等于割断了自己的精神命脉。要认真汲取中华优秀传统文化的思想精华和道德精髓,大力弘扬以爱国主义为核心的民族精神和以改革创新为核心的时代精神,深入挖掘和阐发中华优秀传统文化讲仁爱、重民本、守诚信、崇正义、尚和合、

作者简介:魏涛(1978—),男,陕西西安人,哲学博士,郑州大学历史学院副教授,硕士生导师,国际儒学联合会理事,河南省二程邵雍研究会秘书长,主要从事中国儒学史的研究。

基金项目:2015年度郑州大学研究生教育专项课题"传统儒学价值观的创造性转化与当代中国价值观的重塑"的研究成果。

求大同的时代价值,使中华优秀传统文化成为涵养社会主义核心价值观的重要源泉。要处理好继承和创造性发展的关系,重点做好创造性转化和创新性发展。培育和践行社会主义核心价值观,就要从中华优秀传统文化中充分汲取思想道德营养,结合时代要求加以延伸阐发,既使中华民族最基本的文化基因与当代文化相适应、与现代社会相协调,又让社会主义核心价值体系之树深深植根于中华优秀传统文化的沃土之上。儒学是中国传统文化的思想主流,探究传统儒学价值观与当代价值观重构之关系,在返本开新中彰显价值观建设之中国特色,是赓续中国文化血脉,深入推进中国社会改革稳步前进的必由之路。

一、传统儒学的现代困境与价值转型探索

作为中国传统思想主流的儒学,是一个以伦理道德观念为核心的思想体系。按照崔大华先生的理解,它是一个以"仁""礼""天命"三个基本范畴所体现的、由心性的、社会的、超越的三个理论层面所构成的比较周延的思想体系。[①] 但是,应该看到,历史上的儒家并不单纯展现其伦理道德性的一面,而且是适应当时社会发展,逐渐获得越来越广泛的社会认同,在"罢黜百家,独尊儒术"之后,被历代统治者所利用,演变为历史上的国家意识形态。其功能逐渐扩展,不再仅止于引领人们价值取向的道德功能,而且也增加了一定的法律性和宗教性的功能。南宋以后,儒学的意识形态性质被进一步强化,在当时国家政策的推动下,通过从科举考试到通俗读物的多渠道方式,广泛地影响了士、农、工、商等各个社会群体,在整个社会的价值观的形塑方面发挥主导性作用。其独特的理论品格和价值特点,不只对中国文化产生了深远的影响,而且远播异域,成为凝聚文化中国力量的重要精神依托。

自鸦片战争以来,在西方工业文明的挑战中,面对政治上一次次遭遇挫折、失败和经济上相对滞后的不争事实,国人在启蒙与救亡的双重变奏中开始对儒学的现代价值和意义进行深入的思考。在五四以来激进的反传统浪潮中,儒学一次次被视为是铸成中华千年未有之祸的根源,受到社会各方的严厉责难和批判。深受西方文化濡染的现代国人,往往将中国文化和现代生活视为两个截然不同而且相

---

① 崔大华:《儒学的现代命运》,人民出版社 2012 年版,第 247 页。

互对立的实体。在围绕这所谓的两个实体进行讨论的过程中,问题逐渐聚焦于数千年积累下来的旧文化传统和价值观与源于西方的新生活方式之间的激烈冲突,致使自五四以来,关于文化问题的争论几乎都是围绕这一主题展开的。全盘西化论和文化保守主义则成为其中的极端化论调,此外还存在着程度不同的西化论和本位论,及模式各异的调和论。① 综观历史可见,在所有非西方的文明体系中,儒家化文明所受西方的冲击与影响最为强烈。而儒学在这些文化中的地位,尤其在其原生的中国文明区,可用"摇摇欲坠"四字来形容。在这样的国人批判声浪中儒学逐渐从国家意识形态中剥离出来,晚清以来的新教育体系逐渐被肢解。许多华人甚至认为,如今已经没有什么儒学传统可谈,这东西早已过时且彻底崩溃了。相对而言,在伊斯兰教、印度教乃至佛教文明地区,这些由宗教所主导的文化所受西方文明的影响便小得多。奠基于宗教系统的价值体系,除非抛弃或改变信仰,否则难以改变。而对这些文明来说,抛弃传统信仰几乎等于抛弃自己的一切。大概是出于从宗教性缺失的视角力图对儒学在近代艰难处境的挽救,康有为的立孔教为国教的理论和活动在清末民初的社会思潮中凸显出来,但在民主共和渐入人心的时代又逐渐被质疑、否定。在蔡元培、章炳麟、陈独秀等人的激烈反对声中,康的理论以失败而告终。章炳麟则将儒学视为一种子学,让儒学以其"义理"内容在哲学的学术领域里获得了自己的安身立命之地。这一定位,后来成为迄今为止人们对儒学的主流定位。20世纪上半期,还有一种为梁漱溟所论说的,与康有为、章炳麟皆不同的儒学定位,即将儒学理解为一种生活、一种文化。② 在他看来,不应将孔子儒学简单地视为一种静态的思想观念形态,而应深入地理解为是一种鲜活的、生命的存在表现。与这些学者的做法相映成趣的是,包括牟宗三、徐复观、冯友兰、余英时、杜维明等人在内的学者,对于五四时期所提出和构建的中国现代化走向"民主"和"科学"的目标,立足于儒学进行了更为自觉的回应,力图解决儒学与这两个目标相对立的问题。他们从不同的角度对儒学可以响应或转换出"民主"和"科学"的精神资源进行了深入的挖掘。提出传统民本思想与西方民主思想中的平等思想具有

---

① 余英时:《中国思想传统的现代诠释》,江苏人民出版社2003年版,第1页。
② 梁漱溟:《东西方文化及其哲学》,商务印书馆1921年,第316页。

兼容性,如冯友兰在《中国哲学中之民主思想》中云:"孟子和荀子都主张人类是平等的,这就是民主思想中的重要核心。"①此亦明显地体现在唐君毅等四位学者发表的《为中国文化敬告世界人士宣言》中。牟宗三进一步认定,儒学的进一步发展的文化使命就是要在儒学的道德理性中"转出"民主与科学,即"内圣开出新外王"。徐复观则更为明确地提出:"民主、科学未曾在传统中出现……必须彻底加以接承。"②提出儒学应该利用各种资源实现其在历史上所缺乏的民主与科学。尽管20世纪这些学者在儒学面临现代化的困境中给我们提出了不同的诠释与发展路径,但并未从根本上改变儒学在国人价值认同上与现代社会似乎对立乃至断裂的格局。在2004年北京文化高峰论坛上,包括杜维明先生在内的70位学者共同签署的《甲申文化宣言》昭告世人,"注重人格、注重伦理、注重利他、注重和谐"的中华文化品格,对于解决由全球化所带来的一系列问题都具有重要的启示意义。③ 这样的提法固然让我们对于儒学的现代意义充满乐观,但我们应该清醒地意识到,如若儒学不能随着时代的变革而作适时的调整,这样一个曾经在中国传统社会发挥重要作用的理论资源终会被消耗殆尽,只能沦落到成为"历史博物馆的陈列品"的境地。

积极推动儒家思想现代转型的研究目前在学界已屡见不鲜,以余英时为代表的很多学者在市场经济的中国面临道德危机的情境下,提出了从价值视角审视包括儒学在内的中国文化的视角,为儒学在新时期的发展与价值的展现开辟了一个崭新的方向。余先生于中西文化价值比较的视角凸显出中国文化的价值。在他看来,中国文化只对价值的超越源头作一般性的肯定,而不特别努力去建构另外一个完善的形而上的世界以安顿价值,然后再用这个世界来反照和推动实际的人间世界,④并且提出,中国人的行上超越世界和形下的现实世界是不即不离的,天与人是合德的,尽性即知天,所以要求之于内。⑤ 在这一观点的基础上,余先生提出了其著名的中国文化"内在超越说"。这对于我们深入思考儒学的特质和由其所奠定的中

---

① 冯友兰:《三松堂学术文集》,北京大学出版社1984年版,第640页。
② 徐复观:《论传统》,《徐复观文录选粹》,台湾学生书局1980年版,第113页。
③ 《甲申文化宣言》,《大地》2004年第8期。
④ [美]余英时:《中国思想传统的现代诠释》,江苏人民出版社2003年版,第13页。
⑤ [美]余英时:《中国思想传统的现代诠释》,江苏人民出版社2003年版,第16页。

国传统主流价值观的现代意义具有很大的启发。自本世纪初,社会主义核心价值观问题提出以来,很多学者即是从余英时所深度揭示的中国文化价值特色的角度进行了有效的回应,对于中国特色社会主义核心价值观的凝练和明确提出,发挥了重要作用。加之近年,尤其是党的十七届六中全会以来官方层面的积极推动,借由包括儒学在内的中国传统文化中凸显出中国特色的声音越来越强烈。这也为我们对儒学价值观与社会主义核心价值观的融通理解提出了新的挑战。

二、传统儒学价值观与社会主义核心价值观的融通与涵摄

从思想发生的视角来看,传统儒学价值观成为形构社会主义核心价值观的重要渊源。人类历史是在连续性与非连续性的统一中不断前进的,价值观念的发展也是如此。任何时代的社会价值观,都与前一时代的社会价值观存在着联系,新的社会价值观要建立在前人所积累的思想材料基础上,在特定的民族文化环境中产生和发展起来。作为社会主义制度的内在精神,社会主义核心价值观是引领社会思想道德建设的一面旗帜,是全民族团结和睦、奋发向上的精神纽带。要建立健全新的思想价值体系,重点在于创新和发展。社会主义核心价值观作为一种社会意识形态,来源于诸多方面,而中国传统文化正是中国特色社会主义核心价值观建构的思想源泉。社会主义核心价值观并非是对中国传统文化的全盘继承,而是取其精华去其糟粕,对中国传统文化进行升华和再创新。传统文化是文化在历史的发展中一代代的积淀,是文化的"活灵魂"。中国传统文化为社会主义核心价值观建设提供了文化基础和思想传统。社会主义核心价值观作为中国特色社会主义主导价值观的理论体系,其中的各个方面都必然贯穿着中国传统文化。而社会主义核心价值观正是植根于中国传统文化的沃土中,吸收了其精髓,才形成和发展起来的。社会主义核心价值观纳入中国传统文化的核心价值观的一些要素,也就具备了中国文化特色。作为中国文化核心价值观承载的儒学价值观与社会主义核心价值观更是存在着千丝万缕的联系。包括儒学在内的优秀传统文化蕴含着中华民族深厚的思想底蕴,体现着中华民族独特的精神气质,凝练社会主义核心价值观既体现时代精神又植根于中华优秀传统文化的沃土之中,蕴含民族精神,体现民族特色。优秀传统文化是我国各族人民在长期的生产生活过程中逐渐形成并经过历史

检验和人民认同的思想品格、价值取向、行为规范和道德准则的精髓和内核,是维系中华民族薪火相传、繁荣进步的精神纽带和不竭动力。在20世纪上半期,中国共产党人在民族独立和国家解放的斗争中,继承和弘扬了中国民族文化的优秀传统。毛泽东思想不仅是中国革命经验的总结,而且也继承和发展了包括儒学在内的中国传统文化,是中国民族智慧的结晶。毛泽东思想在形成过程中对中国传统文化的吸收和改造表现得非常充分。党中央提出的"构建社会主义和谐社会"和"建设社会主义和谐文化"的主张,也吸收和改造了传统儒学中"贵和尚中"思想。充分认识中国传统文化中的现代价值,提炼出适合当代社会发展的"和谐文化",是社会主义核心价值观结合传统儒学文化精髓的创造代表。

基于价值共识的视角可以促使我们对儒学价值观与社会主义价值观融通的可能性有一个深度的理解。人类在创造自己的历史中,价值的多元和一元永远不可分割地联系在一起,从而在价值创造的过程中,不仅不断地形成关于社会价值观念之间的差异,同时也在追求价值一致的基础上,不断地形成关于社会价值观念之间的共识。① 为了解释各种不相容却合理的学说与公民的普遍共识的关系问题,罗尔斯在《政治自由主义》一书中提出了"重叠共识"的理解范式。在他看来,"社会统一的本性是通过一种稳定的诸合乎理性的完备学说之重叠共识所给定的",依此即可达致"多元条件下的有正当理由的稳定"。② 这对我们理解儒学价值观的现代意义具有重要的启示。不可否认的是,在当代社会中,人们必然从自己的角度来进行评价活动,由个体认同差异所带来的关于社会价值观念的不同态度,形成了社会价值观念共识的丰富资源。③ 尽管我们说罗尔斯所谓的"重叠共识"在实质上看来并不是由不同的完备性学说中的不同的理念或判断达成的,而是由其中的共同的理念或判断构成的,虽然也可以将其所讲的"重叠共识法"推广到其他领域,但我们应该清醒地看到,它仍然也只能帮助人们找寻既已存在而又尚未凸显的共识,并非是由异而同,达成了新的共识。故此,用"重叠共识法"来消除价值争端,达成价值共

---

① 陈新汉:《哲学视域中社会价值观念的共识机制》,《哲学动态》2014年第4期。
② 罗尔斯:《政治自由主义》,万俊人译,译林出版社2000年版,第45页。
③ 陈新汉:《哲学视域中社会价值观念的共识机制》,《哲学动态》2014年第4期。

识是不可能的。① 尽管如此，我们还是应该看到，人们在价值观念上所达致的共识应该说离不开现实中任何一种理论和学说的参与。从这个意义上来说，作为在现代社会对民众还有着一定影响的儒学价值观亦当因存在着与其他价值观念的"交集"或"重叠"而使我们在价值观的重塑中不可忽视其重要的理论贡献。

此外，从现实观念呈现的客观事实上，我们亦应看到，传统儒学的价值观正在不断地进行着自我调适，推动自身的创造性转化，实现与社会主义核心价值观的交融互渗。崔大华先生曾指出，儒学是中华民族精神生命之所在，中华民族的兴衰荣辱都能从不同维度上体现出与儒学不同程度的关联。尽管在20世纪初至改革开放前，儒学备受责难和批判，但自改革开放以来，尤其是进入新世纪以来，在中华民族迈上复兴之路时，儒学应当有新的定位。在崔先生看来，即应"蜕去它在历史上被附着的有权力因素的那种国家意识形态性质、以其固有的伦理道德思想特质、以其作为中国传统文化中之具有久远价值的基本精神来表现其功能时，人们发现，儒学还是珍贵的，仍在支持着、模塑着我们中华民族作为一种悠久历史的文化类型和独立的生活方式的存在"②。在走向现代化的过程中，人类达成了基本的共识，即要在人与自然、人与人、当代与未来的三个关系维度上设计缓解、消除这一现代性社会危机的原则、方案，这一原则和方案既要有平等、正义的人类社会伦理法则，还要有尊重自然、对自然富有责任的新的道德理念基础。③ 在这一点上，儒家所本有的"民胞物与""与万物同体""万物各得其所"的生态伦理及"己所不欲，勿施于人""仁者爱人"倡导仁、义、礼、智、信的生活伦理的观念也在不断融纳现代性的理论资源，从容地应对着不断深化的现代性问题。应该看到，当今世界除了处于强势的西方文化外，还有影响较大的以伊斯兰教为核心的阿拉伯文化和同样具有悠久历史的印度文化。它们在世俗生活的层面亦有着与儒家伦理相容的道德原则和观念。深处全球化、现代化中的中国儒学，在多元文化对话与融通中，本着"道通为一"的天下观念和充分的道德自觉，不断实现对当代人们价值观的优化与整合作用。实

---

① 韩东屏：《如何达成价值共识》，《河北学刊》2010年第1期。
② 崔大华：《儒学的现代命运》，人民出版社2012年版，《自序》第2页。
③ 崔大华：《儒学的现代命运》，人民出版社2012年版，《自序》第2页。

际上这样的创造性转化与对当代社会价值问题基于儒家立场的回应,正是在不断实现着与包蕴有当今人类一切优秀价值观的社会主义核心价值观的融通与涵摄,从生活世界发挥着对当今中国价值观重要的形塑作用。

三、儒学现代价值的激活与当代中国价值观的重塑

随着全球化和文化多元化时代的到来,世界各国都在致力于构建自己国家的价值观,并且努力扩大自己价值观的国际影响。当代世界经济、政治、文化的竞争从根本上可以说是不同国家价值观之间的竞争。面对世界范围内思想文化交流、交融、交锋形势下价值观较量的新态势,我们也要全力打造对全世界有竞争力、影响力、吸引力和凝聚力的中国价值观。这里我们所说的"中国价值观"实际上是指当代中国社会的主流价值观。它既不是中国的传统价值观,也不是当代中国社会现实存在的各种价值观的总称,而是体现当前中国根本性质和基本特征的中国特色社会主义价值观。[①] 对当代中国价值观的重构与建设,自然离不开长期以来对挺立中国文明特色发挥重要影响的儒学价值观营养的汲取。与以往的研究不同,我们既要看到儒家思想在现代社会人们生活领域的价值,亦应看到儒学价值观在历史时期传播层面的一些经验和有价值的做法,在活化儒学价值观,积极推进儒学价值观与马克思主义价值观、西方现代价值观的融通中,推进中国价值观的建设。

众所周知,儒家思想是在传统农业社会、宗法社会形成和发展的过程中应运而生的思想。它与我们的现代化进程到底呈现出怎样的关系?进入全面深入推进改革的时期,我们需要对这一问题进行理性的思考,避免五四时期的过激,亦要避免过分推崇的极端化。对此,崔大华先生借由艾森斯塔德的现代化理论给我们进行了深入的回应。他从社会的转变、体制的转换、社会震荡与破坏的适应能力等方面提出,中国现代化的进程和实现的独特性,正是由儒家传统在以上三个方面所表现出的功能所铸就。[②] 这一结论对于我们理解儒家思想的现代意义无疑具有很大的启发。但应该看到,儒家思想对于由传统的农业社会向现代社会转变、传统体制向

[①] 江畅:《培育和践行社会主义核心价值观与中国价值观构建》,《中国社会科学报》2014 年 1 月 13 日第 6 版。
[②] 崔大华:《儒学的现代命运》,人民出版社 2012 年版,第 382—383 页。

现代体制的转换中所彰显的主要是其价值的功能。对于中国现代化独特性的促成,也主要发挥的是其价值观的作用。根据马克斯·韦伯在《新教伦理与资本主义精神》中的观点和余英时先生的观点及晚近以来包括杜维明在内的儒学现代价值的研究与传播者对东亚工业复兴的伦理价值视角的思考,对儒学价值观的现代意义便不难理解。教育部刚刚颁布的《完善中华优秀传统文化的指导纲要》中更是明确指出,加强中华优秀传统文化教育,对于引导青少年学生增强民族文化自信和价值观自信,自觉践行社会主义核心价值观具有重要作用。这体现了我们国家对于中国传统文化基于充分的文化自信基础上的对其现代价值认识的一种文化自觉。综观当前社会价值状况,我们在推进传统儒学价值观的现代性转化中,关键要注意如下几个方面:其一,要在辩证分析传统儒学的现代价值中推动其完成创造性转化。一方面,传统儒学中既包含着讲仁爱、重民本、守诚信、崇正义、尚和合、求大同等有利于修炼道德人格、促进社会和谐稳定的积极优秀成分,同时也包含着君臣父子、男尊女卑、长幼有别、贵贱之差等禁锢人的思想、阻碍社会进步的消极落后成分。我们应厘清传统儒学中的精华与糟粕,批判地继承。另一方面,传统儒学中蕴含一些与当今时代发展和社会进步相互冲突的价值理念,这需要我们根据时代特征对传统文化进行革新,处理好继承与创新的关系。伴随市场经济的深入发展和现代化建设的不断推进,传统儒学中的等级观念、专制保守等落后思想与现代的自由平等、民主法治、公平正义等观念格格不入,培育和践行社会主义核心价值观,应该善于将传统儒学与时代精神相结合,根据时代发展需要对传统儒学进行创造性转化。其二,要将儒学置于世界文化发展的潮流中推动其创造性转化。在全球化的发展浪潮中,我们与国际间的交往更加频繁和深化,需要合理地吸收、借鉴世界上其他国家和民族有益的文化成果为我所用。传统儒学历来具有兼收并蓄、容纳天下的开放视野和博大胸怀,总能不断地从外来文化中汲取营养、滋润自身以求发展进步。当代价值观的重塑要弘扬这种优秀品格,既植根于传统,充沛着浓厚的民族气息,又要具备全球视野。其三,要处理好与马克思主义价值观的融通关系。马克思主义与儒学,产生的时代背景、文化源头、社会目标、历史任务、实践的方式方法和在中国现代化进程中的地位等方面的差异,在相遇初期发生碰撞则是不可避免的现象,尤其在排他性较强的文化激进主义主导社会思潮的年代,把两者对立起来、全盘否定儒学的观点既酿成了儒学发展的悲剧,也可能使得马克思主义中国化理论止步不前。当回归理性的开放时代之后,人们逐渐意识到了马克思主义与儒学的相通互补之处,并不断致力于推动两者的深度融合。从本有理论内质来看,共产主义的社会理想与儒家大同理想有近似之处,都以追求人的解放和幸福为目标;哲学上两者都是人学而非神学,都讲对立统一、与时俱进、变化日新;社会治理上都重视民众力量;在群己观和义利观上,皆提倡先人后己、以义导利等。马克思主义对资本主义的研究和批判,可以帮助儒学在准确地把握好自我定位后有效实现当代的转型;在中国的现代化进程中,也需要吸收儒家社会管理、道德教化、人格养成的智慧,在实现中华民族伟大复兴的事业中真正凸显出中国特色。继续推动马克思主义与儒学的会通是今后中国文化建设的一项重要任务。①

一方面,我们应该从儒学价值观的传播经验中汲取营养,有效推进社会主义核心价值观的培育与践行。应该看到,自社会主义核心价值观问题提出以来,很多地方很多行业其实已经在结合自身实际自发地进行着培育和践行工作,有许多成功的经验需要在经验概括的基础上进行理论层面的提升和表达,以形成具有当代中国风格和气派的培育和践行核心价值观的理论话语;另一方面,对培育和践行社会主义核心价值观中产生的问题和教训,也需要进行超越就事论事的具有普遍意义的解释和建构,以形成可普遍化的规则和规范体系。② 从现实出发汲取经验固然非常可贵,但也需要植根于中国历史,对传统价值观尤其是传统儒学价值观在培育和践行方面的优势进行有益的借鉴。价值观传播的关键在于如何实现由精英价值向民众价值的转换,即实现价值观念的大众化。对于中国传统儒家文化而言,由精英儒学到大众儒学的重要转折过程主要体现在宋、明儒学的转化过程。宋、明两代朝廷不仅通过国家机器将儒学经典纳入科举考试的内容,而且还大力在幼学的教育中普及儒家经典,用诗歌等通俗化的方式传播、普及儒家学说的一些核心价值理念。至今依然为人们所广为传诵的《三字经》《幼学琼林》《增广贤文》等启蒙书籍既是童蒙教育的重要教材,也是传播儒学价值观念的重要著作。可见,中国传统儒

---

① 牟钟鉴:《马克思主义与儒学会通之路》,《光明日报》2012年4月23日理论版。
② 李兰芬:《"家风家规":社会主义核心价值观的"知行场"》,《中国社会科学报》2014年5月19日第6版。

家的核心价值理念之所以能够深入民心,一方面在于把高深理论转化为普及的内容,另一方面在于其选择了符合大众接受要求和接受心理的各种传播方式。从本质上来看,儒家思想核心价值理念的传播普及就是其核心价值理念转化为适当的内容,通过适当形式深入民心成为广大人民群众的一种文化自觉的过程,其实质是儒学精神的大众化。这就启示我们,只要方式得当,一种抽象的价值理念是完全可以得以成功传播并普及的。当然我们也应该看到,一种价值观念从传播到普及一般要经历一个从学院书斋的理论创造再到理论的通俗化解释,通过通俗化解释转化为大众化的内容的过程。这实际上也是一个再创造过程,通过这个过程才能使之能够传播亦即大众化。在此基础上,以大众易于接受的艺术手段传播已经大众化的内容,这种内容最后为大众接受,也就是内化为大众文化心理的过程。这个过程绝非如一些学者或大众传媒所认为的只是理论的通俗化而已,而是借由深度地理解和通俗的诠释之后实现其生命力的再现与复活。恩格斯在《反杜林论》中曾指出:"我们不知道有任何一种力量能够强制外在健康清醒状态的每一个人接受某种思想。"①这些启发我们在社会主义核心价值观的传播过程中,应该注意如下几个方面:首先,一定要考虑到每一个受众的内心认同问题,否则可能导致个体认同与基于多个个体主体认同的相互作用中所形成的社会认同之间的分离与断裂。通过对价值传播过程的研究可知,理论的通俗化其实只是完成了价值观念传播普及的一半,而且还是在理论化阶段,并未进入真正的大众化阶段。一种价值观念的成功传播与普及必须结合受众的需求与心理。事实证明,不同的社会群体对社会主义核心价值观的接受认同的程度以及认识的方式不尽相同,为此应当有不同的传播策略。要紧紧抓住受众的文化心理和审美情趣,寓教于乐,让广大受众在愉快的过程中接受社会主义核心价值观念。从受众的心理来看,要让接受文化理念的过程成为一个快乐的过程、愉快的过程,为此,就应当把握好受众的审美情趣,自觉避免把传播普及活动搞成一种简单政治说教的过程。其次,在传播方式的选择方面必须用一切可能有效的方式。中国传统文化的核心价值观念的传播可谓用尽了当时能够利用的一切先进的传播手段,对识字的人通过书籍,对不识字的人通过平话以及

---

① 《马克思恩格斯全集》(第3卷),人民出版社2002年版,第211页。

通过绘画艺术等,但是都有一个特点,即形象生动地反映传播者所想表达的理念和精神。这要求我们在推进社会主义核心价值观的传播普及工作时,一定要把握不同受众的特点和需求,有针对性地编写适当的传播内容,采取不同的传播方式,进行有效的传播和普及。再次,还要适时推进传播平台和载体的更新,充分利用一切现代传播平台与载体,如电视、报纸、广播、网络、微信、微博等。传播平台与载体在今天的大众传媒时代显得尤为重要,对于包括价值观在内的文化传播效果将产生至关重要的影响。一方面要注意传播内容与形式的通俗化,另一方面要注意传播内容的准确以及不失真,要在传播内容的真实准确与通俗化之间寻找一个合适的度。实现了与传统儒学价值观融通涵摄的社会主义价值观的有效传播,实际上也就意味着在当代中国价值观的重塑之路上迈出了坚实的步伐。

  培育和践行社会主义核心价值观就是要构建不同层次、不同维度的价值观,从而构建完整系统的中国价值观,并使之现实化为中国社会的制度和文化,内在化为中国人民的信念和准则。[1] 梁启超在《新民说》中早已经昭示我们,作为重塑中国价值观的"新民德"理论和实践,尽管需要学习西方的所谓"公德","采补其所本无而新之",但更需要发扬光大"吾祖宗遗传固有之旧道德"。[2] 20世纪以来的中国价值观念变迁实践充分说明,梁启超的这一观点乃是一种基于深刻的文化和道德自觉的思考。正像有学者指出的那样,社会主义核心价值观要从执政党的倡导真正转化为亿万人民的自觉意识和自愿行为,离不开主要蕴含在儒学中的文化生态、文化传统、文化心理和文化语言条件。[3] 从中国传统儒学价值观面临的现代化困境及其转型中看到构建当代中国价值观的有益路径,并对儒学价值观的传播经验有所借鉴,我们在当代中国价值观的重塑中才能真正解决中国语境中的关键问题,推动社会主义核心价值观的良性培育和有效践行。

The Creative Transformation of Traditional Confucian Values

---

[1] 江畅:《培育和践行社会主义核心价值观与中国价值观构建》,《中国社会科学报》2014年1月13日第6版。
[2] 梁启超:《梁启超文存》,江苏人民出版社2012年版,第330页。
[3] 陈泽环:《儒学创新与人权》,《哲学动态》2014年第5期。

and the Reconstruction of Contemporary Chinese Values

WEI Tao

(School of History, Zhengzhou University, Zhengzhou, Henan, 450001)

Abstract: Exploring the modern significance of traditional Confucianism and promoting its creative transformation is an important issue scholars have been thinking about theoretically in the recent decades of years. In the current context of cultivating and practicing the socialist core values, it can be seen that traditional Confucianism values are in constant self-adjustment, promoting its creative transformation and arriving at mutual penetration with social core values whether from the perspective of the origin of values and consensus or the objective facts from the realistic ideas. While arousing the value of Confucianism in modern society, we also should notice the experiences and valuable practices in the spread of Confucian values in the history. Thus, the construction of contemporary Chinese values can be promoted in the process of activating the Confucian values and advancing its integration with Marxist values and modern Western values.

Key words: Confucianism; values; transformation; Chinese values

儒家群己观的现代价值考察及应用尝试

臧豪杰

（郑州大学 马克思主义学院，河南 郑州 450001）

摘 要：群己关系是儒家的重要价值观之辨。当前,学术界对儒家群己观的认知存在两种观点：一、调和论。儒家对"群"与"己"并非偏于一端,而是取中而处。二、重群论。儒家的"己"以"群"为价值导向,并最终归趋于群。儒家群己观与现代群己观相比较,二者在以下几个方面存在区分：一、儒家群己观预设了"群"与"己"的价值统一,"和谐"为其取向；现代群己观预设了"群"与"己"的分离,"冲突"为其价值取向。二、儒家群己观是一种义务论；现代群己观则是一种权利论,并具有鲜明的"非价值"特征。三、在公共精神方面,儒家群己观的公私边界意识模糊和伦理特质使其无法生发出"公共性"；现代群己观有着明确的公私边界,公共领域中权利规则取代了公共善,道德和价值被归属于私人领域,这使其从根本上否定了公共精神的合理性；现代社群主义、共和主义、保守主义等则力图重新复兴公共精神。客观认识儒家群己观,除了比较视角之外,还要求我们超越形而上学模式。在现实应用层面,儒家群己观对于建构中国梦的理论体系有着深刻的启迪。

关键词：儒家；群己观；中国梦

　　人要过一种群居性生活几乎是人类早期文明的共识。古希腊思想家亚里士多德认为人的生活离不开城邦,脱离城邦的人,非神即兽,人天然是一种政治动物。

作者简介：臧豪杰（1983— ），男，河南商丘人,郑州大学马克思主义学院讲师,政治学博士,主要从事政治哲学、政治现代化研究。

基金项目：河南省哲学社会科学规划青年项目《儒家思想社会化对社会主义核心价值观践行的启迪研究》（2016cks028）阶段性成果；河南省教育厅人文社会科学研究重点项目《儒家群己观在中国梦体系建构中的思想启示》（2014-zd-019）成果。

根据梅耶的研究,在希腊时代,"政治"指一种关系或张力的场域,在这样的场域或要素中,共同生活的秩序在政治组织间被创造并付诸实践,在其中,人们可以对涉及全局利益的问题做出决策,其中各种意见和观点在相互交锋中影响着决策的制定。① 中国古代思想家荀子指出:"力不若牛,走不若马,而牛马为用,何也? 曰:人能群,彼不能群也。"(《荀子·王制》)中西方古典文明给我们提供了古典时代对群己关系的理解,也即己的价值必须通过参与群体的活动才能得到彰显,其中,政治正是为调节群己关系产生的。

近代以来的中国政治现代化过程中,一方面,在形式层面,现代群己关系逐渐取代了传统的儒家群己关系,群和己的含义都发生了巨大的变革,人们对于"群—己"关系的认知也出现了方向上和价值上的转变;另一方面,在实质层面,儒家群己观并未完全退出历史的舞台,仍然影响着中国人的思维方式。与此同时,现代群己观在实践过程中面临着多层面的挑战,不得不重新回溯传统以寻求智慧。因此,在新时代的背景下,如何评价儒家群己观,它对于当前的中国实践具有哪些启发意义,便是很具有现实性的话题,这也是本文所着意要回答的问题。

一、儒家群己问题生成

儒家"重群""尚群"几乎是学界共识。刘俊杰将儒家称为"群体主义",张馨艺、周君、杨茜、王志敏等将其称为"群体本位",毛庆耆将儒家文化称为"群性文化"。② 儒家"群"意指为何? 学者们有着不同的认知。其一,"群"是人的类本质。丁梅认为儒家对"群"进行了形而上的提升,并将其规定为人的类本质。王孝春、李建华、金妍妍认为荀子的"群"指人类社会生存与发展的基本能力,是人的社会性呈

---

① [德]梅耶:《古希腊政治的起源》(导论),华东师范大学出版社2013年版,第8页。
② 参见刘俊杰:《儒家群体主义对我国现代化的利与弊》,《山东社会科学》1997年第1期;张馨艺:《传统儒家群体本位思想的现代审视》,《青春岁月》2011年第10期;周君:《传统儒家"群体本位"思想的当代启示》,《文教资料》2009年第26期;杨茜、王志敏:《谈"群体本位"思想对造就公民意识的阻碍及其消除》,《经济研究导刊》2012年第20期;毛庆耆:《论儒家学说群性文化的本质特征》,《辽宁师范大学学报》2009年第1期。

现，也是人与动物相分的标志。① 其二，"群"就是社会。黄玉顺认为荀子的"群"就是一般的"社会"概念，但荀子的"群学"并非严复所论的社会学，它是生活儒学，即基于生活方式转换的社会哲学或一般社会理论。② 王孝春、李建华、金妍妍则认为儒家"群"指代了一种和谐的、共生共存共发展的理想社会。其三，"群"是一种共同体精神。张灏认为儒家在价值取向方面有着鲜明的"和群意识"，儒家的这种社群意识强调社群生活应该以家庭为其基本模式，同时又强调情感的聚合必须以家庭为出发点，最终成为包容全人类的大群。③ 郑吉雄认为儒家伦理价值观念根源于儒家的"群"观念，儒家"群"乃是以血缘为基础、以两性生命结合为开端的社群。④ 李宜蓬区分了孔子的"《诗》可以群"与"诗可以群"，前者侧重指精神上的同类，后者则是指"诗"与礼乐相辅相成共同促进以文化为纽带的社会共同体的形成。⑤ 其四，"群"是一政治组织，有时指代君。金观涛、刘青峰指出，在古代，士大夫喜欢用"群"，"群"与"会"都具有多数人聚集或形成组织的意义，但"群"具有更多的政治含义。此外，"群"往往与"君"联系在一起，"群"被视为"君"的一种功能，此一意义主要发生于戊戌变法之后。⑥ 其五，"群"的内涵变动不居。金耀基认为儒家对于"群"的界定从来都是游移不定的，儒家的"群"可以分为两个层次：家庭群体和家庭以外的群体，但儒家的"家庭群体"又具有模糊性和灵活性，小时指个人，大时包括所有家族的人。⑦ 综合来看，"尚群"是儒家思想的基本特征，儒家的"群"具有社会学的含义，但更侧重伦理、政治含义，它是人与动物区分的标准，也是儒家的政治社会理想，这种政治社会是以血缘、情感为纽带的伦理共同体，它的外延与内涵又充满了伸缩性。

---

① 参见丁梅：《儒家的"群"论》，《求是学刊》1999年第2期；王孝春：《论荀子的"群"》，《东北师大学报》2010年第1期；李建华、金妍妍：《论荀子之"群"》，《南京社会科学》2011年第12期。
② 黄玉顺：《儒学的"社会"观念——荀子"群学"的解读》，《中州学刊》2015年第11期。
③ [美]张灏：《传统与现代化》，姜义华、吴根梁、马学新主编：《港台与海外学者论传统文化与现代化》，重庆出版社1988年版，第231页。
④ 郑吉雄：《戴东原"群""欲"观念的思想史回溯》，《湖南大学学报》2008年第1期。
⑤ 李宜蓬：《孔子"诗可以群"的文本意义》，《三峡大学学报》2015年第1期。
⑥ 金观涛、刘青峰：《观念史研究》，法律出版社2009年版，第109页。
⑦ 金耀基：《儒家学说中的个体和群体——一个关系角度的诠释》，《中国现代化的终极愿景——金耀基自选集》，上海人民出版社2013年版，第101—103页。

对于"己",杨国荣认为理学所谓的"我"是一个伦理性的主体,它具有个体性,但并非现代式个体。① 美国学者赫伯特·芬格莱特认为《论语》中表达"自我"的"己"应被视作他人的对立面,它也标示自我的利益应当在理想上与他人的利益相协调,或者会迁就其他人。芬格莱特指出:"我们从《论语》中获得自我概念,是一个自我省察和自我调节的个体;是一个和他人截然有别的自我;是一个带有利益的自我,那些利益也许在实际上和他人的利益有所冲突,而在理想上又应当和别人的利益相互协调,甚或迁就他人的利益。从这样一种自我中,产生出一种有指向的动力——欲、志。"② 杜维明则认为在古典儒家观念中,自我属于关系的中心,不能被看成是一种孤立的或可以孤立的实体。儒家的自我是需要其他人参与的。③ 金耀基认为在中国传统文化中没有西方的个人主义或集体主义,但具有个人主义或集体主义的倾向,儒家伦理的突出特征是"以自我为中心的唯意志论"。④ 金观涛、刘青峰认为中文中古有"个人"概念,但它不被视为权利主体和社会组织的基本构成单元,而是被视为道德个体和伦常关系的载体。⑤ 作为现代权利承载者的"个人"是一个现代产物,而用"个人"翻译 individual,则是 1884 年由日本定名后传入中国的。⑥ 综合以上观点来看,儒家的"己"是一个关系式的个体,它充满了伦理性,但又不否定现实的利益诉求,同时,又被赋予一种可以达至完善状态的精神特性。

对于儒家的群己观,主要存在着以下两种观点:其一,调和论,即儒家群己观并非偏于一端,而是取中而处。比如:钱穆认为中国社会顾全大体,喜欢过一种大群生活,但顾全大体和大群生活则并非要牺牲掉个人,中国人把个人幸福视作个人个性的发展。⑦ 余英时认为儒家群己关系不能简单地定位为集体主义或个人主义,儒

---

① 杨国荣:《从群己关系看理学的价值观》,《中州学刊》1993 年第 4 期。
② [美]赫伯特·芬格莱特:《孔子:即凡而圣》,江苏人民出版社 2002 年版,第 129 页。
③ [美]杜维明:《儒家思想新论——创造性转换的自我》,江苏人民出版社 1991 年版,第 50 页。
④ 金耀基:《人与社会——儒家伦理范典的特性及其在现代社会中的问题》,《中国现代化的终极愿景——金耀基自选集》,上海人民出版社 2013 年版。
⑤ 金观涛、刘青峰:《观念史研究》,法律出版社 2009 年版,第 155 页。
⑥ 金观涛、刘青峰:《观念史研究》,法律出版社 2009 年版,第 152—154 页。
⑦ 钱穆:《中国文化传统之演进》,姜义华、吴根梁、马学新主编:《港台与海外学者论中国文化》(上册),上海人民出版社 1988 年版,第 12 页。

家是居于集体和个人之间择中而处。① 王正认为儒家在强调群体价值的同时并没有忽视个体生命以及个体利益,儒家认为个体和群体在最终的利益和价值上应当是合一的。② 赫伯特·芬格莱特认为儒家社群和个体之间是一种有机的关系,个体并非为了社群而生活,社群也非满足个体欲求的纯粹功利主义机制。杨国荣认为儒家群己之辨发端于孔子,孔子认为人内在于社会群体之中,但孔子又对主体的力量保持自信的态度。③ 彭国翔认为如果将儒家的自我观和西方以强调个人为主的自我观对立起来,这对于西方自我观和儒家自我观的理解都不能说是全面和深刻的。他强调"既肯定个体与社群的密不可分,同时又凸显独立人格,在深入社群的同时成就鲜明的自我,自我对社会构成一种既内在又超越的关系。这就是儒家对于自我的理解",而儒家也有一种"个人主义",这种个人主义不是"individualism",而是"personalism"。④ 国内有学者把"personalism"译作"人格主义",美国学者狄百瑞将其作为与西方"个人主义"相对应的一种价值观念。其二,重群论,即儒家以群为价值导向,并最终归趋于群。比如:杨国荣指出,先秦儒家奠定的群体原则在正统化儒学(特别是宋明新儒学)中逐渐衍化为整体主义的价值取向,至明清之际,传统的群己之辨转化为我的自觉与群体认同的统一。⑤ 丁成际认为孔、孟、荀的群己观中实现了"贵己"与"贵群"的统一,但是群体价值高于个体价值,自我实现以群体认同为方向。⑥ 陈卫平认为孔子的群己观可以用"和而不同"来概括,孔子认为群与己应达成和谐,其过程是自我归并于群体。⑦ 美国学者牟复礼认为孔子接受的伦理来自于以家庭为中心的社会,个体的首要责任来自于对家庭的责任,然后及于宗

---

① [美]余英时:《群己之间——中国现代思想史上的两个循环》,《中国思想传统及其现代变迁》,广西师范大学出版社 2004 年版,第 79 页。
② 王正:《超越社群主义的群己观——先秦儒家道德哲学中的群己之辨及其现代意义》,《道德与文明》2015 年第 6 期。
③ 杨国荣:《先秦儒学群己之辨的演进》,《孔子研究》1992 年第 3 期。
④ 彭国翔:《儒家也有一种"个人主义"——访北京大学高等人文研究院文化中国研究中心主任彭国翔》,《人民论坛》2012 年 12 月(上)。
⑤ 杨国荣:《我的自觉与群体认同——明清之际儒家群己观的衍化》,《南京社会科学》1993 年第 4 期。
⑥ 丁成际:《"各得其宜"与"群居和一"——荀子"群己之辨"的价值意蕴》,《安徽大学学报》2008 年第 4 期。
⑦ 陈卫平:《"和而不同"的群己之辨》,《华东师范大学学报》1994 年第 4 期。

族、乡里、国家、天下,在此过程中,个体的责任也逐渐减弱。① 李文军、刘晓虹则认为儒家群己观逐渐转向了整体主义,最终演化为个体独立性的抹杀与对专制君主的服从。② 综合以上观点可以发现儒家群己观呈现出以下几个特点:(1)儒家群己关系不是整齐划一的。不同的学者、不同的流派与时代,儒家的群己观呈现出不同的面貌。(2)儒家"群—己"是一种对立统一的关系。尽管存在重群论、调和论的区分,但儒家思想并没有走上偏于一端的极致,而是采取了中庸的方法处理二者的关系。(3)儒家思想的制度外化呈现出整体主义特征。尽管儒家思想对群己取中庸视角,但在制度层面,"群"被视为价值的基础、正当性的根源,这使得作为"群"对应面的"己"隐没不显,甚至被视为不道德的存在。(4)儒家的"群—己"是一种伦理式关系,与现代权利式关系存在着本质的不同。当前,围绕儒家群己观的研究主要集中于对群己关系的学理阐述,其现代性应该如何评价,其价值的现实效用如何,此等问题尚未受到广泛的关注。

二、儒家群己观的现代考察

虽然群己关系是儒家重要的价值观之辨,但在古人的观念中,人我关系比群己关系更重要,因此,高瑞泉认为严格意义上的群己之辨是中国近代的产物。③ 在中国近代,"群"与"己"的含义都发生了重大的变迁。

首先,现代性"群"的兴起。汪晖认为晚清"群"的概念必须与中国面临的改革情势相结合,用"群"来翻译 society 反映了近代中国人的独特思维:"群"既反映了社会所具备的分层、等级秩序,同时又代表着"社会"的应然秩序,其目的是使各部分处于一种正确的秩序之中,最终实现"公"的理想。④ 由此可见,现代性"群"的兴起一方面承继了传统"群"(主要是荀子)的形而上和社会政治秩序理念,另一方面

---

① [美]牟复礼:《中国思想之渊源》,北京大学出版社 2009 年版,第 45 页。
② 参见李文军:《传统中国的整体主义及其近代赓续》,《中华文化论坛》2013 年第 5 期;刘晓虹:《从群体原则到整体主义——中国传统价值体系中的群己观探析》,《文史哲》2002 年第 4 期。
③ 高瑞泉:《"群己之辨"与近代中国的价值观变革》,《中国哲学史》2001 年第 4 期。
④ 汪晖:《公理与反公理》(下卷·第一部),《现代中国思想的兴起》,生活·读书·新知三联书店 2014 年版,第 887 页。

又吸取了西方"社会"的分层、权利特征,其目的是把二者融合为一,利用西方"社会"的机制建构具有现代性的社会组织,同时又赋予其一定的道德特征。除此之外,晚清"群"又具有鲜明的等级特征,商会、学会、国会被称为"小群","国家"则被称为"大群"。在西方文化中,"国家"与"社会"是一对对立的概念,社会是私权利的自组织领域,国家则是不可避免的"利维坦",二者本来有着不同的价值认定与规则逻辑,却在中国近代统一于"群"的概念之下,在此处也可以发现近代中国存在着典型的"国家道德化"倾向,国家之所以被视为"大群",也是从价值序列排位上得出一个认定。

其次,"社会"取代"群"。根据金观涛、刘青峰的研究,1901年至1904年间,"社会"取代了"群"。二人认为这一转变一方面反映了社会组织蓝图的变化,蕴含着主张平等的社会革命,甚至反对儒家伦理的意味。另一方面,反映了晚清民初绅士公共空间的兴起,绅士更多地将社会视为个人根据法律和契约形成的共同体,更强调培育国民公德和法律的制度建设。① 在这里,可以发现近代中国人对于"社会"的理解存在着两条路线,第一条路线沿袭了西方近代以来的社会观,个人权利、自由、平等被视为建构出一个现代性社会的先在条件,在这个社会空间里,"众私合为公",为私也即是为公,这是一种自由主义的社会观。第二条路线一方面延续了中国传统的公共空间道德化的传统,另一方面则又承袭了现代社会形式,这是一种社群主义(或共和主义)的社会观。

最后,"己"的含义转变。在儒家传统价值观中,"己"除了具有道德主体的含义之外,还被视为"利""欲"的代名词,从而不具有道德上的正当性。但根据余英时的研究,早至宋代,士商的界限已经模糊了。② 明代的中晚期出现了士商合流,16世纪以后商人已经逐渐发展出一个相对"自足"的世界,由此出现了商人士大夫化和士大夫商人化两种潮流,其结果则是传统义利观的变迁,传统的义高于利已经发展为

---

① 金观涛、刘青峰:《观念史研究》,法律出版社2009年版,第207、212页。
② [美]余英时:《中国近世宗教伦理与商人精神》,《士与中国文化》,上海人民出版社2013年版,第451—452、492—493页。

"以义主利,以利佐义,合而相成,通为一脉"①。商人自我意识的觉醒及士商社会地位的变迁促使"利""欲"观念的提升,在此背景下,一方面,"己"逐渐呈现出脱离伦理窠臼的冲动;另一方面,"己"相对于"群"的地位逐步上升,从而为群己关系的变迁提供了社会前提。"利""欲"观念的正当性确立推动了"己"的独立,但此"己"缺乏权利意识和自足观念,而被视为追求物质、满足欲望的合理化。除此之外,我们还必须注意到晚清以来另一种"己"观念的兴起,其代表是新式知识分子,张灏把新式知识分子的特征概括为:受过相当教育、具有一定知识水准、思想取向与现实政治和社会存在相当程度的紧张、思想取向有求变的趋势。② 科举制度的废除使得学而优则仕的传统被打破,知识与权力的关联被斩断,使得新式知识分子的社会地位呈现出政治边缘性和社会游离性,但他们又掌握着知识话语权,尤其是随着新传播媒介的普及,他们能够更方便把无形的知识权力转化为对社会、政治的影响力,也使他们能够独立于政治、社会之外对政治、社会行为进行评判,而背后起支撑作用的正是一种现代个人精神。

总体来看,尽管近代以来中国社会发生了"群—己"观念的变迁,但中国并未完全确立起现代性的群己观:一方面,儒家群己观与现代群己观以混合的方式共同发挥着作用,但二者之间并非完全契合;另一方面,儒家群己观面临着如何现代化的问题,现代群己观在实践过程中也衍生出多种问题,二者之间并非完全对立,在很多方面存在着互补的可能。综合来看,现代群己观与儒家群己观存在着以下几个方面的区分:

其一,价值取向。儒家群己观以"和谐"为基本价值追求,实现和谐的过程是"己"通过修身提升自我修养最终成为群的一部分。杜维明把儒家的价值中心视为"做人",自我修养是"做人"的一个前提,但是儒家并非把"做人"视为脱离社会关系的修炼,而是需要其他人的参与,因此,自我修养其实质是个体与社会的融合过

---

① [美]余英时:《士商互动与儒学转向——明清社会史与思想史之一面相》,《士与中国文化》,上海人民出版社 2013 年版,第 535—545 页。
② [美]张灏:《中国近代思想史的转型时代》,许纪霖、宋宏主编:《现代中国思想的核心观念》,上海人民出版社 2011 年版,第 5—6 页。

程。① "群—己"达至的"和谐"状态被赫伯特·芬格莱特称为"人类社群"②。综合来看，儒家群己观的追求可以分为高低两个层次：首先，浅层次的目的是"成己"，也即是一个人表现出成为人，其要求是修身；其次，高层次的目的是"成人"，也即是一个人的价值溢出自身之外，构建出一套和谐的人际关系。但另一方面，儒家群己观的两种追求并非截然分开，而是一个相互统一的过程，也即"成己"与"成人"是一个相辅相成的过程，"成人"是"成己"的最终实现，而"成人"的表现乃是人的群性得到实现，用芬格莱特的话来说这是一种礼仪式的生活，其根本价值追求是和谐。现代群己观的价值预设是"群""己"分离，这与现代社会的基本精神相一致，其核心是个人主义。许纪霖指出，现代社会中事实与价值分离，我们不得不接受一种价值主观主义，善与人生价值必须个人自己解决，因此，现代性的核心问题是上帝死亡之后，凡人如何代替上帝自我立法并找到社会秩序的终极依据。③ 个人主义主导下的现代群己观将"己"的独立性视为价值的最高诉求，"己"的实现并非融入"群"的生活，"己"是一个自足的个体，"群"只具有工具性的价值，"群"是为了实现"己"而存在的。另外，鉴于传统社会中"群"以公共的名义压制"己"的个性，因此，如何防备"群"对"己"的专制统治是现代政治思考的重心。综合来看，儒家群己观的价值取向是由"己"至"群"，其内在诉求是和谐；而现代群己观的价值取向是由"群"至"己"，其内在诉求是冲突。另一方面，儒家群己观由于把群视为一种礼仪式的存在，它是伦理式的设计，是一个有机式的社群（共同体）；现代群己观则是理性筹划的结果，它以硬性的制度为外在保障，但这种"硬性"的群己观又面临着价值虚无、公共参与衰退的困境。

其二，义务优先与权利优先。徐复观认为儒家是"为对方尽义务的人生与政治"④，陈来认为儒家价值观是一种社群价值观，它不强调个人自由权利的优先性，而是把族群、社会的利益放在第一位，儒家的这种价值态度要求个人具有对社群的

---

① ［美］杜维明：《儒家思想新论——创造性转换的自我》，江苏人民出版社1991年版，第113页。
② ［美］赫伯特·芬格莱特：《孔子：即凡而圣》，江苏人民出版社2002年版，第16页。
③ 许纪霖：《公共正义的基础》，《共和、社群与公民》，江苏人民出版社2004年版，第369页。
④ 徐复观：《儒家政治思想的构造及其转进》，王曰美主编：《儒家政治思想研究》，中华书局2003年版，第192页。

义务和责任心,而且,这种义务和责任心与社群的基本价值、共识相一致。① 尽管徐复观和陈来都强调儒家价值观的义务特性,但仍可发现二者存在着细微的差异,对于徐复观来说,儒家的"己"是没于"群"之中的,"己"无法构成与"群"对立的存在,因此,徐复观实际上否认儒家内部存在一个权利观念,此看法有着广泛的学界共识,比如梁漱溟先生就认为中国缺乏人权和自由。② 对于陈来来说,"己"并没有没于"群"之中,"己"所代表的个人权利只是在价值逻辑上次于"群"的公共利益与公共善,因此,陈来实际上肯定了儒家内部的权利观念,但此权利观区别于自由主义式的权利观念,它是社群式的,许纪霖把儒家式的此种个人界定为德性主体,社会成员的权利就是在所归属社群中的资格,儒家思想中权利与善不分,善优先于权利。③ 现代群己观以个体观念的确立和个体权利观念的确立为前提,美国学者安东尼·阿巴拉斯特指出:"个人之可靠和易察觉的存在,为使他们的权利和利益优先于虚构实体,诸如'共同体''社会''国家''民族''政党',以及所有其他声称先于个人——人民之真实的道德和政治存在,提供了基础。"④在此理念支配之下,社会、国家都是通过契约形式而被构建出来,个体的权利具有价值上的优先性,社会和国家存在的价值就是保障个体权利的实现。另一方面,现代群己观把个人对国家、社会、他人的责任和义务归入私人领域,它附属于个人权利基础之上。因此,现代群己观中"己"的价值和逻辑优先性使之将个体权利视为现代道德的基石,而权利又更多地被视为一种规则,这使现代群己观蕴含着深刻的"非价值"特征。但是过度强调个人价值的优先性和工具理性也导致一系列现代病症,美国学者丹尼尔·贝尔将其概括为"继续膜拜一种理想化的自在的主体。这个主体可以与历史和随之而来的特性与价值观相脱离"⑤。另一位加拿大学者查尔斯·泰勒认为它导致了人的意义的丧失、目的的晦暗、自由的丧失。⑥

---

① 陈来:《中华文明的核心价值:国学流变与传统价值观》,生活·读书·新知三联书店2015年版,第61页。
② 梁漱溟:《中国文化的命运》,中信出版社2010年版,第149页。
③ 许纪霖:《近代中国政治正当性之历史转型》,刘擎主编:《权威的理由:中西政治思想与正当性观念》,新星出版社2008年版,第95页。
④ [美]安东尼·阿巴拉斯特:《西方自由主义的兴衰》,吉林人民出版社2004年版,第48页。
⑤ [美]丹尼尔·贝尔:《社群主义及其批评者》,生活·读书·新知三联书店2002年版,第7页。
⑥ [加]查尔斯·泰勒:《现代性之隐忧》,中央编译出版社2001年版,第4—12页。

其三,公共精神。公共精神的实质是"公共性",其现实形态是个人以公民身份与国家形成不同层次的群己关系,政治和社会的公共精神赋予公共生活以意义。以公共精神为观照,很多人认为儒家群己观应为中国公共精神缺失承担起责任,比如:梁漱溟先生认为西方人重视公德,中国人只重视私德。① 美国学者威尔·杜兰认为中国人民的爱国观念只及于地区和省份,很少有国家的观念。② 陈弱水认为中国历史上"公"观念领域性非常薄弱,伦理、规范色彩十分浓厚,很少涉及社会生活,最稳定的内涵是道德理想和官家、政府。③ 综合来看,梁漱溟、杜兰和陈弱水对于儒家缺乏"公共精神"的原因认知存在差异,梁漱溟先生明确了中国人存在一个"私"的领域,此一领域实质上是"己"的向外投射,其范围可大可小,小指涉个体,大则扩及天下。杜兰则是从地域观念高于国家观念来进行阐释,对于传统中国人来说,国家观念是十分薄弱的,中国人对政治共同体的最大构想是"天下",而天下既可指一空间性存在,又可指一伦理性存在,缺乏实体形态,因此,最终的政治落脚点依然是"己"。对于陈弱水来说,其关注的重心则是中国传统中公私领域的混淆和政治—伦理不分。在儒家群己观中,"群"是游移不定的,它的最基本载体是"家",但"家"又是一个范围不确定的概念,小可以指个人,大可以指天下,除此之外,"己"的价值投射也是宽泛的,有时指个人,有时指群体乃至天下。但不论是"群",还是"己",它们都具有鲜明的伦理特质。儒家群己观中"群己"的边界模糊和伦理特质,使得传统中国的公私领域区隔不清,乃至融合在一起,一种与私域相对应的公共精神无法生发出来。在自由主义群己观中,公私有着明确的边界,其中,公共领域中的权利规则取代了公共善,道德和价值被归属于私人领域,而且在逻辑、价值位阶上,私域具有相对于公域的优先性,因此,自由主义的群己观是不重视公共精神的,其后果是导致现代社会面临着严重的价值困境,具体表现为社会公共责任缺失、价值虚无、个人意义迷失等。作为自由主义批判者的现代共和主义、社群主义、保守主义

---

① 梁漱溟:《东西文化及其哲学》,商务印书馆1999年版,第49页。
② [美]威尔·杜兰:《人民与国家》,姜义华、吴根梁、马学新主编:《港台与海外学者论中国文化》(上册),上海人民出版社1988年版,第59页。
③ 陈弱水:《中国历史上"公"的观念及其现代变形——一个类型的及整体的考察》,许纪霖、宋宏主编:《现代中国思想的核心观念》,上海人民出版社2011年版,第582页。

在认同现代政治制度的前提之下,复兴了传统的公共性理念,希望通过复兴公共精神挽救现代社会危机。综合来看,不论是传统的儒家式群己观,还是现代自由主义式群己观,都遭遇到了公共精神缺失的难题,但其背后的原因则有着本质的不同,儒家群己观缘于"群"与"己"的不确定性和伦理性,而自由主义群己观则缘于"己"的过度膨胀。

通过儒家群己观与现代群己观的比较可以发现二者有着质的不同,它们分别对应着"传统"与"现代",但"现代"与"传统"并非完全的隔绝,"现代"是立基于"传统"的基石之上的,这使得现代群己观必然有着对传统群己观的继承。现代群己观对于"己"的过分强调已经衍生出一系列社会问题,它要求我们必须重新审视传统群己观,并从中汲取智慧。正确评价儒家群己观除了现代群己观的比较性视角之外,还要求我们重新评估以往的视角。纳丁斯(Noddings)指出:群己关系不应是以个体或集体作为出发点,它应该是以倾听他人心声和责任为特点的社群,它的特质是以对他人关怀(care)为核心的人我关系。[1] 贺来认为当前的群己关系论述都是以普遍的、共通的形而上学"人性"为基础企图实现个人之善与公共之善的本质统一,这是一种形而上学的僭妄,在形而上学模式下,群与己都与某个终极的、非人的权威联系在一起,这种思维模式下的群己统一很可能不会实现人的解放,反而是人的束缚与奴役。贺来认为,个人之善和公共之善各自有着不同的游戏规则,以"边界"意识取代"形而上学意识"来认识"群己关系"是实现人和社会和谐发展的重要前提。因此,我们有必要建构出一种自由、民主、开放的生活共同体。[2] 纳丁斯和贺来的观点为我们正确评价儒家群己观提供了另外一种视角,以机械论的方式处理群己关系必然预设了群与己的价值对立,这种对立观预设了两者之间的不可通约性。除此之外,群与己之间还存在着统一的一面,这种"统一"既不是群统一于己,也不是己统一于群,而是一种辩证的统一观。群与己关系的理想状态应该是既确定两者的边界,明确二者的差异,也即是"己域要自由,群域要民主",同时又摒弃机械的边界意识,认识到二者之间存在着价值的可公度性。

---

[1] 转引自曾春海:《从儒家伦理展望 21 世纪的群己关系》,《中华文化论坛》1999 年第 4 期。
[2] 贺来:《"群"与"己":边界及其规则——对"群己权界"的当代哲学反思》,《学术月刊》2006 年 12 月。

三、儒家群己观的现代适用

习近平同志在参观"复兴之路"展览时,就全国人民正在讨论的中国梦,提出了自己的看法。他指出:"我以为,实现中华民族伟大复兴,就是中华民族近代以来最伟大的梦想。这个梦想,凝聚了几代中国人的夙愿,体现了中华民族和中国人民的整体利益,是每一个中华儿女的共同期盼。历史告诉我们,每个人的前途命运都与国家和民族的前途命运紧密相连。国家好,民族好,大家才会好。"①2013 年 5 月 4 日,他在同各界优秀青年代表座谈时发表讲话,指出:"中国梦是国家的、民族的,也是每一个中国人的。"②中国梦是一个体系,是国家梦、民族梦、个人梦的统一体。实现中国梦是国家、民族、个人的共同目标,但在国家、民族、个人之间,在国家与国家、民族与民族之间,在个人与个人之间又充满了张力,因此,实现中国梦的过程一方面需要正视三者之间目的的一致性,另一方面又需要正视三者相互之间、内部之间的冲突性。三者之间的关系可以简述为群与群、群与己、己与己的关系,其核心在于如何处理群与己的关系,因此,能否处理好群己关系事关中国梦能否实现及实现程度。通过考察儒家群己关系对于中国梦体系建构具有启发意义:

其一,国家梦、民族梦、个人梦的和谐融通。近代中国遭遇内忧外患的危机,国家、民族、个人三者的命运是纽结在一起的,也即没有国家、民族的独立就无法实现个人价值,没有个人意识观念的觉醒也就无法实现国家民族的独立。谈及中国近代的现代化危机,蔡文辉指出,中国最迫切的问题之一是"发展一强有力的组织",正是由于缺乏中央集权的政治组织以应对各种问题从而造成一个模糊不确定的处境,也即权威危机,因此,中国现代化成功的关键在于建立有效率的组织。③张玉法将政治现代化的第三个特征界定为中央集权,而清末民初的中国却出现了中央集权失败的困局,这是因为:一方面清末的督抚、民初的军阀都具有浓厚的地域主义;

---

① 习近平:《实现中华民族伟大复兴是中华民族近代以来最伟大的梦想》,《习近平谈治国理政》,外文出版社 2014 年版,第 36 页。

② 习近平:《在实现中国梦的生动实践中放飞青春梦想》,《习近平谈治国理政》,外文出版社 2014 年版,第 49 页。

③ 蔡文辉:《中国现代化综合理论之建立》,姜义华、吴根梁、马学新主编:《港台与海外学者论传统文化与现代化》,重庆出版社 1988 年版,第 294—299 页。

另一方面，中国乡村的自治性很高，使得政令无法达至每一个国民。① 陈志远描述当时的情况为："表面上，国家只有名义上的独立，但在内部，宪法未能确定，新的健全的文官制度未能建立，国防未能适当的建立，财政未能彻底改革，农业的不振未能解除，以及现代工业未能发展。旧的与传统的已经被抛弃，新的与现代的又未建成。国家及其政治都未定型。"② 与此同时，中国基层社会却呈现出一盘散沙的状态，因此，"造新民"便成为其时中国社会的一件重要工作，"造新民"以梁启超的《新民说》为旗帜，其目的是要营造出新国民，即脱离奴隶状态的现代国民。沈松侨认为梁启超的"国民"就是"现代公民"，国民的参照物是奴隶，在近代中国知识分子语境中，奴隶乃是一种臣属的、无思想无意识的个体，正是通过不断地揭批中国人的奴隶特征而映衬出国民的本质性特征，其核心主要集中于两个方面：中国人的无国家思想、无爱国心和中国人的无权利、义务观念，缺乏独立自主、平等自由精神。③ 因此，新国民必然是趋向于国家、民族独立的，并充满了国家、民族意识的新人。由此可见，在近代中国的历史情境中，一方面亟须建构具有现代形态的民族国家，这是为了应付外在的压迫；另一方面亟须提升民众的国家民族意识，重新聚合民力，建构统一思想、观念的新群体，这是为了应对内在的状态。这两个方面的诉求是统一的关系，它们分别对应了国家民族独立之梦想和个人新生之梦想，三者之间是和谐融通的关系。

其二，国家梦、民族梦、个人梦的风险规避。沈松侨通过对晚清（1895—1911）国民论述的研究指出，清末的国民论述是与新国家紧密联系在一起的，但救亡图存的现实使得晚清国民论述出现了矛盾：一方面，国民建构是为了应对西方帝国主义侵略；另一方面，国民论述的矛头乃是指向一种奴隶状态，重获自由，但其关注重心

---

① 张玉法：《中国现代化动向》，姜义华、吴根梁、马学新主编：《港台与海外学者论传统文化与现代化》，重庆出版社1988年版，第360页。
② 陈志远：《现代中国寻求政治模式的历史背景》，姜义华、吴根梁、马学新主编：《港台与海外学者论传统文化与现代化》，重庆出版社1988年版，第433页。
③ 沈松侨：《国权与民权：晚清的"国民"论述，1895—1911》，许纪霖、宋宏主编：《现代中国思想的核心观念》，上海人民出版社2011年版，第312—313页。

并非个人的解放,而是国家"利维坦"的解放。① 王汎森发现晚清至1920年代的"国民"论述中存在着一条由"新国民"走向"新人",最终又被有组织、有纪律的"新人"取代的主线。② 近代中国新民与新人论述的矛盾是近代中国内忧外患的处境决定的,但儒家传统中的群己观由"尚群"演化为整体主义则是值得近代以来中国人所警醒的,西方近代以来过分尊崇个人导致公共精神衰落与个人价值阙如的弊病也是值得中国人所警鉴的。总之,过度地尊崇"群"以至"群"吞没了"己"将不可避免地走向专制主义,过度地尊崇"己"以至"己"丧失了"群"的支撑将不可避免地走向消费主义与虚无主义。近代以来的中国人的梦想既体现为国家梦、民族梦,也体现为个人梦,个人梦想的实现离不开国家梦、民族梦的实现,而国家梦、民族梦的实现又通过个人梦的实现得以表达,三者之间既有对立,又有统一。

中国梦是近代以来中国人的共同期盼,只有正确认识中国梦,才能正确评价中国的近代历史和中国共产党的奋斗史。与此同时,中国梦也是未来之梦,它为未来中国的发展提供着不竭的精神动力。但在近代以来的历史发展过程中,中国梦的实现并不是一帆风顺的,其中一个重要的原因在于没能厘清国家、民族、个人三者之间的关系。儒家群己观的逻辑视角启迪我们既要避免机械的、形而上的思维,应该认识到中国梦体系内部三者之间是一种和谐、互依互存的关系,同时又警示我们必须明确中国梦三个构成部分的"边界",唯有如此,才能避免重蹈覆辙。

---

① 沈松侨:《国权与民权:晚清的"国民"论述,1895—1911》,许纪霖、宋宏主编:《现代中国思想的核心观念》,上海人民出版社2011年版,第333页。
② 王汎森:《从新民到新人——近代思想中的"自我"与"政治"》,许纪霖、宋宏主编:《现代中国思想的核心观念》,上海人民出版社2011年版,第238—253页。

The Study of Modern Value and Application about Confucian View of Social and Individual

ZANG Haojie

(School of Marxism, Zhengzhou University, Zhengzhou, Henan, 450001)

Abstract: The view of social and individual is an important part of Confucian values. At present, there are two views about Confucian View of social and individual: (1) the compromise theory: social and individual can coexist, all are important. (2) the theory of social is more important than individual: the value of social is the origin to individual. The Confucian view of social and individual compares with the modernization, there are several distinguishing: (1) the Confucianism supposes social and individual has the shared value, harmony is the target; the modernization supposes social and individual is opposing, conflict is the target. (2) the Confucianism is a kind of obligation theory; the modernization is a kind of rights theory. (3) about the public spirit, the Confucianism has no such resources because public-private boundary confusion and ethical qualities; the Liberalism has clear boundary about public-private, rights rules replaces the public good in public sphere, moral and value belongs to the private sphere, therefore, the Liberalism denies the rationality of public spirit; however, Communitarianism, Republicanism, Conservatism all hope to rejuvenate the public spirit. How to correctly know the Confucian view of social and individual? First, we need a comparative perspective; Second, we need to go beyond Metaphysics pattern. In the real application level, the theory is an enlightenment on the system construction about "Chinese Dream".

Key words: Confucianism; view of social and individual; Chinese Dream

冯友兰研究

20世纪70年代末中国哲学界
对于冯友兰"抽象继承法"的批判

乔清举

（中共中央党校　哲学部,北京　100089）

摘　要:抽象继承法是冯友兰先生提出的关于中国哲学史研究的方法。然而,由于受教条主义的影响,20世纪50年代提出之际,学者们未能理解冯先生提出抽象继承法旨在复活中国哲学史的深层意图,人为地将抽象继承与批判继承对立起来,给予了严厉的批判。而在20世纪70年代末,由于冯友兰在"文革"期间的某些缘故,抽象继承法再次遭到批判。

关键词:冯友兰;抽象继承法;中国哲学史研究;批判与反思

抽象继承法是冯友兰先生于20世纪50年代提出的一个关于中国哲学史研究的方法论,当时受到了严厉的批判。20世纪70年代末粉碎"四人帮"后,抽象继承法再次遭到批判。本文对这次批判进行一些简单的分析,以此纪念冯友兰先生诞辰120周年。

一、"抽象继承法"的提出[①]

1956年11月16日,冯友兰在中国人民大学哲学系作了题为《中国哲学史中思

作者简介:乔清举（1966— ）,男,河南禹州人,中共中央党校哲学部教授,哲学博士,博士生导师,主要从事儒家哲学、道家哲学及近现代中国哲学研究。

① 据朱伯崑先生说,抽象继承法是冯友兰受范文澜《中国通史》的影响而提出的。

想的继承性问题》的讲演①,首次提出了哲学思想(命题)的抽象意义的继承问题。他说,中国哲学史中有些哲学命题有两方面的意义:"一是抽象的意义,一是具体的意义。"具体意义与提出命题的哲学家所处的具体社会情况直接相关,比如,"学而时习之,不亦说(悦)乎"。"从具体意义看,孔子叫人学的是诗、书、礼、乐等传统的东西。从这个方面去了解,这句话对于现在就没有多大用处,不需要继承它。但是如果从这句话的抽象意义看,这句话就是说:无论学习什么东西,学了之后,都要及时的经常的温习和实习,这都是很快乐的事。这样的了解,这句话到现在该是确实的,对我们现在还是有用的。"冯友兰又举了一些例子,如"天下为公"的"天下",一定按具体意义理解,翻译成现代汉语的"帝国""中原""中国"都是不妥当的。古人的地理范围虽然有限,但"天下"指的还是普天之下。又如,孔子的"爱人",爱贵族的成分可能多一些,这是其具体意义。就其抽象意义来说,"孔子的'人'和现在所谓'人'的意义差不多,他所谓'爱人',也不是没有现在所谓'爱人'的意思。从抽象意义看,'节用而爱人',到现在还是正确的,是有用的,可以继承下来"。孟子所谓"人皆可以为尧舜",禅宗的"顿悟成佛",陆九渊的"六经皆可以为我作注脚",王阳明的良知为是非善恶的最高和最后的标准,"善恶是非的标准都是从人的本性中发生的,外在的权威不是善恶是非的标准",都有抽象和具体意义。"就其抽象意义说,认为'人皆可以为尧舜''满街都是圣人''人人皆平等',就是认为人在本质上都是平等的。这就可以成为打破封建等级制度的一种理论根据",所以,这些命题"就其抽象意义说,则有进步作用,是可以继承的"。冯友兰指出,从抽象意义上看,陆王学派还不能简单地否定。冯友兰又提出一个很重要的问题,即哲学史命题,若注重其抽象意义,是不是可以对一切阶级有用? 换言之,"哲学史中的某些哲学思想,是不是就不是上层建筑呢?"冯友兰以庄子《胠箧》篇中"盗亦有道"为例作了肯定的回答。他说自己把这个问题提出来,作为进一步讨论的基础。②

---

① 演讲稿由卢育三、朱传启记录,冯友兰修改后以《中国哲学遗产的继承问题》为题,于1956年12月8日在《光明日报》上发表,后转载于《新华半月刊》及《中国哲学史问题讨论专辑》(科学出版社1957年版,第273—277页)。
② 冯友兰:《中国哲学遗产的继承问题》,《中国哲学史问题讨论专辑》,科学出版社1957年版,第273—277页。

"抽象继承法"有三方面的含义：首先，它是一种研究方法；其次，它是对中国传统文化的价值的迂回的保护，也是知识与存在同构下的对于中国哲学史学科的意义、中国哲学史研究者的存在的意义的争取。因为从知识与存在的同构来看，学科没有意义，学科的研究和研究者的存在也就都没有意义了；最后，"遗产"这个词再清楚不过地表明了中国哲学已被认为是死去的东西。使中国哲学"活"起来，使这门学科有它自为的意义，使这门学科的研究者的存在具有价值，成为中国哲学史研究者的隐秘的内在驱动，这是抽象继承法的深意所在。当时的学者未能体会到这层深意。抽象继承法的这层含义无疑更为隐秘和深刻，如果中国哲学史不过是"错误大全"，那它就没有存在的必要，也没有研究的价值。抽象继承恰好是要复活它的价值，使之"活"起来，重新获得生命。

作为方法论而言，抽象继承法只是继承的方式，不是标准；只是出发点，不是结论；只是充分条件，不是必要条件；只是"之一"，不是唯一；只是探索，不是独断；只是丰富，不是替代。应该说，抽象继承与毛泽东的批判继承可以构成解释关系。但是，20世纪50年代在抽象继承的讨论和批判中，除了贺麟、张岱年外，几乎没有学者对抽象继承法进行心平气和的分析，而是在教条主义的气氛下，人为地把抽象继承和批判继承对立起来。个别学者甚至一方面承认抽象继承的意义，一方面批判着冯友兰。

二、20世纪70年代末学界对于"抽象继承法"的批判

20世纪70年代末粉碎"四人帮"，"文革"结束，中国哲学界也开始进行反思。可能因为冯友兰被认为在"文革"中与"四人帮"有些瓜葛的缘故，所以尽管"文革"已过，学界还是把他作为"四人帮"的帮派体系的一员，继续批判"抽象继承法"。

1957年前后对"抽象继承法"的批判，存在着几种曲解：首先是断章取义法，认为"抽象继承法"是从哲学史中拿一些好东西来用，关锋惯用此法；其次是强加于人法，即把自己的观点强加到冯友兰头上，如一些学者推论出他认为只有抽象的才能继承；再次是"州官放火"法，比如关锋，自己一方面认为哲学命题可以抽象，另一方面又批判"抽象继承法"；最后是以势压人法，即把"抽象继承法"与毛泽东的批判地继承直接对立起来，认为冯友兰违背了毛主席的教导等。客观地说，上述几种方法

除了关锋等人外,大多学者对冯友兰只是误解,未必有"打棍子"的意图;"文革"后这次反思中的大多数批判也不具有"打棍子"的动机。但是,说"文革"后对冯友兰的批判是极左的惯性延续,也未尝不可。有的学者把关锋和冯友兰一并批判,认为关锋的"扬弃三法"就是冯友兰的"抽象继承法"。其实,批判冯友兰的"抽象继承法"并不是"文革"后中国哲学史界的迫切任务,毕竟,"抽象继承法"并没有给中国哲学史研究带来什么坏的后果。对于"抽象继承法"所包含的对于中国哲学的价值的认同、使中国哲学"活"起来的隐秘动机和知识与存在的同构,20世纪70年代末至80年代初的学界仍未认识和体会到。

关于这次对"抽象继承法"的批判,约略总结如下。

1."抽象"无价值论。岳辛研指出,思想的形式是内容的反映,内容决定抽象,不是相反,抽象只能提供整理资料的某种方便,说明"思想资料的共同性和连贯性",而不能提供"运用于各个历史时代的药方或公式"。事物是具体的、发展的,离开了事物的发展,不可能"从抽象中发现任何其他价值"。①"抽象继承法""主张抽象就可以继承,似乎概念一经抽象,就有其不朽的生命力,抽象可以提供各国历史时代的药方或公式,使人容易误认为概念的自然发展,使我们产生对抽象概念的崇拜,而不能成为概念的主人了",所以,在文化继承问题上,应"批判继承和丰富发展,不必再提倡什么'抽象继承法'了"。岳辛研认为,毛主席对"实事求是""一分为二"等,"按照现实发展的要求,给予这些概念以新的发展内容。这是人类认识史上生动活泼的创造性的发展,并不是概念有什么永恒生命,在古老的躯壳里,焕发了什么战斗的青春"。②岳辛研是把抽象后才能继承解释为凡是抽象的都可以继承。

2."抽象继承"为语言学研究论。韩敬认为,冯友兰1961年把抽象改为"字面意义",从认识论的角度看,冯友兰错在"把语言学与哲学、道德或政治思想混淆起来了,把语言中的词和句当成了哲学、道德或政治思想中的范畴和命题"③。韩敬

---

① 岳辛研:《谈谈批判继承》,《中国哲学史方法论讨论集》,中国社会科学出版社1980年版,第150页。
② 岳辛研:《谈谈批判继承》,《中国哲学史方法论讨论集》,中国社会科学出版社1980年版,第151页。
③ 韩敬:《"字面意义继承法"为什么是错误的?》,《中国哲学史方法论讨论集》,中国社会科学出版社1980年版,第185页。

说,"字面意义"完全是语言学的东西,根本不属于哲学、道德或政治思想的范围,"因为哲学、道德和政治思想不能不用语言表达,人们有时就感觉不到或者忽略了二者之间的根本区别,而把它们混淆起来"。如"忠",字面意义是"忠诚""尽力"等,但作为一个道德范畴,有特定的时代和阶级内容,各个阶级对它的了解互不相同。封建统治者要忠于皇帝,无产阶级则要忠于人民,忠于共产主义事业,没有什么超阶级的共同之处。冯友兰所说的可以继承的字面意义,不过是语言学的词句,真正的哲学范畴或哲学命题的内容,则被丢掉了。

3.抽象不科学论。杨峰麟认为,哲学命题本身都是抽象的,再人为地区分为具体和抽象两部分是不科学的。"'抽象继承法'犯了两个错误:其一是,硬要把抽象的哲学命题再区分为具体和抽象两部分,当然这是不合逻辑的。其二是,把构成哲学命题的元素和哲学命题本身看成一个东西,既否定了具体和抽象的联系,又混淆了二者的区别。因此,应该说'抽象继承法'在理论上是错误的。"①

4.与毛泽东的批判地继承相对立论。杨峰麟认为,毛泽东早就指出了正确的方针,那就是批判地继承。批判地继承都是具体的,根本不是什么只继承其抽象意义。抽象继承法不仅没有解决继承中的任何问题,反而在理论上和实践上造成混乱与错误,无益而有害,从理论和实践上来看都是不能成立的。② 当时许多文章都把毛泽东对传统文化的继承作为批判地继承和吸取精华、剔除糟粕的范例。杨峰麟说,毛泽东同志对中国古典哲学就是批判地继承,如对孙子的"知己知彼,百战不殆"的论断,毛泽东同志说这是科学的真理,并在指导中国革命的战争中,具体地吸收了这个科学的真理;再如老子"祸兮福之所倚,福兮祸之所伏"的辩证法思想、孔子的"每事问""学而不厌,诲人不倦"、朱熹的"以其人之道还治其人之身"等命题,毛泽东也都是经过分析批判,赋予新的意义,对其合理部分作了具体的吸收。

5.分裂了抽象意义与具体意义的统一论。乌恩溥认为,哲学命题的具体意义和抽象意义包含在哲学命题之中,所以,首先,在分析一个哲学命题的含义时,要把具

---

① 杨峰麟:《"抽象继承法"是不能成立的》,《中国哲学史方法论讨论集》,中国社会科学出版社1980年版,第194页。
② 杨峰麟:《"抽象继承法"是不能成立的》,《中国哲学史方法论讨论集》,中国社会科学出版社1980年版,第195—196页。

体意义和抽象意义统一起来考虑,在此基础上确定哲学命题的含义;其次,在判断一个哲学命题是科学性的民主性的精华,还是封建性的糟粕的时候,要把具体意义和抽象意义统一起来考虑;最后,在分析和评价哲学命题的意义和作用,决定对哲学命题的取舍的时候,必须把哲学命题的具体意义和抽象意义两者统一起来分析、判断并做出决定。"学而时习之"的具体意义是学习要及时地、经常地温习和练习,抽象意义则表示一种学习的方法,二者在这个命题中是统一的。"学而时习之""作为一个哲学命题是具有科学性的命题,是正确的命题。在评定这个命题的作用和价值时,应该给予肯定的评价。在决定对这个命题的选择、取舍时,可以继承"。按照抽象继承法的说法,这个命题从具体意义说是糟粕,从抽象意义说是精华。这种说法"破坏了哲学命题的具体意义和抽象意义的统一性,不仅在对待哲学遗产上是有害的,而且在逻辑上也是荒唐的,站不住脚的"①。

6.抽象意义无法继承论。乌恩溥认为,命题的抽象意义离开了具体意义就变成了空洞的东西,如何能够继承?譬如说,一个苹果有可吃的价值。不过,它的可吃价值只是在抽象意义上才有的,"在具体意义上这个苹果就没有什么可吃的价值,因为它是个烂苹果(即它没有具体意义)。试问:这个苹果在抽象意义上的可吃的价值有什么意义呢?"②

7.抽象继承为"找现成东西"论。冯友兰说:"在历史发展底各阶段中,各阶级向已有的知识宝库中,取得一部分的思想加以改造,使之成为自己底思想斗争底武器,在自己的事业中,发生积极作用。这就是思想继承。"③乌恩溥认为,这是拿现成的哲学命题来为我们所用。如果某个哲学命题的具体意义不适合我们的需要,就"去掉具体意义,只取其抽象意义,作为'自己思想斗争底武器'","这样理解继承问题是不妥当的。所谓继承历史哲学遗产,就是摄取、吸收历史哲学遗产中一切有价值的'营养成分'来丰富、发展我们的哲学思维,以推动当代哲学向前发展。这就

---

① 乌恩溥:《论哲学命题的具体意义和抽象意义的统一及哲学遗产的继承问题》,《中国哲学史方法论讨论集》,中国社会科学出版社1980年版,第200页。
② 乌恩溥:《论哲学命题的具体意义和抽象意义的统一及哲学遗产的继承问题》,《中国哲学史方法论讨论集》,中国社会科学出版社1980年版,第201页。
③ 冯友兰:《再论中国哲学遗产底继承问题》,《三松堂全集》(第12卷),河南人民出版社2001年版,第120页。

是继承。继承哲学遗产是要经过咀嚼、消化的。不经过咀嚼消化,就不能摄取、吸收一切有价值的东西,也就谈不到继承。继承历史哲学遗产的过程就是咀嚼、消化、吸收历史哲学遗产的过程。抽象继承法关于继承问题的理解,是没有把继承历史哲学遗产的过程看成是咀嚼、消化、吸收历史哲学遗产的过程。"①

8.抽象继承为超阶级论。乌恩溥认为,用抽象继承法去处理古代的哲学遗产,肯定得出古代哲学思想有为一切阶级服务的成分的结论,就是说,"抽象继承法可以抹杀哲学思想的阶级性,从不同的阶级、不同的哲学思想中抽象出为一切阶级服务的成分。这是抽象继承法不可避免的结果,这是抽象继承法的'本事',也正是抽象继承法的弊病所在。这点也可以证明:抽象继承法是一种非科学的方法,是一种不合唯物主义原则的方法。用这种方法处理古代的哲学遗产必然会走到错误的道路上去"。②

9.作为标准论。许抗生认为,抽象继承法的错误在于:"一、决定继承的关键不在于抽象思维,而在于抽象出来的共性东西是糟粕还是精华……绝不是凡是抽象出来的共性的东西都可以继承,因而把继承归结为抽象继承是不对的。如古代的许多哲学命题,像'理在气先''万法唯识'……所有这些命题不论在具体的个性形态上,还是在抽象的共性形态上,都是错误的、唯心主义的,并不含有科学的真理性,因此即使抽象出来哲学命题的一般共性也是不能继承的。所以,我们说批判继承需要抽象思维,但抽象思维并不能决定继承。如果认为只要抽象出共性即可继承,那就抹杀了我们批判继承的标准,抹杀了精华与糟粕的区别,在继承问题上必然要犯对精华和糟粕不加分析兼容并蓄的错误。""二、'抽象继承法'的提出者,还认为在阶级社会中哲学的具体概念是有阶级性的,从中抽象出来的共性,即概念所包含的一般意义都是无阶级性的,因此它可以为一切阶级所利用所继承,继承的东西就是抽象出来的那些超阶级的东西。这种说法则是共性与个性加以割裂的结

---

① 乌恩溥:《论哲学命题的具体意义和抽象意义的统一及哲学遗产的继承问题》,《中国哲学史方法论讨论集》,中国社会科学出版社1980年版,第202页。
② 乌恩溥:《论哲学命题的具体意义和抽象意义的统一及哲学遗产的继承问题》,《中国哲学史方法论讨论集》,中国社会科学出版社1980年版,第209页。

果,所以也是错误的。"①

三、关于20世纪70年代末抽象继承法批判的几点反思

上述几点认识,大部分在1957年前即已有之,与1957年稍微不同的只是语气较为温和而已。当然,我们不是说这些学者有意地或自觉地带着"偏见"去批评或批判冯友兰。"偏见"只是"左"的思维在学者头脑中的影响,是他们惯性地、不自觉地带出来的。冯友兰说"取一部分思想加以改造"和毛泽东改造"知己知彼百战不殆"有什么不同?"抽象"和毛泽东所说的"咀嚼""消化"有什么不同?学界都没有进行仔细的分析。其实二者并无不同,只是语言表述有所差异而已;而且,"咀嚼""消化"远不如"抽象"更易于理解。20世纪70年代初学者还囿于"左"的束缚,未能做到实事求是的理论分析。许抗生、张岱年是仅有的要求给予"抽象继承法"较为全面、客观的评价,并进行深入的理论分析的学者。许抗生指出,对抽象继承法应采取"分析的态度,吸取其合理的成分,抛弃其错误的论证与结论,不要作简单的肯定与否定,这才是正确的做法"。② 他是唯一谈到对"批判地继承"也要具体化的学者。他从批判地继承的具体化的角度,肯定了抽象继承法的可取之处。他指出,要实现批判继承的原则,对于哲学命题需要有一个加工改造的抽象思维过程,分析其中的精华和糟粕、真理和谬误,不然就无法实现批判继承。因此,"我们在批判继承的过程中是离不开科学的抽象这一思维方法的"。如,中国古代朴素唯物主义认为世界统一于"元气"之上。从科学的观点看,这是不正确的,但是"我们应当从这历史的形式中提炼出人类认识发展的成果,多少带有符合哲理的内容",元气论"坚持了唯物主义的世界的统一性在于物质性的最基本的原则。在这里我们当然不能直接采用唯物主义的一种暂时的形式,然而我们却能继承元气论中所包含的合乎真理的成分,继承元气论所坚持的唯物主义的最基本的原则。在这里,我们采取的是'扬弃',是批判地继承。然而在这批判继承过程中,我们运用了由特殊上升到一

---

① 许抗生:《谈谈关于批判继承与"抽象继承"问题》,《中国哲学史方法论讨论集》,中国社会科学出版社1980年版,第213—214页。
② 许抗生:《谈谈关于批判继承与"抽象继承"问题》,《中国哲学史方法论讨论集》,中国社会科学出版社1980年版,第214页。

般,由个性中发现共性的抽象思维的方法。如果我们不进行这种抽象的思维,我们就不能获得元气论中所包含的合理的东西。当然,这里抽象出来的共性,也是离不开个性而存在的,没有元气说也就没有为我们可以吸取的古代唯物主义哲学所包含的一般唯物主义的原则。至于我们对于历史上唯心主义哲学的批判继承关系情况也是这样"。① 这里,许抗生运用的例子和方法与冯友兰完全一样,从特殊到一般,其实就是"抽象继承法"。

张岱年肯定了区分抽象意义和具体意义的作用。他指出:"第一有助于确定一个哲学学说的唯物主义或唯心主义的本质;第二有助于了解这些思想的发展。""必须通过了解哲学概念或哲学命题的一般意义,才能判定一个哲学学说的唯物主义或唯心主义本质。"如张载、王夫之的"一切皆气"的特殊意义是一切都由气构成,仅此并不足以表现其理论本质,其一般意义是"世界统一于物质性的实体"。这样了解,其唯物主义性质就很明显了。但是,如果只讲一般意义,那么有些哲学观点的发展就不易看出来,如果"讲明哲学命题的特殊意义,则思想的发展、思想随时代而前进的情况就比较显著了"。如"一切皆气"的思想,《管子》《庄子·天下篇》及柳宗元、张载、王夫之、戴震等人都主张这一观点,如果结合各个时代的自然科学来讲气的观念的具体规定,那么,气一元论的发展就比较清楚了。② 张岱年强调,提出哲学命题的一般意义或抽象意义不是"以为这些命题有超时代超阶级的意义","一个哲学家的哲学命题的抽象意义,也是属于某一时代的,也可能是属于某一阶级的,也是有历史性的,而不是永恒的、绝对的"。③ 他又强调,"一般寓于特殊之中",只注意一般意义容易把古人现代化,所以"探求古代哲学命题的特殊意义(具体意义)是非常必要的"。同时,"有些简单的命题也可能只有一层简单的意义",有些哲学命题则可能"有多方面的意义",如"性即理"至少有三层意义,"一物之性即一物之理",这是符合唯物主义的,但不是程、朱的主要意思;"人的本性及人生应该遵循之

---

① 许抗生:《谈谈关于批判继承与"抽象继承"问题》,《中国哲学史方法论讨论集》,中国社会科学出版社1980年版,第212页。
② 张岱年:《论中国哲学史研究中的理论分析方法》,《中国哲学史方法论讨论集》,中国社会科学出版社1980年版,第130页。
③ 张岱年:《论中国哲学史研究中的理论分析方法》,《中国哲学史方法论讨论集》,中国社会科学出版社1980年版,第129页。

理",这是唯心主义的人性论;"人性的内容仁、义、礼、智即是万事万物的最高原理",这是把封建伦理道德绝对化、永恒化。①

张岱年肯定抽象意义的提法是科学的,但继承不限于抽象意义。冯友兰关于哲学遗产继承的观点的错误,不在于"区分哲学命题的抽象意义和具体意义,而在于把这种方法作为继承的主要方法,没有把区分精华和糟粕作为批判继承的主要方法……区分精华和糟粕才是批判继承的主要方法"。命题可以有抽象意义和具体意义,有些可以继承抽象意义,有些具体意义也可以继承,前者如"天行有常""形质神用",后者如"日新之谓盛德,生生之谓易"。汪子嵩也指出,研究哲学史,不能仅限于继承天行有常的抽象意义,更为重要的是说明"自从认识了'天行有常'之后,人类的思想又是怎样发展变化的"②,"应该研究哲学思想的发展变化。也只有研究之中思想的发展变化的过程,才能找到认识本身的、客观的发展规律,这就是哲学史的规律"③。张岱年、许抗生的论述是值得肯定的。不过,他们也没有突破"遗产"概念,没有认识到抽象继承法所包含的赋予中国哲学以生命力,对于中国哲学史学科和中国哲学史研究学者的深层意义。另外,事实上,所谓继承都是抽象继承。因为今人不可能回到古人的语境中去。对古人思想的继承存在内涵的自然遗失和人为遗失两种情况;前者是因为今人与古人的语境和知识差异造成的,是个不自觉的过程;后者是对古人思想的有意的选择和放弃,是自觉的、主动的过程。批判地继承正是人为遗失的一种。无论自然遗失,还是人为遗失,都是抽象,都符合思想继承的诠释学规律。

时至今日,全社会关于传统文化与哲学的价值的认识早已超出了20世纪50至70年代的水平,传统哲学的再生也成为社会公论。不过,冯先生提出抽象继承法,学界对之进行批判和重新认识的历史过程,作为中国当代思想史的一个环节,仍然值得我们回顾和深思。这不仅有助于我们厘清对于历史上的哲学的认识,而且也有助于我们在前人的基础上,进行中国哲学研究的方法论的开拓。

---

① 张岱年:《论中国哲学史研究中的理论分析方法》,《中国哲学史方法论讨论集》,中国社会科学出版社1980年版,第130—131页。
② 汪子嵩:《哲学史研究的对象和目的》,《哲学研究》1980年第1期。
③ 汪子嵩:《哲学史研究的对象和目的》,《哲学研究》1980年第1期。

The Criticism of Feng Youlan's Abstract Inheritance Method in the Field of Chinese Philosophy in the Late 70's

QIAO Qingju

(Department of philosophy, the Party School of the CPC Central Committee, Beijing 100089)

Abstract: Abstract inheritance method is an study approach in the history of Chinese philosophy proposed by Mr. Feng Youlan. Owing to the influence of dogmatism, however, scholars failed to understand Feng's aim was to resurrect the history of Chinese philosophy when it was put forward in the 50's, They contradicted abstract inheritance with critical inheritance and gave it harsh criticism. In the end of 1970, Feng's abstract inheritance method was again criticized by his personal reasons during the Cultural Revolution.

Key words: Feng Youlan; abstract inheritance method; study of history of Chinese philosophy; criticism and reflection

爱国无理由与工业化社会的爱国观
——论冯友兰的爱国思想

刘素娟

（郑州大学　历史学院，河南　郑州　450001）

摘　要：冯友兰作为哲学家、教育家，作为一名对国家饱含深情的爱国前辈，从哲学的角度分析了不同社会的爱国观，指出了工业化社会爱国观的特点，对中国传统的爱国精神加以发扬，并立足于中国文化传统，从个人境界论的角度指出了爱国与个人内心境界的关系，认为爱国关乎个人的境界，不需要理由，这对于当代爱国教育具有启发意义。

关键词：冯友兰；爱国思想；社会；境界

冯友兰先生作为我国著名的哲学家、哲学史家、教育家，有着挚诚的爱国情怀。抗日战争时期，他所写的西南联大纪念碑文、联大校歌充满着对祖国的热爱；解放战争临近结束，他不做"白俄"，放弃了在美国永久居住的权利，千辛万苦辗转回到北京；北京解放前，他拒绝追随国民党去台湾，而是留在大陆，为的是发挥知识分子的作用，建设自己的祖国。虽然经历了中华人民共和国成立后一段时期的不少挫折，但他的爱国情怀依旧不变。1988年在给他唯一的孙子冯岱的信中，他写道："关于婚姻的问题，我认为应该找个华裔，你应该想着将来总是要回国的。"[①]冯友兰的爱国实践与其深沉的爱国思想是分不开的。

爱国精神是一个国家、民族在千百年的历史中形成的对于自己国家故土的深厚热爱之情。冯友兰的爱国思想是建立在其对国家深厚感情的基础上的，他在其

作者简介：刘素娟（1982—　），女，河南浚县人，郑州大学历史学院中国史专业2015级博士研究生，主要从事近代思想史研究。

① 冯友兰：《书信集》，《三松堂全集》（第14卷），河南人民出版社2001年版，第726页。

哲学思想的基础上区分了基于农业社会和工业社会的两种不同类型的社会爱国观内涵的不同,而更有意义和价值的还在于他人生境界说中关于爱国无理由、爱国须尽职尽责的思想。

一、工业化社会的爱国观

冯友兰的爱国观是和他所创立的哲学体系相适应的,冯友兰认为哲学是纯思的学问,他所创建的哲学是"最哲学的哲学"。在《新理学》中,他说:"哲学乃自纯思之观点,对于经验做理智底分析、总括及解释,而又以名言说出之者。"①他建立了以"理""气""大全"为核心概念的新理学体系。这样的宇宙论之树木,直接影响着他的人生哲学之果实。②他依照其"理"的概念——某事物之所以为某事物者,对于道德做出了解释:"一社会内之人,必依照其所属于之社会所依照之理所规定之基本规律以行动,其所属于之社会方能成立,方能存在。一社会中之分子之行动,其合乎此规律者,是道德底,反乎此者,是不道德底,与此规律不发生关系者,是非道德底。"③爱国作为道德的范畴,其内涵就是要合乎某一社会对于国家热爱之规律,或者说某社会对于爱国的内在要求,采取符合社会规律的行动。20世纪30年代,面对着西方思潮的冲击,在知识分子纷纷讨论中西的不同时,冯友兰指出了中西的不同不在于中国与西方文化的不同,而在于古今的不同,中国处于农业社会,西方则处于工业化社会。在此思想基础上,冯友兰区分了两种不同类型社会的爱国观,认为在现代社会,国家与每一个人的利益息息相关。在《新事论》中,冯友兰论述了两种社会类型:家庭化生产底社会,社会化生产底社会。生产家庭化的社会,如中国旧社会,家是一个经济单位,生产离不开家,是小作坊式的家庭生产。国就是家。在这样的社会中,以孝为首位的道德,孝引申而为忠。"对于男子说,最大底道德是忠孝;对于女子说,最大底道德是节孝。"④所谓"忠臣不事二君,烈女不事二夫"。

---

① 冯友兰:《新理学》,《三松堂全集》(第5卷),中华书局2014年版,第13页。
② 在《人生哲学》中,冯先生采纳了古希腊的哲学传统,认为哲学分为知识论、宇宙论和人生论,而"哲学以其知识论之墙垣,宇宙论之树木,生其人生论之果实;讲人生哲学即直取其果实"。(《三松堂全集》第1卷,中华书局2014年版,第18页)
③ 冯友兰:《新理学》,《三松堂全集》(第5卷),中华书局2014年版,第127页。
④ 冯友兰:《新事论》,《三松堂全集》(第5卷),中华书局2014年版,第292页。

但是这里的忠君主要是对于出来做官的人说的,没有出来做官的处士可以没有这个义务,亡国是做官底人的责任,亡天下才是匹夫有责。所以爱国并不是每个人的责任和道德要求,没有做官而表现出的忠君行为是超道德的,是"义"。所谓"有为君死难殉节之责而死难殉节者谓之忠,无为君死难殉节之责而死难殉节者谓之义"①,这种封建社会里的"忠君报国",忠的是皇帝个人,报的国是皇帝的家,家就是国。在生产社会化的社会,社会是一个经济单位,其生产已经脱离了家的范围。"在其社会化已冲破家的范围而尚未达到天下之范围时,其社会只可以国为范围。"②国是经济单位。"在生产社会化底社会中,人与其社会,在经济上成为一体。在生产社会化底社会中,如其社会是以国为范围,则其中之人即与国成为一体。"③"在以社会为本位的社会中,人替社会做事,并不是替人家做事,而是替自己做事。"所以就爱国来说,生产家庭化中的人,大臣忠君就是爱国。生产社会化中的人,爱国与每一个人息息相关。"所以在以家为本位底社会中,忠君是为人,而在以社会为本位底社会中,爱国是为己。""对于君可以'乞骸骨',可以说'我现在不干了',但对于国则不能如此说。"④在工业化社会中,爱国不是一个悬空的理想,而是有血有肉的、活的道德,活的道德就是不仅让人知其必要,还让人感觉其必要。

冯友兰关于不同类型社会爱国内涵不同的思想回应了这样的一种言论:认为古代没有国家的概念,国是个人的家,人们只知道忠君,不知道爱国,而且忠君只是少数大臣的行为,与普通老百姓无关。冯友兰站在"释古"的角度,一方面承认中国古代确实是忠君爱国不分,爱国就是忠君,但是他同样以抽象继承的哲学思想为支撑,认为不能因为以忠君为爱国的具体内容,就否认中华民族的爱国传统。他坚持认为,中华民族历来具有爱国的优良传统,只是爱国内容与现代社会不同。爱国是对某个社会的道德规律的遵守,不同的社会,爱国的内涵不同,不能以一个社会的标准去衡量另一个社会中的人之行为。

但是冯友兰关于工业化社会中,爱国是为了自己、爱国与每个人息息相关的观

---

① 冯友兰:《新事论》,《三松堂全集》(第5卷),中华书局2014年版,第294页。
② 冯友兰:《新事论》,《三松堂全集》(第5卷),中华书局2014年版,第288页。
③ 冯友兰:《新事论》,《三松堂全集》(第5卷),中华书局2014年版,第289、300—301页。
④ 冯友兰:《新事论》,《三松堂全集》(第5卷),中华书局2014年版,第301、302页。

念虽然在 20 世纪 30 年代有助于发动每个人的力量进行抗战,却不能完全落脚于现实实践中。社会是个抽象的概念,人们身在其中却感触不到,即使感觉到了国家发展与衰落对于个人的影响,这种国家和社会仍然比较抽象,甚至没有君的形象更具体,况且我为社会奉献,其他人奉献吗？容易产生对于他人的依赖和对责任的推脱,工业化社会中的人并不必一定产生爱国与我息息相关的感受。而真正解决这个问题则在冯友兰的人生境界理论。

二、爱国无理由

冯友兰以"接着讲"宋明理学为其哲学使命,这种接着讲延续了中国古代哲学的精神,那就是"极高明而道中庸"。冯友兰认为哲学有出世与入世之分,而极高明而道中庸则既世间又出世。"中国哲学有一个主要底传统,有一个思想的主流。这个传统就是求一种最高底境界。"[①] 在《新原人》中,冯友兰提出了人生的"四境界"说,传承了中国传统思想中关于向人之内部寻求的特质。他认为,人的最显著的性质是有觉解,可以依照人对于宇宙人生所有的觉解的程度之不同,将人生的境界分为:自然境界、功利境界、道德境界和天地境界。自然境界的人,"其行为是顺才或顺习底"[②],其行为是没有很明晰的觉解的。他的行为都是自然而然的,没有什么目的,也没有什么知觉。原始社会或者婴孩往往是这种境界。功利境界中的人,其行为是"为利"的。他所有的行为,不管客观的效果是为他的还是为社会的,其本质是为了个人的利。他认为自然境界和功利境界是不足为追求的,人应该追求更高的境界,那就是道德境界和天地境界,而道德境界是和社会关联最强的。他认为在道德境界中的人,其行为符合社会的标准,其行为不是为个人私利,而是为社会的,为社会尽职尽责。道德境界中的人所做的事情是求别人的快乐。从义利来说,道德境界中的人是求义的,求仁的,从公私来说,道德境界中的人是为他的,道德境界中的人是追求尽伦尽职的,做到"应该"做的事情,而不管这个行为是不是利己。道德境界中的人,是无条件、无理由的爱国。"一个救民族的人应该只求救他的民族,不

[①] 冯友兰:《新原道》,《三松堂全集》(第 6 卷),中华书局 2014 年版,第 765 页。
[②] 冯友兰:《新原人》,《三松堂全集》(第 6 卷),中华书局 2014 年版,第 670 页。

应该问他的民族，是不是值得救。一个爱国的人，应该只爱他的国，不应该问他的国值不值得爱。"①"在天地境界中底人有更进一步底了解，他又了解这些规律，不仅是在人的'性分'以内，而且是在'天理'之中。"②在天地境界中的人，知道前三个境界中的所有事情，可以做前三个境界中的事情，但是其主观上是通天的。冯友兰的爱国境界说、爱国无理由的理论是对传统名教思想的发扬。传统名教思想重视对于"名"的忠守和信仰，认为臣忠于"君"，只忠于"君"的概念，而不管他所忠于的这个君是不是值得去忠，"臣既须忠于君，即须忠于此代表，无论此代表是否能尽其道；因君之是否能尽其道，不是为臣者所当问"③。冯友兰认为，爱国是对国家这个概念的热爱，而不管这个国家值不值得爱。这种思想强调的是个人的境界提高和义务实现，求的是个人内心的安宁，不进行"利弊"的追问，解除了"为什么爱国、为什么我要爱国"的问题。

处于天地境界的人，是最理想主义的，而又最现实主义的，这样的人，其行为"不离日用常行内，直到先天未画前"，其人洒扫应对，尽性尽伦，担水砍柴，无非妙道。其爱国行为就是在日常的行为中体现的，就是要尽伦尽职，不需要什么专门的特殊的行为。"一个爱国家民族底人，于国家民族危难之时，他所注意者，是他自己如何尽伦尽职，而不是如何指责他的国家民族的弱点，以为他自己谢责的地步。"④在抗战时期，冯友兰不主张所有的人都到前线去，一个文弱书生、不善打仗的人到前线去还不如在自己合适的岗位上做出对于中华民族有益的事情。冯友兰自己作为教师及哲学家，就是发奋著书，鼓舞前线士气、凝聚民族感情、传承中华文化。在《新世训》"序"中他写道："当我国家民族复兴之际，所谓贞下起元之时也。我国家民族方建震古烁今之大业，譬之筑室，此三书者，或能为其壁间之一砖一石欤？"⑤不仅表达了自己作为哲学家挚诚的爱国情怀，还表达了竭自己之力为祖国独立和发展做贡献的努力。

---

① 冯友兰：《新原人》，《三松堂全集》（第6卷），中华书局2014年版，第670页。
② 冯友兰：《新原人》，《三松堂全集》（第6卷），中华书局2014年版，第678页。
③ 冯友兰：《新事论》，《三松堂全集》（第5卷），中华书局2014年版，第136页。
④ 冯友兰：《新原人》，《三松堂全集》（第6卷），中华书局2014年版，第670页。
⑤ 冯友兰：《新世训》，《三松堂全集》（第5卷），中华书局2014年版，第405页。

三、社会风化、养成教育的爱国教育方法

与两种社会类型的爱国观及人生境界论、爱国无理由的理论相适应,冯友兰提出了爱国教育的方法,即社会风化和养成教育。

冯友兰不仅是哲学家,还是教育家,关于教化及爱国教育有自己的思考。在《新事论》阐"教化"一章中,他论述了自己关于道德教育的想法。他认为,在生产家庭化的社会中,家就是一个小社会,一家有一家的风尚,即所谓家风,一人受其家庭的影响较大,可为其家风所化。在生产社会化的社会中,人离开了家庭,所受的家庭影响相对较小,受社会的影响较大,在这样的社会中,教育也工厂化,学校是一个小社会,人们受学校影响较大,但是同时,学校之上,还有一个大社会,人的道德思想最终是要受大社会的影响。"'做人'并不是可以教底,至少并不是可以专靠教底。一个人所处底社会,对于他的品格,有决定底影响。这种影响我们称之为'化'。一个人的'做人',不靠'教'而靠'化',至少可以说,不大靠'教'而大靠'化'。"①而社会的"化"主要靠的是领袖,冯友兰引用了贾谊《鵩鸟赋》中"天地为炉兮,造化为工;阴阳为炭兮,万物为铜",认为"社会是炉;社会上的领袖们是工;他们的行为是炭,而群众是铜"②。社会的领袖对于社会风尚有引领作用。在近代社会中,人们虽然发现了自我,有自己的独立思想和判断,但是他所谓的"自我"也是他所处的社会所造成的,他自己的判断,也受社会的影响;在以社会为本位的社会中,人更易受所谓风尚的支配,所以在近代社会,人的道德培养更加需要社会的熔炼和教化。

爱国是一种道德,也不是仅仅知识教育就能做到的,而是需要无形的教育,性格的养成。"我们不能只'教'人,使他成为道德的;我们还要'化'人,使他成为道德的。""要想教一个人能爱国,不但需要教他知道他应该爱国,而且需使他有爱国的性格","性格是要'养'成的"。③ 要教人爱国,就是要教给人们关于爱国的知识,比如记住许多关于爱国的格言,讲述很多关于爱国的故事,阐述很多关于爱国的道

---

① 冯友兰:《新事论》,《三松堂全集》(第 5 卷),中华书局 2014 年版,第 326—327 页。
② 冯友兰:《新事论》,《三松堂全集》(第 5 卷),中华书局 2014 年版,第 329 页。
③ 冯友兰:《教育文集》,《三松堂全集》(第 14 卷),河南人民出版社 2001 年版,第 146 页。

理,这些都是很有形的教育。爱国教育更需要"化",就需要无形的教育,就是好让学生在潜移默化中受到教育,润物细无声。冯友兰着重讲述了两种:一是要为人们提供方便,让他们在祖国的名山大川、名胜古迹等地方去走一走、转一转,增加对祖国的认识,增强对祖国大地的热爱。"我们要想教我们的青年爱国,最好的办法,是把他们的国之可爱的地方,直放在他们的眼前,教他们的眼,直看见他们的国之可爱。"①一个对于自己祖国的地理、人文、历史都不懂、不熟悉的人,怎么能爱自己的祖国?冯友兰举例说,有的人到过纽约、伦敦,却没有到过西安、洛阳,只看到了别国如何好,却不知道自己祖国的优秀文化,当然看不出自己的好。在这方面,冯友兰甚至鼓励政府给学生以毕业旅行津贴,把学生不仅看成是他父亲的儿子,更是国家的国民。二是要用事实说话,政府要为人民着想,方针政策积极向上,有助于祖国发展,并且在各项事业上促进国家发展所做出的种种努力要想办法让人们知道。事实胜于雄辩,"有事实上的成绩,摆在面前,其感人的力量,胜过不知多少的言语文字上的宣传"②。冯友兰指出西安事变之后,国民党积极抗战,学生们积极响应,教育界也很平稳,学潮得以平息,师生一块,好好教书、发奋学习,力争为抗战胜利贡献力量。

  作为个体,要培养爱国精神,需要在境界方面进行修炼,冯先生认为哲学的功用就在于让人求好,提高人的境界。道德境界和天地境界是精神的创造,是可以学习的,人皆可为尧舜,人皆可有很高的境界。若要永久处于道德境界和天地境界中,除了有觉解之外,还要有另一部分的工夫,这种工夫被称为敬及集义。冯友兰认为,新理学的方法是,要对于宇宙、理、道体、大全有一个抽象的认知,以达到天地的境界,在达到这个境界的基础上,再用敬以保持这种境界。这样既有了很好的认知,也有了很好的行;既避免了认知的空疏,也避免了认知大全的支离。具体到爱国,就是首先"进学在致知",对于爱国有主动的觉解,明白爱国尽伦尽职是个人境界中的应有之义,在此基础上,"涵养须用敬",常本此觉解以做事,在不断地做的过程中,慢慢养成习惯。

---

① 冯友兰:《教育文集》,《三松堂全集》(第14卷),河南人民出版社2001年版,第147页。
② 冯友兰:《教育文集》,《三松堂全集》(第14卷),河南人民出版社2001年版,第148页。

总之,冯友兰作为哲学家、教育家,作为一名对国家饱含深情的爱国前辈,从哲学的角度分析了不同社会的爱国观,指出了现代社会爱国观的特点,对中国传统的爱国精神加以发扬,并立足于中国文化传统,从个人境界论的角度指出了爱国与个人内心境界的关系,认为爱国关乎个人的境界,不需要理由,这对于当代爱国教育具有启发意义。

Patriotism without Reasons and Views on Patriotism in Industrialized Society
——On Feng Youlan's Patriotic Ideas

LIU Sujuan

(School of History, Zhengzhou University, Zhengzhou, Henan, 450001)

Abstract: As a philosopher, educator, and patriotic predecessor with deep love for his country, Feng Youlan analyzed views on patriotism in different society from the standpoint of philosophy. He pointed out the characteristics of views on patriotism in industrialized society and carried forward the Chinese traditional patriotic spirit. Besides, based on Chinese cultural tradition, Feng Youlan revealed the relationship between patriotism and personal bourn from the perspective of the theory of personal bourn believing that patriotism related to personal bourn and this had no reasons, which has enlightening significance for contemporary patriotic education.

Key words: Feng Youlan; patriotic ideas; industrialized society; bourn

从冯友兰人生境界论看人生终极问题

杨柳梅

（河南农业大学　马克思主义学院，河南　郑州　450046）

摘　要：人生终极问题，即"我是谁""我从哪里来，要到哪里去"和"我存在的意义和价值是什么"，是任何人对自身的人生意义和生命价值觉解后必然遇到的问题。冯友兰的人生境界论恰恰按照人觉解的程度高低，认为人能够依次达到四种境界，即"自然境界""功利境界""道德境界"乃至最高的"天地境界"。冯友兰人生境界论是在对中国传统人生哲学批判继承的基础上进行的创造性发展，其根本旨趣和对"天地境界"的祈求，恰恰反映了冯友兰对人生终极问题的态度。因此，冯友兰人生境界论对人生终极问题的思考和解答具有深刻的启示意义。

关键词：冯友兰；人生境界论；哲学问题

冯友兰先生在他的《新原人》中尝试着回答了许多重大的人生哲学问题，创造性地提出了人生境界论，影响了一代又一代的中国人。"境界"是冯先生人生境界论的核心范畴，它反映着人对自身生活和人生的理解和体验，而最高的境界注定是智慧的体现，它反映着人终生执着探索人生意义或生命意义的心灵诉求。境界既不是一经上手便可拿来享用的单纯的知识或技术，也不是任凭人随心所欲得到和占有的工具。对境界的追求其实也是对智慧的追求，而思维的无限性和自由性驱

作者简介：杨柳梅（1992—　），女，河南南阳人，河南农业大学马克思主义学院马克思主义中国化研究专业2015级硕士研究生，主要从事马克思主义中国化和中国传统文化研究。

基金项目：2017年河南农业大学思想政治研究会资助项目《中华优秀传统文化和革命文化、社会主义先进文化融入高校师生日常思想政治教育研究》（SZJY—2017—021）的阶段性成果。

动着人们不断地追求更高妙的智慧和更高远的境界。冯先生认为,人的智慧和境界源自人自身的认识和觉悟,即"觉解",而按照"觉解"程度的高低,人依次向上能够达到四种境界,即"自然境界""功利境界""道德境界"和"天地境界"。对于冯先生的人生境界论,不同的学者,基于各自特殊的人生阅历和体验,总能以不同的视角,反思各种人生问题,产生不一样的认识和体会。

人生终极问题是人生哲学所关注的核心问题。众所周知,"我是谁""我从哪里来,要到哪里去""我存在的意义和价值是什么"是任何一个稍有觉悟和反思意识的人都会遇到的人生终极问题。关于这三个终极问题,很多哲学家、宗教学家都已尝试着告诉世人答案,但仿佛任何答案都不能让所有人满意,而人类也从未放弃寻找终极答案的努力。笔者认为,尽管冯先生的人生境界论并没有就人生终极问题给出明确的答案,但实际上他对人生问题的思考,内在地蕴含着对人生终极问题的思考,因而对于后人思考和解答人生终极问题有着重要的启示。事实上,如果从人生境界论来看,人生最高程度的觉解或最高妙的智慧,乃在于对人生终极问题的认知,而达到这种认知的人也就达到了最高的天地境界。下文即是笔者尝试用冯友兰先生的人生境界论来对这些终极问题所作的粗浅阐释。

一、我是谁:人生主体的自我觉解

客观而言,并不是任何人都会自觉地思考人生问题,更不会超乎寻常地提出"我是谁"这一问题。普通的人是一个具体的、世俗的人,是一个有名有姓的人,他可能会清楚地知道自己是"张三"或"李四",但他不会自觉地问自己"我是谁"。能够提出"我是谁"这一问题的人,不只是会说"我"或运用"我"这一人称代词的人,而是拥有主体自觉意识或反思意识的人,即一个能够自觉地意识到自己的存在并将自己作为思考对象的人。事实上,这种人才开始称得上拥有主体性的人。人的主体性问题是人生哲学的首要的、根本的问题。对这一问题的觉解,就使人能够自觉地向自己发问"我是谁"。因此,这一问题的提出,意味着一个人作为人生主体的真正出场,意味着人生主体的自我觉解。

众所周知,达尔文的生物进化论从生物学角度解答了人类的起源问题,提出了"人是从类人猿进化而来"的科学论断,这已经成为举世公认的事实。现代科学更进一步证明，人及其社会是随着古猿和动物联合体的不断演化发展而来的。① 从宏观层面说，人类是一个具有共同属性的群体，而从微观层面说，人类是由无数独具个性的个体构成的。我们知道，马克思曾强调指出："人的本质不是单个人所固有的抽象物，在其现实性上，它是一切社会关系的总和。"②换言之，人由于所形成和处于的社会关系不同而具有不同的本质。中国传统哲学家认为，人在满足基本生存需要基础上更注重自己的精神性存在或内在心灵自由。作为中国传统哲学的重要继承者和创新者，冯友兰先生在人的问题的理解上更强调人的觉解的意义，在他看来，觉解程度的高低意味着人处于不同的人生境界。"我是谁"这一问题，并不是一个生物学问题或社会学问题，甚至也不是人的本质问题，它是人对自己的心灵的追问，归根结底是一个人生哲学问题。因此，从冯先生的人生境界论这一思想理论体系出发去剖析"我是谁"这一问题显得尤为恰切。

冯先生在《新原人》中说道："有知觉灵明，或有较高程度底知觉灵明，是人所特异于禽兽者。"③因此，是否"有知觉灵明"或"有较高程度底知觉灵明"是人区别于动物的重要标志或根本之处。"有知觉灵明"实际上意味着"我"有"觉解"或意识。所谓"觉解"，也即是"悟"，对生活有一定的感知和觉察，并对事物产生不同层次的理解以及对理的把握。明末理学家陆桴亭说："凡体念有得处皆是悟。只是古人不唤作悟，唤作物格知至。"德国哲学家康德说："概念无知觉是空的，知觉无概念是盲的。"④也就是说，概念或想法只有和实践经验相结合才会产生感悟，无概念的经验和无经验的概念都不能叫作开悟。在这里，"我"的"觉解"，首先体现在"我"对自己的认识和觉悟，即"我"能够自觉地意识到自己的存在，能够觉悟到"我"是一个"人"，是一个具有主体性的人，归根结底，意识到"我"就是"我"。因此，冯先生强调，人之所以区别于动物的"觉解"，即"有知觉灵明"，使"我"真正地成为主体性的存在，成为自觉的生活主体，进而能够自觉地谋划自己的人生。

然而，并不是所有的人都具有这种自觉性，都自觉要求成为"人"，即成为具有

---

① 陈先达：《马克思主义哲学原理》，中国人民大学出版社 2010 年版，第 48 页。
② 《马克思恩格斯选集》（第一卷），人民出版社 1995 年版，第 56 页。
③ 冯友兰：《新原人》，北京大学出版社 2014 年版，第 41 页。
④ 转引自冯友兰：《新原人》，北京大学出版社 2014 年版，第 13 页。

主体性且能够自觉谋划生活和人生的人。在冯先生看来,人的觉解程度实际上存在着极大的差异,因而人们能够达到或实现的境界也有天壤之别。根据觉解程度的高低,冯先生认为人实际上拥有四种境界:自然境界是最低程度的觉解,功利境界是较低程度的觉解,而道德境界和天地境界分别是较高程度的觉解和最高程度的觉解。"自然境界及功利境界是自然的礼物,人顺其自然底发展,即可得到自然境界和功利境界。但任其自然底发展,人不能得到道德境界,或天地境界。人必须用一种工夫,始可得到道德境界或天地境界。"①也即是说,从自然境界到天地境界是人的觉解程度不断递升的过程,多数人大都处在自然境界和功利境界之间,而处于道德境界乃至天地境界的人属于少数。但是,想要成为一个"人",则需在达到一种境界后有意识地修身磨炼自己以达到更高觉解程度的境界,这样的"人"才是一个对生活和人生有觉解并明了自身的"人",有了这样的信念和信仰的人,才可称其为真正的"人"。孟子曰:"君子之志于道也,不成章不达。"(《孟子·尽心上》)意思是说,君子的志向在于追求大道,但没有达到一定的程度就算不得通达。因此,境界的提升不是一蹴而就的,需要不断地修身和磨砺。

如此说来,想要成为一个真正的"人"实属不易。自然境界的人始终处于一种混沌的状态之中,"日出而作,日落而息,不识天工,安知帝力"②,这种境界的人不可称其为真正意义上的"人";处于功利境界中的人,其谋事的出发点在于利己和享乐,尽管有了一定程度的觉解,或者即便知其大道却并不力行者也不能称其为"人"。当然,道德境界和天地境界是很难达到的,需费一番功夫,但也并非遥不可及。当人们知"道德"行"仁义"之时,也便是境界升华之时,最后也可能达到与天地同流的境地,这样不断提升的过程也就是修炼人生的过程,需要终其一生,在到达那般境地时才能称其为"完整的人"。事实上,人生终极意义上的"我是谁"这一问题,所期待回答的并不是"我是张三"或"我是李四"这样的日常答案,而是立足于人生觉悟和道德意义上的回答。冯先生从道德境界和天地境界承认人的存在,将拥有最高程度的觉解因而达到最高境界的人称为"完整的人",无疑是从人生哲学的

---

① 冯友兰:《新原人》,北京大学出版社 2014 年版,第 199 页。
② 冯友兰:《新原人》,北京大学出版社 2014 年版,第 62 页。

高度来看待人的主体性和人生终极问题的。

二、我要到哪里去：人生境界的觉解

人对"我是谁"这一人生首要问题的解答,使自己成为自觉的、反思的主体性存在,成为真正意义上的"我",而伴随而来的重大问题则是:我从哪里来,要到哪里去? 这绝对是人生的一个大问题,因为它事关人的生与死。宇宙的生成演化是一个生生不息的发展过程。人也不例外。生与死都是人生的一部分,以生的方式开始,以死的方式结束。因此,对生与死的认识也是人们认识人生的一部分,且是必不可少的一部分。生死问题关乎每个人,而不是个别人的问题,任何人都无法逃避。但是,正如大多数人并没有认真思考过"我是谁"这一人生终极问题一样,对于生死问题,很多人也未加深入思考。然而,如果说人能够自觉地提出"我从哪里来"这一"生"的问题,意味着人在某种程度上的觉解,那么,能够自觉地思考"死"这一问题,并试图追求肉体终结后的生命意义,他就已经有了更高程度的觉解,进入新的人生境界。冯先生的人生境界论所阐明的不同境界,实际上就是为人指明了不同觉解的人在面对生死问题时所期望达到的境域。

生死问题是人生哲学的终极问题,是世界上任何民族的文化都无法回避的问题,当然,不同的民族在生死问题上形成了不同的态度和观点,因此,各个民族的生死观存在着较大的差异。中华民族在长期的繁衍发展过程中形成了独特的生死观,严格说来,这种生死观是在中华传统文化形成过程中儒、释、道三家的生死观彼此碰撞、融合的结果。冯先生在借鉴、批判儒、释、道三家生死观的基础上,形成了自己对待生死的观点。事实上,他之所以能够融会贯通儒、释、道三家生死观,就在于尽管各家虽有着不同的生死观,但终究殊途同归,指导着人们生死价值信念的确立和践行。

儒家思想是中国传统文化的主流,广泛地影响着中国人的思想与行动,其"杀身成仁""舍生取义"的生死观对大多数中国人生死观的形成产生了深远的影响。《论语·先进》载子路问鬼神,孔子回答说:"未能事人,焉能事鬼?"而问死,则回答说:"未知生,焉知死?"因此,作为儒家创始人,孔子更强调"事人"而非"事鬼",强调"生"而非"死"。但是,孔子重视生并没有回避死的问题,他承认"自古皆有死"

(《论语·颜渊》),甚至自言:"朝闻道,夕死可矣。"(《论语·里仁》)因此,孔子并不畏惧死,而是强调人须在有限的生命中追求道,提升生命的价值和意义,要死得其所。事实上,生与死本身对于人生是没有意义的,《颜渊》篇子夏所言"死生有命",实际上是认识到生死都是自然的事情,人自身无法掌控,因此,儒家的生死观,承认了死的必然性,但它更注重生,如果面对死亡,既要坦然对待死,也要避免不必要的非正常死亡,只有当人在有限的生命中追求道,完善自身,做事尽心尽责、尽伦尽职,完全可以"舍生取义"而死。道家崇尚的是一种自然主义生死观。庄子的观点最具有代表性,他说:"人生天地之间,若白驹之过隙,忽然而已。注然勃然,莫不出焉;油然寥然,莫不入焉。已化而生,又化而死。生物哀之,人类悲之。解其天韬,堕其天帙。纷乎宛乎,魂魄将往,乃身从之。乃大归乎!"(《庄子·知北游》)就是说,人在天地间的生命是非常短暂的,是"化而生""化而死",归根结底都是天地演化的结果和表现。因此,人的一生是一个自然而然的过程,生与死也不例外。无论如何蓬勃而生,死亡也是顺应自然的最终归宿。因此,道家对生死的态度是尊重自然规律,顺其生死。道家强调顺其生死,但也注意避免非正常死亡,相反,还要追求"死而不亡"。老子说:"死而不亡者寿。虽死而以为生之道,不亡乃得全其寿,身没而道犹存,况身存而道不卒乎。"(《道德经·第三十三章》)因此,他强调要"善摄生",要避免进入"死地"或"无生地",要置身"生地"(《道德经·第五十章》)。老子在生死问题上提出"贵柔"思想,其目的在于避免死亡:"人之生也柔弱,其死也坚强。万物草木之生也柔脆,其死也枯槁。故坚强者死之徒,弱者生之徒。"(《道德经·第七十六章》)佛家倡导的是超越生死观。佛家认为人生无常,万事万物皆因缘而起因缘而落。人生既然看破生死轮回,就要超脱生死摆脱执念。但是,死亡并不是人生生命的终结,躯体的消亡并不能替代神祇的消散,投回六道之中继而生死轮回,生生世世。固然说死,但生更为重要,在今世如何能够幸福生活才是人生意义所在。佛说:"众生可愍,常住合冥,受身危脆,有生有老,有病有死,众苦所集,死此生彼,从彼生此,缘此苦阴,流转无穷。"(《长阿含·第一卷》)因此,明白了人生是一个生、老、病、死的过程,就会善待生命、活在当下,这样的人生才是有意义的人生。

冯先生的生死观是对儒、释、道三家生死观的批判继承,阐明了不同境界的人对待生死的不同认知和态度。在冯先生看来,自然境界的人,不知生为何生,死为何死,不知生与死对人生有何意义,对生死毫无恐惧。但对生死有了觉解的人是怕死的,尤其是处于功利境界的人,因此,以求名利、纵享乐等方式来逃避和对抗死亡。这样的人亦不明了生死是自然法则,无论如何逃避和对抗,生即是生,死即是死。然而处于道德境界的人对生死已有很深的觉悟,纵然知晓生死但并不害怕生死。天地境界的人早已知晓天地运化的规律,然已无所谓生与死。当然,冯友兰先生虽对四种境界的人的生死观进行了阐释,但并没有明确告诉人们应如何对待生的挑战、死的迷惘。

事实上,生与死之间的距离是人生的最大距离,也可以说是人生的最大局限。有了死的期限和局限才能体现生的价值。结局相同,但生命却不同,因为在这个最大的局限里每个人的局限都不同。因此,面对局限,认识自己,把握生命,成就自己。而任何人对自己的认识和觉解,对自己的把握和成就,就意味着人生存于何种意义上的人生境界。

三、我为什么要活着:人生意义的觉解

没有思考过的人生是没有意义的。"我为什么要活着"可以说是关乎生死的大问题,是人生哲学中真正意义上的终极问题。因此,总有些人问:人生存在的价值是什么?生活的意义又是什么?乍一听,忽觉人生没有什么意义;再一想,这个问题有关人生目的。有时我们不停地追问读书的目的是什么,生活的目的是什么,付出的意义又是什么,一时找不到答案便以为人生索然无味。事实上,人生问题的考察如同登高望远,站得越高,远处的景色就越会尽收眼底,所以只有不断地提高、升华自己,才能悟出人生真理。而这个真理是无论如何也不能让别人手把手教会的,相反,只有不断提升自己的人生境界才能弄清楚存在的价值和意义,或者说弄明白人生的目的。

冯先生认为,某一事情是否具有意义,主要体现在作为主体的人是否参与其中,并且由对其中的事物的了解程度所决定,了解的程度愈深对其愈重要,其结果就越有意义;反之,了解得愈浅则愈无意义。再者,某一事物产生的后果或者达到的结果与主体人的关系同样会影响某一事情是否具有意义。作为主体的当事人是

否有觉解以及觉解的程度有多少。而觉解的程度分为"无解""最低程度的觉解""较高程度的觉解""更高程度的觉解"和"最高程度的觉解"。相同的人与相同的事、不同的人与相同的事、相同的人与不同的事以及不同的人与不同的事,无论怎样的组合都会产生不同的结果,对不同的人会产生不同的人生意义,而不同的人生意义就构成了不同的人生境界。正如《易·系辞》说:"仁者见之谓之仁,智者见之谓之智。"比如说,宇宙与人的关系,人对宇宙有了觉解,宇宙对人即有意义;若无觉解,则无意义,但宇宙依然客观地存在着。再如,人对宇宙的觉解也有层次之分:无解、较低程度的觉解、较高程度的觉解,以及最高程度的觉解,但是最高层次的觉解是很难达到的。冯先生对宇宙人生有这样的描述:"宇宙间有许多人为底事物,例如国家、机器、革命、历史等。有些事情,总而言之,即普通所谓文化。文化是人的文化,是待人而后实有着。宇宙间若没有人,宇宙间即没有文化……天地人同是不可少底。董仲舒说:'天、地、人,万物之本也。天生之,地养之,人成之。'所谓成之者,即以文化完成天地所未竟之功也。"①"'人者,天地之心。'(《礼记·礼运》)由此我们可以说:没有人底宇宙,即是没有觉解底宇宙。"②如果对其所行的事并无了解,也不清楚是否对其有意义,只是按照习性或人的本能行事,那么他就处于一种混沌的状态,这样所处的境界就是自然境界。孟子说:"行之而不著焉,习矣而不察焉,终身由之而不知其道者,众也。"(《孟子·尽心上》)

从某种程度上说,掌握了哲学知识并非等同于真正地拥有哲学思维,一旦沉浸在永恒批判之中就不能真正地认清"人"存在的价值和意义。认清事实需要明了一个问题:人既伟大又渺小,是最具灵性的高级生物,但又渺小如沧海一粟。在"觉解"了这一事实的基础上,清醒并清楚"人"所处的位置,以此为起点活成一个大写的"人"字。在现实世界中,尽心尽性、尽职尽伦、尽人职尽人伦、尽天职尽天伦是"人"应具备的责任。在"觉解"了外部事物的局限之后,"人"会自我"觉解"向内求。当作为主体的人意识到人自身的生理局限乃至自身以外的环境局限便"觉解"到只有自我精神境界的提升才能真正地把握和理性看待外部世界。当"人"具备了

---

① 冯友兰:《新原人》,北京大学出版社2014年版,第22页。
② 冯友兰:《新原人》,北京大学出版社2014年版,第32页。

"觉解"的能力并有意识地升华自己,那么,人生就会变得有意义,而不同的人会拥有不同的人生意义。境界中的"人"也会意识到自我的存在对世界、社会、家庭以及自身的价值,并自觉地修炼自己、贡献社会,甚至可能与天地同在,这样境界中的自我才是大我,才有人生意义和人生价值。有些人迫于现实社会的压力而逃避,以为离开了体制和社会便可获得真正的自由,便成了所谓的自己,便以为这就是追求的生活意义,但人生存在意义的实现离不开我们所处的环境。尽管他们认为体制和社会的存在是对人身的摧残和压迫,但只有在社会的历练和实践中才有实现自身价值的机会和意义。冯友兰先生说道:"所谓从社会制度中,把个人解放出来者,照字面讲,是一句不通底话。其不通正如一个人以为,一条梁受上面屋顶的压迫,于是把它从房子中'解放'出来,而仍说它是条梁。但是一条梁刚离开了房子,它即只是一根木料,而不是一条梁了。"①"社会不是压迫个人,而是人于尽性时所必需。"②同时亦指出:"人不但在社会中,始能存在,并且须在社会中,始得完全。社会是一个全,个人是全的一部分。部分离开了全,即不成其为部分。社会的制度及其间底道德底政治底规律,并不是压迫个人底。这些都是人之所以为人之理中,应有之义。"③因此,正如马克思所肯定的,冯先生认为人是离不开社会的,人正是在为社会、他人奉献的过程中实现自己的存在和价值的,相反,离开社会,人的生活意义、生命价值就无从谈起,这就是人之所以为人的理。只有清醒地觉解到这一层面,人的生命才是有意义的。当然,冯先生并没有认识到,人的存在和价值既不能离开社会,人要自觉地觉解到这一层面,而且人还要通过认识和把握社会历史发展的客观规律,自觉地发挥主观能动性去改造社会环境,改造客观世界,才能在自己创造的世界中审视自己的存在和价值。

总之,按照冯友兰先生的人生境界论,我们完全可以更好地分析和梳理人生哲学中的三个终极问题。沿用冯先生的说法,这三个人生终极问题可以归结为一个问题,即作为主体——有"觉解"的"我",即便向死而生依然坦然面对生活,在生活世界中以道德境界、天地境界为目标不断地修炼自己,最终实现那个完满的"我",

---

① 冯友兰:《新原人》,北京大学出版社 2014 年版,第 139 页。
② 冯友兰:《新原人》,北京大学出版社 2014 年版,第 140 页。
③ 冯友兰:《新原人》,北京大学出版社 2014 年版,第 140 页。

而这个"我"既是社会性存在，又是精神性存在，"我"的生活意义和生命价值全在于"我"实现了自我价值与社会价值的统一，实现了真正意义上的心灵自由。

The Ultimate Questions of Life from Feng Youlan's Theory of Life Bourn

YANG Liumei

(School of Marxism, Henan Agricultural University, Zhengzhou Henan 450046)

Abstract: The ultimate questions of life, namely "who am I", "where did I come from", "where will I go" and "what is the meaning and value of my existence", are inevitable when someone is aware of his personal life meaning and value. According to Feng Youlan's Theory of Life Bourn, people, in terms of their different understanding of life, can orderly go into such four spheres as the innocent sphere, the utilitarian sphere, the moral sphere and even the highest transcendent sphere. Feng Youlan's Theory of Life Bourn was a creative development from an critical inheritance of Chinese traditional philosophy of life, whose fundamental meaning and wish for the Heavenly sphere reflected Feng's attitude to the ultimate questions of life. Therefore, Feng Youlan's Theory of Life Bourn had profound significance for thinking about and answering the ultimate questions of life.

Key words: Feng Youlan; Theory of Life Bourn; philosophical problems

宋明新儒学研究

二程治国安民思想述论

刘学民

(郑州大学 公共管理学院,河南 郑州 450001)

摘 要:程颢、程颐是我国北宋时期的著名哲学家,在其人生的政治实践和著作中,也提出了许多治国安民的政治主张:王道仁政,君臣共治;以民为本,重民保民;轻赋宽役,俭为礼本;崇尚贤能,知人善任;严刑峻法,明察狱讼;教化明民,淳厚世风。这些主张对当代国家治理的理论和实践都具有一定的借鉴价值。

关键词:程颢;程颐;治国安民

程颢、程颐兄弟是我国北宋时期著名的理学家、哲学家、政治家和思想家,他们所开创的"洛学"在以儒学为核心的基础上渗透佛、道于其中,通过从哲学上论证"天理"与"人欲"的关系,达到规范人的行为,维护封建秩序的目的。二程出身于官宦世家,其祖上自赵宋政权开国起,就跻身于上层统治集团。二程在一生中都有着为官从政的经历,程颢中进士后,历任鄠县主簿、上元县主簿、泽州晋城令、太子中允、监察御史、监汝州酒税、镇宁军节度判官、宗宁寺丞等职。后来程颢任御史,因与王安石政见不合,不受重用,遂潜心于学术。程颐官至国子监教授、秘书省校书郎。二程的主要著作有《遗书》《外书》《文集》《易传》《经说》《粹言》等,这些著作比较系统地反映了二程对如何施行帝王之道、封建领导者如何治国安民的政治见解和主张。

作者简介:刘学民(1962—),男,河南长葛人,郑州大学公共管理学院党委书记、教授,河南省二程邵雍研究会副会长,主要从事公共管理、管理哲学研究。

一、王道仁政，君臣共治

　　二程的政治思想是在隋唐以来儒、佛、道三家思想相互融合的背景下，对孔孟儒家思想的直接继承和发展超越。二程政治思想的基本观点是实行王道仁政，最终达到君臣共治。二程强调以儒家的仁义道德观作为治国的基本法则。程颢在为熙宁元年新继位的宋神宗所献的《论王霸札子》中认为："得天理之正，极人伦之至者，尧、舜之道也；用其私心，依仁义之偏者，霸者之事也。王道如砥，本乎人情，出乎礼义，若履大路而行，无复回曲。霸者崎岖反侧于曲径之中，而卒不可与入尧、舜之道。故诚心而王则王矣，假之而霸则霸矣，二者其道不同，在审其初而已。……故治天下者，必先立其志，正志先立，则邪说不能移，异端不能惑，故力尽于道而莫之御也。"（《河南程氏文集·卷一》）

　　经过儒家理想化了的三代之治，也是儒学政治家心目中最为理想的统治模式。所以儒家多追崇三代，二程也不例外，二程认为"为治而不法三代，苟道也"（《河南程氏粹言·卷一·论政篇》），"必期致世如三代之隆而后已也"。（《河南程氏文集·卷一·上殿札子》）依程颢的观点，王道是顺应天理的政治，三代圣王之治所遵循的道义原则来源于作为世界本原的天理。但更重要的是，先王之道作为历史存在，虽已达到较为完善和极近理想的状态，却不能脱离作为逻辑起点的"天理"，或者说，二者相比"天理"是更具理论原型和标准价值的存在。对二程来说，三代是理想的政治，但必须承认三代已然成为一个先验的价值符号，是批判历史和要求历史的应然之法。相反，三代之后的历史和当权者因为"用其私心"和"依仁义之偏者"，早已落入"霸者之事"，王霸之间的现实对立无法调和，而评判二者的标准在于统治者的内在动机和品行操守。

　　二程皆以为君志立是天下通向理想政治的关键。究其实，是要通过促成君主的决断来确立国家政治的根本方向，或者说形成长远稳定的政治战略。二程说："人君唯道德益高则益尊，若位势则崇高极矣，尊严至矣，不可复加也。过礼则非礼，强尊则不尊。"（《河南程氏文集·卷六·又上太皇太后书》）二程认为，行王道仁政，前提条件是"格君心之非"。程颐认为："治道亦有从本而言，亦有从事而言。从本而言，惟从格君心之非、正心以正朝廷，正朝廷以正百官。"（《河南程氏遗书·

卷十五·伊川先生语一》）这是因为，只有统治者做到了正心诚意才能正朝廷，正百官，才能实现天下的长治久安。为了"格君心之非"，皇帝则必须修德、进学、立志，最终达到君臣共治的目的。程颐说："天下之事，岂一人所能独任？必当求天下之贤智，与之协力。得其人，则天下之治，可不劳而致也；用非其人，则败国家之事，贻天下之患。"（《周易程氏传·卷四·鼎》）要想天下大治，人心涣散是不行的，必须合君臣之力才能实现。

二程的理想是建立一种君臣共治的政治体制。传统的政治体制是以君主为中心，而君臣共治的政治体制，不仅意味着将权力进行合理的分割，更需使大臣认识到自身职位的荣誉和尊严，同时增强君主的自身修养，充分激励起大臣的动力、意志与能力。君主一人不能独治，因此权力的转移分割势在必行，君主不能揽权独断。这种礼仪与惯例，部分地转化为实际政治生活中的不成文规则，由此而具有宪典性质，使共治权力架构具有更为稳固、丰厚的实践机体。君臣志意相通，彼此诚信，礼问之，讨论之，才能共成治功。这一点是儒家尊礼大臣尤其不同于法家之处，特别体现儒家权力观的特质。

二、以民为本，重民保民

二程认为，要治理好国家，执政者要有以民为本的思想，有爱民重民保民情怀，以顺民心、厚民生、安而不扰民为本。二程重民，是因为认识到了人民的重要作用。程颐认为："民可明也，不可愚也；民可教也，不可威也；民可顺也，不可强也；民可使也，不可欺也。"（《河南程氏遗书·卷二十五·伊川先生语十一》）二程重民表现在四个方面。首先，视民如伤。程颢在为县令时，"凡坐处皆书'视民如伤'四字，常曰：'颢常愧此四字。'"（《河南程氏外书·卷十二》）二程认为，作为官员，必须视民如赤子，关心爱护人民。其次，以顺民心为本。程颢认为："一命之士，苟存心于爱物，于人必有所济。"（《近思录·卷十·政事》）只有让人民心悦诚服才能稳固统治，这也是为政之道的根本。再次，以厚民生为本。要"因民所利而利之"，关心庶民的利益，去引导人民获利。最后，以安而不扰为本。要给人民提供一个安心生产的生活环境，让人们能够安居乐业。

二程以民为本的思想中，最为突出的是重民保民的思想，体现出二程对农业经济的重视。二程认为,社会的存在和稳定,最基本的前提就是要保证老百姓基本的生活条件。程颢说:"百姓安业,衣食足而有恒心,知孝悌忠信之教,率之易从,劳之不怨,心附于上,固而不可摇也;化行政肃,无奸宄盗贼之患,设有之,不足为虑,盖有歼灭之备,而无响应之虞也。"(《河南程氏文集·卷五·为家君应诏上英宗皇帝书》)要使老百姓安居乐业,顺从统治,就必须保证百姓"衣食足"。如果老百姓的吃穿问题没有保障,就不会听从统治者的指挥,更不会理睬"孝悌忠信"之类空洞说教的。老百姓的温饱问题有了保证,就不会产生"思寇之心",即使社会上出现一些不安定因素,也不至于形成大的祸患。

但是,要想使老百姓衣食富足,国用充实,根本的办法就是发展农业生产。程颢说:"古者四民各有常职,而农者十居八九,故衣食易给,而民无所苦困。"(《河南程氏文集·卷一·论十事札子》)二程针对当时社会"游民""浮民"日益增多的情况,一再呼吁统治者要加以注意,并把"劝农桑"作为当世之急提了出来。程颢说:"厥惟生民,各有常职……惟王谨以政令,驱之稼穑。且为生之本,宜教使以良勤;则从上也轻,盖丰余之自得。"(《河南程氏文集·卷二·南庙试佚道使民赋》)认为把社会上的闲散劳动力组织起来,让他们辛勤从事农业劳动,就完全可以生产出足够的粮食和布帛,除了缴纳国家各种税收外,还能丰余自得,这才是富民的根本。相反,如不重视农业生产,听任游民日益岁滋,就必然带来严重的社会危机。

二程进一步指出,为了调动农业生产者的积极性,应当把奖勤罚懒作为一项社会制度固定下来,并赋予其法律地位。同时程颢还明确提出"授民以田、制民以产"的主张。他说,百姓无业可守,就会"苟度岁月""人用无聊",容易产生"奸宄之心"。又说:"天生烝民,立之君使司牧之,必制其恒产,使之原生……此为治之大本也。"(《河南程氏文集·卷一·论十事札子》)主张给老百姓一定数量的土地和其他财产,使其有业可守,有田可耕,解决了他们的生活问题,百姓有恒产才能有恒心,才会思想稳定,社会和谐,才有利于政治统治。

三、轻赋宽役,俭为礼本

从本阶级的长远利益出发,二程呼吁统治阶级要体恤劳动人民的疾苦,避免"重敛于民"的愚蠢做法。他们认为统治集团如果竭泽而渔,急令诛求,那么必然造成"强敌乘隙于外,奸雄生心于内"(《河南程氏文集·卷五·上仁宗皇帝书》),掏空了老百姓,就等于动摇了自己的统治基础。为此,二程提出了"损上益下"的命题。程颐说:"损上而益于下为益,取下而益于上则为损。在人,上者施其泽以及下则益也,取其下以自厚则损也。"(《周易程氏传·卷三·损》)为了国家政治的需要,必须适当损减骄奢淫逸、横征暴敛,而施以薄赋轻徭和有节制的征求。只有这样,国家政权才能"培原其根本""上下安国"。如果单单"损下益上",尽管可以享乐一时,但随之而来的财源枯竭、人民怨声载道,最终还是会"损上"。据此,程颐进一步指出:"为人上者,知理之如是,则安善人民,以厚其本,乃所以安居也。书曰:民惟邦本,本固邦宁。"(《周易程氏传·卷三·损》)老百姓的生活稳定了,整个社会的统治基础才能稳定。

基于这一原则,二程认为仁政的施行,关键在于统治者内部要崇尚节俭,从上到下杜绝"无用之供厚"的现象,克服穷侈极奢的恶习。程颐说:"峻宇雕墙,本于宫室;酒池肉林,本于饮食;淫酷残忍,本于刑罚;穷兵黩武,本于征讨。凡人欲之过者,皆本于奉养,其流之远,则为害矣。"(《周易程氏传·卷三·损》)二程认为那种不顾天下人民死活,而追求"峻宇雕墙""酒池肉林",不仅违背了仁政原则,而且还会造成人欲横流的天下之害。人欲横流,势必会造成"取民者众",对人民巧取豪夺。因此必须加以限制和改革,重点要克服"三冗"(冗兵、冗官、冗费)的现象。冗官和冗费是造成社会风气不正、奢侈铺张的主要因素,必须革除。而"三冗"之中,尤数冗兵为害最烈。程颐尖锐地指出:"坐食之卒,计逾百万,既无以供费,将重敛于民。"(《河南程氏文集·卷五·上仁宗皇帝书》)他认为以国家财力,承受不了庞大的军费开支,而只好转嫁危机、重敛百姓。二程主张国家不能无兵,否则难以平定内乱,抵御外侮,但是一定要贯彻少而精的原则。在差役问题上,二程主张要宽厚民力。他们认为当时从中央到地方,因标准不一,摊派给百姓的差役太重。程颢说:"府史胥徒之役,毒遍天下,不更其制,则未免大患。"(《河南程氏文集·卷一·论十事札子》)为防止各地各行其是,政出多门,应该由国家制定统一的差役法,以减少劳动人民过度的负担和痛苦。

二程在孔孟仁政学说的基础上,把仁政的内容进一步明确和具体化,这不仅发展了传统的仁政治国理论,同时在当时社会条件下也在一定程度上发挥了积极的作用。

四、崇尚贤能，知人善任

二程认为人才贤者是国家兴衰存亡的关键。针对宋代百余年来"官虽冗而材不足"的情况，他们在如何识别人才、选拔人才、任用人才的问题上提出了明确的主张。

首先，二程认为崇贤任能具有重要意义。程颐说："所谓求贤者：夫古之圣王所以能致天下之治，无佗术也。朝廷至于天下，公卿大夫，百职群僚，皆称其任而已。何以得称其任？贤者在位，能者在职而已？"(《河南程氏文集·卷五·为家君应诏上英宗皇帝书》)程颐又说："天下之治，由得贤也。天下不治，由失贤也。"(《河南程氏文集·卷五·上仁宗皇帝书》)人才问题关乎天下兴衰，关乎国家治理的成败。古时候之所以能够达到"天下之治"，是因为贤者在位、能者在职。二程认为天下之浩大，事务之繁重，仅仅靠君主一人治理是不行的，"人君虽才，安能独济天下之险？"(《周易程氏传·卷二·习坎》)程颐还提出了"多有助而有功"的命题。他说："虽贤明之君，苟无其臣，则不能济于难也。故凡六居五，九居二者，则多有助而有功。"(《周易程氏传·卷三·蹇》)自古以来，所有的开明领袖、领导者要济天下之险，建立勋业都必须有众臣贤才的帮助。这里，程颐提出的"多有助而有功"的命题，是提醒统治者广招贤才，以才兴国。

其次，在人才标准问题上，程颐认为，求贤应当以知贤为前提。只有掌握好人才的标准，才能选好人才。程颐将"俊德之人"作为人才选择的标准，即"德才兼备"。他说："大臣当天下之任，必能成天下之治安，则不误君上之所倚，下民之所望，与己致身任道之志，不失所期，乃所谓信也。"(《周易程氏传·卷四·鼎》)就是说贤能之才必须是上不辜负领导的信任，下不丧失民众的期望，而又不违背自己的志向，能以正道辅佐统治者"成天之治安"的人。因此，"俊德之人"必须具备两个条件：一是志诚，二是才足。程颢说，"天下之士，亦有志在朝廷而才不足，才可以为而诚不足。今日正须才与至诚合一，方能有济"，"才而不诚，犹不是也"。(《河南程氏遗书·卷十·二先生语十》)在想为国家出力的人中，有些人有才而少诚，有些人诚足而才缺，只有同时具备这两种素质的人，才能益于国家。不过才与诚相比，诚显得更为重要，程颐强调在人才标准问题上政治素质为第一位的原则。

再次，在选贤任能问题上，二程认为人才并不缺乏，关键在于求才有道，应当坚持"好恶取舍一以公议"（《河南程氏文集·卷五·代吕公著应诏上神宗皇帝书》），即天下为公的原则，而不以个人好恶取人，提出了以推荐取士代替科举取士的方法。程颢说："国家取士，虽以数科，然而贤良方正，岁止一二人而已，又所得不过博闻强记之士尔……帝王之道，教化之本，岂尝知乎？"（《河南程氏文集·卷五·上仁宗皇帝书》）科举所取之士只是"惟专念诵，巧于词赋，博闻强记"的人，而对于政务之道却茫然无知，因而必须废除，代之以推荐制度。他认为推荐人与被推荐人朝夕相处，对被推荐人的人品、才能了解，故经学众、同党、博士推荐，比较符合择士取贤的标准。但慎重起见，对所荐之士还要进行必要的考查，"问之经以考其言，试之职以观其才，然后辨论其等差而命之秩"。（《河南程氏文集·卷一·请修学校尊师儒取士札子》）程颢认为，经过政府和实践的考查，确为贤者的，就要依其能力授以官位，"有宰相事业者，使为宰相；有卿大夫事业者，使为卿大夫；有为郡之术者，使为刺史；有治县之政者，使为县令"。（《河南程氏文集·卷五·上仁宗皇帝书》）程颢还指出，按常规取仕是举贤的大忌，因为这样虽然无过，但有失天下所望，无法达到天下大治。程颐认为照常规以资历取人，是很难发现优异人才的。要想看到名副其实的贤能之士，致天下大治，就必须打破常规和论资排辈的观念。

最后，在如何用才、爱才问题上，二程认为，要用其所长，不求全责备。要给人才以丰厚的生活待遇，更重要的是要在政治上充分信任。程颐说："择之慎，则必得其贤；知之明，则仰成而不疑；信之笃，则人致其诚；任之专，则得尽其才；礼之厚，则体貌尊而其势重；责之重，则其自任切而功有成。"（《河南程氏文集·卷五·为家居应诏上英宗皇帝书》）贤才都有知遇之情，报效之心，只要对其充分信任，任用专一，他们就一定会尽忠竭智做好工作，匡扶天下。同时要注重培养人才，促其上进，要依据臣子能力大小而不断晋升，发挥其积极性。这里，程颐论述的对人才要礼厚、权笃、任专的态度，对于我们今天如何贯彻"用人不疑，疑人不用"的用人原则以及如何留住、用好人才的管理理念不无教益。

五、严刑峻法，明察狱讼

在二程的治国理论中，法治具有突出的地位。程颐说，"为政之始，立法居先"。(《周易程氏传·卷一·蒙》)法是立国的根本，"凡为政，须立善法"(《二程遗书·卷十七·伊川先生语三》)，只有明确的法律和法令，才能规范人们的行为。二程认为，所谓的善法必须有公正性，程颐转述司马光在《资治通鉴·汉文帝十年》中的话说："法者天下之公器，惟善持法者，亲疏如一，无所不行。"这表达了法律的制定必须符合大多数人的利益，而不是为了满足少数人的私欲。

二程认为，在"刑法"的使用上应当坚持"小者惩诫，大者诛戮"的原则。为了"小惩而大诫"，即使犯小罪也要拷其足、灭其趾，这样，才不至于由小过而发展成大恶。对于那些罪行深重的人则一定要施以重刑。虽然刑罚是残酷的，但对这些人来说，却是罪有应得。二程说："善为政者……时取强暴而好讥侮者痛惩之，则柔良者安，斗讼者可息矣。"(《河南程氏遗书·卷四·二先生语四》)对于首犯重犯严惩不贷，这样不仅可以使强暴之徒不敢再犯，同时还能起到"惩一诫众"的效果。

二程的法治思想还十分强调"有罪必罚，罚者不赦"的原则。历史上有不少统治者，每逢婚嫁改元，即大赦天下，以示好生之德。对此，程颐提出了自己的看法。他认为，受刑罚的人有两种：一是过失事故，二是故意犯罪。对于前者尚可赦免，而对于后者绝不能赦免。如果赦免后者只能给罪犯以益，而无益于老百姓和社会。二程进一步指出，在执法过程中一定要辨别真伪，洞察秋毫。他说："明辨，察狱之本也。"(《周易程氏传·卷二·噬嗑》)在执法过程中，一定要掌握事实真相，弄清具体细节，才不至于发生冤案。"明"与"威"是相辅相成的，"明"是"威"的前提，"威"是"明"的结果。"明"尤为重要。如果自恃明辨，贸然行法，不仅冤屈了好人，坏人也得不到惩处，同时还会失去法律的尊严。

六、教化明民，淳厚世风

二程认为刑法和教化是治国安民的两大法宝，但是相较于刑法，教化显得更为重要。二程虽然尊崇儒道，但他们反对儒家以"民可使由之，不可使知之"的态度对待人民。二程认为要治理好天下，仅靠愚民政策是不行的，必须对老百姓施以教化。程颐说:"民可明也,不可愚也;民可教也,不可威也;民可顺也,不可强也;民可使也,不可欺也。"(《河南程氏遗书·卷二十五·伊川先生语十一》)在当时历史条件下,程颐明确提出"愚民""强民""欺民"的政策不可取,对老百姓要疏导教育,应该说是很大的进步。程颐认为只要领导阶级肯下功夫施以教化,使封建理论家喻户晓,妇孺皆知,那么老百姓就会自然而然地接受统治和领导,要做到这一点,各级统治者必须对教化的意义有足够的重视,程颐说:"古之君子相其君而能致天下之大治者,无他术,善恶明而劝惩之道至焉尔。劝得其道而天下乐为善,惩得其道而天下惧为恶,二者为政之大权也……刑罚虽严,可警于一时;爵赏虽重,不及于后世。惟美恶之谥一定,则荣辱之名不朽矣。故历代圣君贤相,莫不持此以励世风。"(《河南程氏文集·卷九·为家君上宰相书》)刑罚使人不敢为恶,教化使人乐于从善,但是,刑罚虽严,只能维护一时的社会安定,赏禄虽重,只能泽及一身而不能泽及后世,这都不是上等之策。只有用善恶之谥、荣辱之名鼓励人们弃恶扬善,形成良好的社会风尚,才能从根本上巩固政权。如果老百姓都能注重封建道德学说,并以此律己正人,那么,任何异端邪说都无机可乘,这是再好不过的统治策略。程颐指出,政治教化虽不一定使每一位百姓都心悦诚服,但是可以使人们服从领导,听从指挥,不敢僭越国家政令。程颐认为,古往今来,凡是太平之世,无一不是政治教化深入人心。为此,程颐提醒统治集团,一定要把教化作为施政之纲、为政之要,要时刻注意向老百姓灌输"义"的理论,使人人都自觉地掌握言行的规范。同时,程颐还向当权者提出,普及教化就必须选择一批善于从事"教化"的人,建立起一支"教化"队伍。对这些人要"厚礼延聘""丰其廪饩",体恤其家,让他们尽心尽力地宣讲孝悌忠信,言明正学。这样下去,三年可见成效,程颐说:"夫民之情,不可暴而使也,不可猝而化也,三年而成,大法定矣。"(《河南程氏文集·卷二·南庙试策五道》)老百姓思想的转变,对"义"的接受有一个过程,大体三年的时间完全可以办到。

二程的"教化"理论,虽然就其内容和本质来说是为封建统治者服务的,但他认为治国安民必须施行思想教育,对百姓要疏而导之的思想在今天仍是有价值的。二程不顾世人讥笑,致力宣教,以身任道,更充分说明了他们对教化重要性的认识。

On the two Chengs' Thoughts of Ruling the Country and Bring Its People Stability

LIU Xuemin

(School of Public Administration, Zhengzhou University, Zhengzhou, Henan, 450001)

Abstract: Cheng Hao and Cheng Yi were famous philosophers in Northern Song Dynasty. They also put forward in their political practices and works many political views on state governance and people's stability. According to them, a benevolent government should be administrated by a monarch and his subjects; people should be putting in the first by being valued and protected; taxes and forced labour should be less and thrift should be the root of etiquette; the elites should be respected and put in place; lawsuits should be supervised by severe laws; people should be enlightened to be honest. All the ideas have reference value to the theory and practice of contemporary state governance.

Key words: Cheng Hao; Cheng Yi; ruling the country and bring its people stability

论二程工夫论的"悟"与"修"

孟耕合

(郑州大学 公共管理学院,河南 郑州 450001)

摘 要:二程对"悟"和"修"的工夫均有所涉及。明道并非只讲境界而不讲穷索的修养工夫,只是谈得不多,而且明道认为体悟之后也要修持、存养。伊川也并非只讲致知而不讲体悟与境界。伊川的致知工夫的四个进路为我们达成明道所说的一本圆融境界提供了更为详尽和可行的路径。对于常人来说,积习和体悟皆不可少,将二程的修养工夫论融会结合更有利于我们修养的提升。

关键词:二程;工夫论;悟;修

对于二程思想中的修养工夫问题,历来学者大多认为明道讲得更为圆融、精微、纯熟,对明道更为欣赏和推崇。现代的牟宗三先生于《心体与性体》中更是突出二程之间的对立关系,褒明道境界之高而抑伊川境界之低。从留存的文本来看,二程对修养工夫的见解确有所不同,明道德性宽宏,气象广阔,工夫论是从境界入,重点是简约;伊川文理密集,着重深细的工夫,是从致知涵养入,重点是积集。总的来说,明道强调的是"悟",伊川强调的是"修"。但笔者认为一味地在工夫境界上褒明道而贬伊川并不利于修身养性。因为同样从文本可以看出,明道并非只讲境界而不讲穷索的修养工夫,伊川也并非只讲致知而不讲悟与境界,"悟"和"修"的工夫是不可分离的。而且,二程并没有意识到也没有明确认为彼此在理学义理上有不同,伊川曾言"我之道盖与明道同"(《河南程氏遗书·伊川先生年谱》),程门后学也遵

作者简介:孟耕合(1984—),女,河南郑州人,郑州大学公共管理学院哲学系讲师,哲学博士,主要从事宋明理学、文化哲学研究。

从二程的这一基本意见,对二者的语录记录很多并未明确出自哪位先生之口,明道遗留下来的文献相对伊川要少,这也使得文本比较研究两者异同上存在一定的困难。笔者认为,不纠结于二者的相异之处,将二者的工夫论平铺融会,或许会更有利于我们理解二者的思想并更有利于找到并践行一条成圣之道。

一、体悟与穷索

明道所著甚少,且二程的文献中有的并未标明出自谁语,虽然有学者考证部分语录出自明道所言,但引用时仍缺乏证实的力度。尽管如此,从仅可确定的文献中仍可看出,明道话语浑沦,思维跳跃性大,因此,对他观点的正确把握须从整体的角度并借助互文的方法才能实现。一般认为《识仁篇》《定性书》是其哲学精髓,可以从中窥其修养工夫的要旨。

明道认为天下只有一个理,"道,一本也"。(《河南程氏遗书》卷十一,以下引《河南程氏遗书》,只注卷名)天地人是一种绝对圆融的状态,"天人本无二,不必言合"(卷六),如果说天人合一,在明道看来仍是承认天人相分的前提,因为有分才会有合,无差别就不用言合,而天人本就无分别。明道在《识仁篇》中就讲了人与物的这种浑然无外的关系,"仁者,浑然与物同体"(卷二上),在《定性书》中更是彻内外之别,"无将迎,无内外。苟以外物为外,牵己而从之,是以己性为有内外也""与其非外而是内,不若内外之两忘也。两忘则澄然无事矣。无事则定,定则明,明则尚何应物之为累哉?"明道认为,如果有人与物、内与外之分,那么人心因外物的境况而产生的反应也会随之有被外物牵绊的感觉,那就成了"二本",就无法达到"定"。既然说是"定",那么明道认为动亦定,静亦定。如果只能静时为定,而人无法时刻保持静的状态,那岂不是难以达到或总是有一段时间无法达到"定"?这在明道看来是不合理的,有悖于他"天人本无二"的认知。那么,明道在此讲的是工夫实践还是达至"一本"、工夫纯熟后的一种效验或境界?这是后人对《定性书》的争议之一。一般认为,境界和工夫实践两者是处于不同层次的。境界是指达到的程度或状态,而工夫则涉及实践层面。笔者认为,从《定性书》的通篇来看,明道的"定性"是一种圆融的境界:动亦定,静亦定,但同样也是一种工夫。从明道整个思想的一贯性考虑,他也曾指出:"'穷理尽性以至于命',三事一时并了,元无次序,不可将穷理作知之事。若实穷得理,即性命亦可了。"(卷二)这里的"穷理",并不是穷外物之理,而是穷究性命之理。一旦开悟把握了"一本"的境界,"尽性"及"至于命"同时完成。可以说本体即是工夫。"洒扫应对便是形而上者,理无大小故也。"(卷十三)在常人眼中形而下的"洒扫应对",在明道看来也是形而上,是理的体现,所以他也曾说:"体用无先后。"(卷十一)也就是说,在明道看待人与物的关系以及推理的逻辑中,即本体即工夫,即境界即工夫,没有一二之分,没有先后之别。

由于这种即本体即工夫的特点,后人多觉得明道的工夫论讲得圆融纯熟又简单方便,特别是《识仁篇》中说:"识得此理,以诚敬存之而已,不须防检,不须穷索。若心懈则有防,心苟不懈,何防之有?理有未得,故须穷索。存久自明。安待穷索?"(卷二上)《定性书》中也有"内外两忘后便无事,无事则定,定则明"。后人看到"不须防检,不须穷索",认为明道讲的似乎不需要有什么具体的修养工夫,那么,果真可以如此理解吗?即使明道重"悟",是道德生命对本心的当下呈现,我们知道,悟可以是顿悟,也可以是渐悟。比如,他说的"吾学虽有所受,天理二字却是自家体贴出来"(《河南程氏外书》卷十二),这"体贴"二字即是一种"悟",而这种悟含有对生命的体验。这种对生命的体验从何而来?依据现代心理学和认识论的研究成果,渐悟需要累积修习而得这点没有异议,顿悟同样离不开应有的知识累积过程,当下呈现的心理状态并不可能是凭空产生的。人的意识如果不长期关注一个问题,是很难有非常规意识的顿悟出现的。那么,我们又该如何理解明道对"悟"的重视?

笔者认为,明道的这种生命体验并不具有神秘性,也并不是"生而知之"。明道曾与人讨论过"生而知之"这个话题,他的表述是我们理解其修养工夫的关键,《河南程氏遗书》载:

持国曰:"若有人便明得了者,伯淳信乎?"曰:"若有人,则岂不信?盖必有生知者,然未之见也。凡云为学者,皆为此以下论。孟子曰:'尽其心者知其性也,知性则知天矣;存其心,养其性,所以事天。'便是至言。"(卷十四)

在此,明道虽然认为有生知者,但明确指出,"学者"都不是生知者,对于学者来说,应按孟子所说的尽心知性、存心养性来做。那么,尽管"尽性""至于命"是同时完成的，这并不意味着不需要"学"；即使达到"知天"，也还须存心养性，有"存""养"的问题。

《识仁篇》开头说得很清楚，是"学者须先识仁"，是针对不是生而知之的学者来说的。此外，明道说"不须防检，不须穷索"，是在"识得此理"的条件下如此。明道说过"不可将穷理做知之事"，但并没有说不须穷理，"理有未得，故需穷索。存久自明"。看来，明道也讲"穷索"，只不过常为后人所忽视。刘蕺山在《明道学案》"识仁篇"后的附言中就表达了这一观点："学者极喜举程子识仁，但昔人是全提，后人只是半提。'仁者浑然与物同体，义礼智信皆仁也。'此全提也。后人只说得'浑然与物同体'，而遗却下句。此半提也。'识得此理，以诚敬存之，不须防检，不须穷索。'此全提也。后人只说得'不须'二句，而遗却上句。此半提也。尤其卫道之苦心矣。"所谓"半提"，即是只知境界描述，而无工夫实践的用力历程。虽然"悟"是一种境界的提升，但一次开悟，并不能保证道德生命会继续提升，一次开悟，也不能保证达至圣人境界。因此意志必须经常保持戒备的状态以防堕落。这就是明道说的"此理至约，惟患不能守"，也是孟子说的要存心养性的缘故。"不须防检，不须穷索""未尝致纤毫之力"是在"识得此理，以诚敬存之"的前提下才能成立，此理未得时，还是要穷索。

从"诚敬存之"来看，笔者认为这不但是得理后的境界，也是修持这种境界的条件。明道说："至诚可以赞天地之化育，则可以与天地参。赞者，参赞之义，'先天而天弗违，后天而奉天时'之谓也，非谓赞助。只有一个诚，何助之有？"（卷十一）在明道这里，"诚""敬"作用接近，故多将"诚""敬"放在一起。"诚者天之道，敬者人事之本。敬则诚。"（卷十一）至诚则人与天地之道流行为一，敬则是接近道德自觉的把持工夫。

问题是，明道曾多次提到"识"，不但在体仁方面，在很多本体问题上，比如"学者须识圣贤之体"（卷十一），都强调"识"这一过程。但这个"识"是"悟"的过程，还是有致知和学习的工夫的过程？是否可以认为明道也是认为在达到成圣的境界前也需要工夫修养？明道曾说过，"知至则便意诚，若有知而不诚者，皆知未至尔。知至而至之者，知至而往至之，乃吉之先见，故曰'可与几'也。知终而终之，则'可与存义'也"。（卷十一）也就是说，"诚"是真知，对于常人来说，真知并不是无缘无故就能得到的。此外,"伯淳先生曰'修辞立其诚',不可不仔细理会。言能修省言辞,便是要立诚。若只是修饰言辞为心,只是为伪也。若修其言辞,正为立己之诚意,乃是体当自家敬以直内,义以方外之实事。道之浩浩,何处下手?惟立诚才有可居之处。有可居之处,则可以修业也。'终日乾乾',大小大事,却只是忠信所以进德为实下手处,修辞立其诚为实修业处"。(卷一)诚敬既是他"悟"的前提,也是悟后修持这种境界的条件。

通过以上分析,明道是重境界的描述,但他并没有否认在达到这种境界之前需要穷索和开悟。穷索毫无疑问是工夫,而悟其实也与平常的学习、积累、工夫分不开,而且在达至天人境界之后,仍需要"诚敬"的工夫修持。不过,明道话语浑沦,并没有具体说明这些工夫是什么,而伊川文思细密,他对此论述得很清楚。

二、致知与体悟

伊川留下的文献较多,涉及的修养工夫论述也较多。

首先,伊川在本体上的看法是与明道相同的,都认为天下只有一个理,在人为人理,在物为物理。伊川基本上不强调形上形下的相对,"理"就存在于事物之间。故曰:"形而上者,存于洒扫应对之间。理无大小故也"(《河南程氏粹言》卷一"论道篇"),这与明道所认为的洒扫应对也是形而上者是一致的。如果说明道的修养工夫论是一种境界,那伊川对此种境界也是认同的。

后人认为伊川在工夫上比明道烦琐,多是因为他讲了很多致知的工夫,"涵养需用敬,进学则在致知"。(卷十八)可致知是为了什么呢?伊川认为,"格,至也,言穷至物理也"(卷二十二上),格物就是穷理,"穷理格物,便是致知"(卷十五),伊川把知分为闻见之知和德性之知。"致知""格物""穷理"并非纯粹为了知性的增加,而是为德性之知,为了道德修养的提高,"自格物而充之,然后可以至圣人","天下之理得,然后可以至圣人"。(卷二十五)可见伊川的格物穷理工夫是以至圣人为目的的。前文已经分析过,明道并非认为无须穷索,认为学者应先识理,而识理就是穷理和致知的过程。

至于该如何致知,《遗书》卷十八中记载有一段伊川的对话:"或问:'进修之术何先?'曰:'莫先于正心诚意。诚意在致知,"致知在格物"。格,至也,如"祖考来格"之格。凡一物上有一理,须是穷致其理。穷理亦多端:或读书,讲明义理;或论古今人物,别其是非;或应接事物而处其当,皆穷理也。'或问:'格物须物物格之,还只格一物而万理皆知?'曰:'怎生便会该通?若只格一物便通众理,虽颜子亦不敢如此道。须是今日格一件,明日又格一件,积习既多,然后脱然自有贯通处。'"从这段话的观点和进路可以看出,《河南程氏粹言》卷一"论学篇"也为伊川所语:"或问:'学必穷理。物散万殊,何由而尽穷其理?'子曰:'诵诗、书,考古今,察物情,揆人事。反复研究而思索之,求止于至善,盖非一端而已也。'又问:'泛然,其何以会而通之?'子曰:'求一物而通万殊,虽颜子不敢谓能也。夫亦积习既久,则脱然自有该贯。所以然者,万物一理故也。'"

由此可以看出,伊川格物穷理致知的工夫实践有四个进路。一是诵读圣贤典籍,即所谓"读书,讲明义理""诵诗、书";二是考察历史人物的成败得失,即"论古今人物,别其是非""考古今";三是体察天地万物气象,即"察物情";四是把握待人接物的为人处事原则,即"应接事物而处其当""揆人事"。下面,笔者分别对此工夫实践做一论述:

(一)诵读圣贤典籍

圣贤典籍是圣贤抒发胸中意蕴而成的文章,所谓"有德者必有言也"(卷十八),伊川认为"读其言便可以知其人"(卷二十二上),读圣贤遗留下的文字就可以了解圣贤的气象。而且,"圣人之语,因人而变化;语虽有浅近处,却无包含不尽处"(卷十七)。圣人立言向读者传达了一个道德的世界,读者根据自身的领悟和经历会对典籍有不同的理解和诠释。那么如何读书才能切近圣人的生命体验呢?伊川认为:"当观圣人所以作经之意,与圣人所以用心,与圣人所以至圣人,而吾之所以未至者,所以未得者,句句而求之,昼诵而味之,中夜而思之,平其心,易其气,阙其疑,则圣人之意见矣。"(卷二十五)可见,伊川读书的方法是保持心平气和,天天诵读,时时体悟,思考圣人立言的意图,思考圣人如何修心,思考圣人如何能成为圣人,比较和反省自己有哪点做得不到位,这样长时间地坚持下去,自然有与圣人之意、圣人之心贯通的一天。如此还不行,还需自身实践圣贤的行为。这又是在实践中对典籍进行再一次的体悟。读了圣贤之言,如果一点变化也没有,就不能算读过诗书。

（二）考察历史人物的成败得失

历史具有普遍性，历史不但记录着以往人的生存状况，也为后来人提供某些规律性和可参考借鉴的东西。人生活在特定的文化传统之中，文化有继承性，我们对价值的判断也会有一定的继承性，也会受文化的影响。而我们所记载的历史并非普通民众的历史，而是帝王将相的历史，换言之，考察历史也就是考察历史人物的历史，借鉴过去是非兴衰。所以伊川说，"凡读史，不徒要记事迹，须要识治乱安危兴废存亡之理"（卷十八），"看史必观治乱之由，及圣贤修己处事之美"。（卷二十四）伊川读史时总是先读一半，设想自己处于当时的历史情境中，以自身的体悟去预料其成败，然后再依据史书的结局来对照是否与自身所料相符合，如果不符合，就看自身所料与真实的历史所产生的差距在什么地方，从而修改自身对道德生命的认识和体验。（卷十九、卷二十四）伊川的这种方法其实是对自身原有世界观的验证，同时又伴随自身的一次次新的领悟而消解、突破、解构。

（三）体察天地万物气象

上面所说的两种进路均是以人自身之外的事物为格物致知的对象，并且都有一个模板（圣贤典籍、历史事件）作为自身修养提升的借鉴，而"察物情"则是主体通过观察天地万物气象而感应自身道德修养转化的体会，是"观物"。伊川在答苏季明问"善观者"是否"静观"时说，"自古儒者皆言静见天地之心，唯某言动而见天地之心"。（卷十八）何谓"动而见天地之心"？我国古人认为宇宙不但是客体性的主体，也是主体性的客体。宇宙生生不息具有创生性，人可以与宇宙的流化相感通。伊川强调以动来观，就是强调主体在宇宙动态的生化过程中与天地万物相感。同时，天地万物并非外在于主体的存在，而是与主体存在有生机的关联。伊川与明道相同，一再强调天下只有一个理，天地万象变化只是一理分殊的表现。正是因为此，"感，动也，有感必有应。凡有动皆为感，感则必有应，所应复为感，感复有应，所以不已也"。（《周易程氏传》）以这种动观去体察天地万象，天地万物的变化对观者而言是一个"感"，在观者的内心会触起一个"应"。这个"应"是主体固有的。"知者吾之所固有，然不致则不能得之。"（卷二十五）而且，观物与明己并无先后之分，"冲漠无朕，万物森然已具，未应不是先，已应不是后"。（卷十五）为什么没有先后之分？还是因为天下只有一个理，主体原本所具有的观念和天地的观念是一致的,主体在观察时就会不自觉地以原有的视角观察,也是不断明察本我或本心的过程。所以说,观物的过程也是感物的过程。

(四)把握待人接物、为人处事原则

如果说"察物情"是主体通过观察天地万物气象而感应自身道德修养转化的体会,是"观物",那么,"待人接物"则是自身日常生活中的体验,是主体与外在世界直接交接的体验,是"应物"。伊川说:"圣人之道,更无精粗。从洒扫应对至精义入神,通贯只一理。虽洒扫应对,只看所以然者如何。"(卷十五)天下只有一个理,上至尽性知命,下至洒扫应对,都体现着此理。知理在于为人,为人在于提高自身的道德修养,从日常的待人接物的生活中,也可以不断提升自己的道德修养。笔者认为这种体验分为当下直观和事后反思。我们在生活中都会有这种体验,在日常交往中,我们可以通过亲身所做的一件事立即有所领悟,也可以通过与我们接触的人的行为立即有所领悟。而有时候,我们在事后反思我们所做之事的欠妥之处或顺利的原因时,也同样会有所领悟,并对自身道德修养的提升有助益。

伊川的四个进路涉及四个不同的领域,但都是依据自身的体验去进行诠释,每一个进路都含有对生命的体悟以及对道德生命的再一次体悟。以上这四种方法和进路,是可以成就道德转化的契机,但并不必然由"闻见之知"转向"德性之知"。比如,读圣贤典籍、读史并不必然就能提升自己的道德修养,人可以读圣贤典籍只为装点门面而不求成圣之道,可以读史而陷于人与人之间的利欲争斗,应接外物而更为物欲所困扰。伊川也说,"闻之知之",惟"得之"才"有之"。(卷十五)"得",就是"得之于心,谓之有德"。(卷十五)也就是说,闻见之知转向德性之知需要有切实的实践过程,伊川只是提供了方法、工夫。"学莫贵于思,唯思为能窒欲。"(卷十五)那么我们的"思"所依据的准则是什么?伊川认为是"礼"。"视听言动,非礼不为,即是礼,礼即是理也。"(卷十五)但人在日常生活中为什么要遵守礼呢?伊川认为要解决这个问题,就须有一种内在自我要求的"敬"的态度,"所谓敬者,主一之谓敬。所谓一者,无适之谓一。且欲涵泳主一之义,一则无二三矣。言敬,无如圣人之言。《易》所谓'敬以直内,义以方外',须是直内,乃是主一之义"。(卷十五)同时,又说"'敬以直内',有主于内则虚,自然无非僻之心。如是,则安得不虚?'必有事焉',须把敬来做件事著。此道最是简,最是易,又省工夫"。(卷十五)可见,敬是一种内

在的道德意识,敬就是主一,心中有主就不会思虑不定。敬是道德提升的关键,可以说是必要条件。所谓敬的工夫就是对内心道德的把持,使内心不为外物所役,使从事道德行为成为一种自觉的行为。故伊川说:"圣人之道……切要之道,无如'敬以直内'。"(卷十五)

综上所述,伊川对致知工夫的论说也涵盖着"悟",有时也体现着天人本无分的境界。伊川一方面承认天下只有一个理,万物是理的不同呈现,一方面又说格一物而知天下之理是不可能的,强调"须是今日格一件,明日又格一件,积习既多,然后脱然自有贯通处"(卷十八),似乎很矛盾。伊川只是在强调要循序渐进,要善于积累。理固然存于我们脑中,但如果我们不致知就不能得到。我们在致知的过程中,开悟后发现了"理",达到一种智慧的透识,心中就会觉得就是这么个道理,就像道理本来就存在我们心中一样,这在伊川所说的察物情、揆人事之中更易得到体现。另外,按照伊川所提供的四个进路践行大体就能达成明道所说的彻内外、物我之别的境界,也就是说,伊川将明道的"即本体即工夫"细致化和具体化,对于常人来说在工夫实践层面更易操作。

三、"悟"与"修"的结合

通过回归文本和文献梳理,从能确定的明道的文献中,我们还是可以看出明道是有穷索的修养工夫的,只是谈得不多,而且明道也涉及体悟之后的修持工夫。伊川不但体悟之前有致知工夫,在致知工夫的过程中也伴随着体悟。

明道是曾说"以记诵博识为玩物丧志"(卷三),但这里所说的"记诵博识"是物理的知,二程将"知"划分为闻见之知和德性之知,明道是不反对德性之知的,明道也不是不讲致知。明道的体悟离不开修养功夫,且体悟后还需修存。可见,在明道处"悟"与"修"是不可分离的。伊川说过:"知者吾之所固有,然不致则不能得之。"(卷二十五)"知者吾之所固有",这和明道的"一本"圆融相同,但明道是即本体即工夫,伊川则认为不致知则不能得到。伊川致知的目的同样不在闻见之知而在于德性之知,闻见之知有导致德性之知的可能,为成就道德提供了契机,但学者致知不可停留在闻见之知层面,应力求德性之知。对于世人来说,即使真有生而知之者,也少之又少,世人多是需要穷索天理和致知的普通人,明道的那种一本圆融的当下呈现是很难达到的境界。伊川在致知中谈到的四个进路，为我们达到明道所描述的境界提供了一个更详尽的、可行的方案。平心而论，伊川所讲的致知的过程中也伴随着自身的体悟。二程虽都讲"悟"，但两者的"悟"还是有些差异的，体现在悟的进路上不同。明道是彻内外之别，我就是外在，外在便是我。他是在主客绝对圆融下去悟，所以他的工夫就是闲邪、减到忘记自我，忘了就无事了，无事了就达致诚明了。伊川则是通过对外在的观察和体验，在主客相对的情况下去悟，从而使得内在修养得到提升。

明道和伊川的修养工夫确实有不同之处，但我们没有必要强化他们的对立，二者虽不同却仍有契合点，即二者都不是只讲"悟"或"修"，而是均有所涉及，不妨将二者的思想融会结合一下。这样可以在阅读过程中，弥补由于明道的话语混沌而不知该如何修持的缺憾，免于沉陷伊川的烦琐而不知把握修养定性的精髓。同时，在我们自身的道德修养实践中，体悟和学习积累都是不可缺少的环节。没有平日的学习积累，便难以发生体悟；没有体悟，学习积累将难以提升到新的层次。所以，将明道和伊川的修养工夫结合起来修习，可能更有利于我们的工夫实践。

On Spiritual Enlightenment and Practices about the Two Chengs' Moral Recognition and Practice Theory

MENG Genghe

(School of Public Administration, Zhengzhou University, Zhengzhou, Henan 450001)

Abstract: The two Chengs, dealt with spiritual enlightenment and practices of morality theory. Master Ming-Tao's morality theory was not only about bourn, but a little painstaking cultivation as well. It also believed self-cultivation necessary after knowing from realization. Master Yi-Chuan's morality theory mentioned cultivation and bourn besides realization. Master Yi-Chuan's four methods provided a more detailed and feasible path to reach Master Ming-Tao's realm of harmony. Learning and realization are both important for ordinary people. The combination of Chenghao and Chengyi's moral recognition and practice theory will be more beneficial to self-improvement.

Key words: Chenghao and Chengyi; moral recognition and practice theory; spiritual enlightenment; practices

从《横渠易说》看张载的注释观与诠释主旨

刘 泉

(陕西师范大学 文学院,陕西 西安 710119)

摘 要:以《横渠易说》为代表的"诸经说"是张载研究儒家"六经"学术早中期的解经著作,《横渠易说》作为"诸经说"中唯一传世的文本,其体式属于"说体",篇目上侧重《易传》尤其《系辞》。张载解经并不侧重于撰著成书,而是随义理以阐发己见。其诠释主旨体现为显义理、合天人、辟佛老三个向度,并贯穿于张载的整个学术精神之中。从"诸经说"、《经学理窟》到《正蒙》,在形式与内容上均体现着张载哲学的建构历程及其对宋明理学创立与发展的贡献。

关键词:张载;《横渠易说》;注释观;诠释主旨

北宋时期,儒学既面对佛、道的双面夹击,自身又处于"经学变古"与"理学造道"的双重裂变之中。在如此背景下,关学创始人和理学创立者张载(1020—1077,字子厚,学者称"横渠先生")建构了一套极具原创性的哲学理论。其学以"易礼语孟"为主要的文献依据和思想来源,《横渠易说》作为张载治学早中期的易学著作,保留了其思想的阶段性认识和后期思想的部分原型,具有奠基性、过渡性意义。其中既蕴含着张载对汉唐经学的变革,也孕育着他对新形态儒学的思考。本文试从《横渠易说》的注释观与诠释主旨两方面,管窥张载哲学的整体学术理念及其对宋

作者简介:刘泉(1987—),男,陕西乾县人,哲学博士,陕西师范大学文学院助理研究员,主要从事张载关学与宋明理学研究。

基金项目:教育部人文社会科学基金青年项目"清代《正蒙》注研究"(15YJC720032),陕西省教育厅哲学社会科学研究重点项目(17JZ063)阶段性成果。

明理学的创立与发展的贡献。

一、《横渠易说》的注释观

历代著录多称《横渠易说》一书内容简略,于经文多未注释,仅《系辞》较详细。这一说法基本符合《横渠易说》的注释事实。冯浩菲指出,张载的《横渠易说》是注释体中的传注单用体,指"单独使用的各种传注性注释体式";具体则属于"说体"中的"全载所解原文,选择说解"这一类。① 这一分类更细致地说明了《横渠易说》在注释方式上的特点及其文本的体式。但是,依据张载注释经典重在阐发义理②这一思想,《横渠易说》严格说来只是张载阅读、教授《周易》的札记而已。张载并非是要撰写一部《周易》的注释类著作。如果说是某种体式的话,《横渠易说》只能说"札记体"或"语录体"解经著作。

从总体来看,《横渠易说》中,张载重视《易传》胜于《易经》,在《易经》中最重乾坤二卦,在《易传》中则最重两篇《系辞》。以下略作分析。

《横渠易说》对《易经》六十四卦都有解释,但是各卦详略差异较大。因张载所用《周易》文本为王弼本,其卦爻辞之后附有《彖传》《象传》,乾坤两卦又附有《文言》。通览全书之"上经""下经"两卷,专门解释卦爻辞的文字不多,其注释主要针对的是《彖传》《象传》及《文言》。如乾卦,卦辞有四则注释,爻辞中仅九二、九四各一则注释。乾之《彖传》三则注释,《象传》五则注释,《文言》则有三十余则注释。又如坤卦,其卦辞二则注释,爻辞亦仅六二、六三各一则注释,其《彖传》一则注释而《象传》无,《文言》五则注释。此外,于卦爻辞无注释者也不少,于诸卦之《彖》《象》亦有未注释者。

传世本《横渠易说》体例不严谨,注文往往并非直接附在所注释的经传文字之后。笔者在重新整理点校《横渠易说》时,详细辨析了注文与原文之间的关系,在不

---

① "说体"早见于《汉志》,在汉代以上以说解经籍原文的意蕴为主要内容;从宋代起,在说解经籍原文的意蕴时以辨正旧注的误说为标的,即加强了考辨的性质。 分为"不载所解原书全文,依篇次摘引说解""全载所解原文,选择说解"和"全载所解原文,逐一说解"三种。 参见冯浩菲:《中国古籍整理体式研究》,高等教育出版社2003年版,第148、151—152页。

② 此点张载在《经学理窟·义理》反复说明,参见《张载集》,章锡琛点校,中华书局1978年版,第271—278页;《张子全书》,林乐昌编校,西北大学出版社2015年版,第79—86页。

影响文本质量的前提下,对注文的位置作了必要的调整,使读者能够更为直观地进行阅读、理解。

《横渠易说》对《易传》的注释,除去已分入六十四卦的《彖传》《象传》《文言》外,《系辞》的注释最多。张载十分注重《系辞》,所发义理亦是最多且精深。张载认为:"欲观《易》先当玩辞,盖所以说易象也。不先尽《系辞》,则其观于《易》也,或远、或近、或太艰难。不知《系辞》而求《易》,正犹不知《礼》而学《春秋》也。《系辞》所以论《易》之道,既知易之道,则易象在其中,故观易必由《系辞》。《系辞》独说九卦之德者,盖九卦为德,切于人事。"①《系辞》中对《易经》的成书及其所蕴含的道理都有所阐述,是研读《易经》的入门读物。张载指出:

> 《系辞》言易,大概是语《易》书制作之意。其言"易无体"之类,则是天易也。②

> 《系》之为言,或说《易》书,或说天,或说人,卒归一道,盖不异术,故其参错而理则同也。③

> 《系辞》所举易义,是圣人议论到此,因举易义以成之,亦是人道之大且要者也。④

> 《系辞》反复,惟在明《易》所以为《易》,撮聚众意以为解,欲晓后人也。⑤

若此,皆是张载强调《系辞》对《易》的文本与义理的发挥与阐释的重要性。观其全文,张载言辞之间极尽推崇之意。至于《说卦》《序卦》《杂卦》三传,张载于《说卦》亦多有发挥,《序卦》《杂卦》则仅择其要而简论之。

综上所述,在《周易》的注释观上,张载更强调在研读文本的基础上反复斟酌义理,至于撰著成书则是其次,甚至是可以忽略的"糟粕"之类,是副产品而已。

---

① [宋]张载:《张载集》,中华书局1978年版,第242页。
② [宋]张载:《张载集》,中华书局1978年版,第186页。
③ [宋]张载:《张载集》,中华书局1978年版,第189页。
④ [宋]张载:《张载集》,中华书局1978年版,第241页。
⑤ [宋]张载:《张载集》,中华书局1978年版,第241页。

二、《横渠易说》的诠释主旨

宋代是"经学变古时代"①，诸儒为适应时代的需求，以锐意革新、敢于担当的精神，致力于使儒学的内在光辉得以重新焕发，并服务于人们的现实生活。张载《横渠易说》亦是此变古潮流中的一条溪流，蕴含着张载对汉唐经学的义理化变革和对北宋理学的哲学化建构。《横渠易说》是张载解读《周易》的经学著作，也是其构建理学的基本文献。张载对《周易》的解读不同于汉唐诸儒，表现在经学诠释目的和体例的转变。如肖汉明认为："张载之易学，亦重在贯通天人之理，主要特征则表现为义理之学，其言象数看重的是阴阳刚柔的升降消长，与《易》之大旨大致相合。"②

有学者认为："从思维方法来看，汉唐儒者对儒家经典的理解偏重历史学的、语言学的方法；而宋明理学家对儒家经典的理解则偏重哲学的、心理学的方法。从一种广义的经学观点来看，宋明理学可以被看做是经学发展历史上的一种特殊形态。"③笔者认同这一点，并认为宋明理学是对儒家经学的义理化与哲学化。在张载的认识中，他所要建构的儒学是一种圣学，而不是汉唐俗学式的儒学。所以，在一定程度上，张载对儒家经学的诠释亦是一种圣学化的过程。当然，在张载看来，儒学本然的是圣学，只是被人们过度世俗化而丧失了其本有的神圣性。张载以"心解"的方式彰显儒家义理，建构儒家天人合一的哲学理论。在这一过程中，必然要与佛道理论进行辨析，这是张载所要完成的时代任务之一。

（一）显义理

如上文所言，张载认为孔孟之后的儒学没有能够继承他们的思想，使得儒家义理淹没于词章诵记之学中，既脱离了人伦日常，也割断了天道依据。虽然汉唐儒学

---

① ［清］皮锡瑞在《经学历史》中指出："凡学皆贵求新，惟经学必专守旧。经作于大圣，传自古贤。先儒口授其文，后学心知其意，制度有一定而不可私造，义理衷一而非能臆说。世世递嬗，师师相承，谨守训辞，毋得改易。如是，则经旨不杂而圣教易明矣。"皮锡瑞：《经学历史》，周予同注释，中华书局1959年版，第139页。
② 肖汉明：《论朱震易学中的象数易》，［宋］朱震：《朱震集》，王婷、王心田编辑点校，岳麓书社2007年版，第2页。
③ 姜广辉：《宋明理学与经学的关系》，姜广辉主编：《中国经学思想史》（第三卷第五十七章），中国社会科学出版社2010年版，第349页。

希望通过文字训诂、典章考据等方法解读出圣贤的本意。但在现实的操作过程中，迷失于这种工具和方法中。孔孟之后的汉唐儒学虽然也讲"天人之学"，但汉代儒学沉迷于对气化世界生成过程的探究，企图给出一种合理的解释；魏晋学者反思汉代经学，借助于"三玄"转而探求本体论问题，纠结于有无之辩，而脱离了现实人生与气化世界。六朝至隋唐，儒学乃至道家（教）学者多被佛教"空""有"之论所裹挟。随着印度佛学对中国老庄思想及儒学思想的吸收与改造，中国本土佛学得以诞生，并在一定意义上终结了对汉代气化宇宙论、魏晋有无本体论的探讨，而取代以佛教本体论和心性论。道家（教）学者较早地吸收了佛教理论，通过对老庄思想的阐发，提升了其宇宙论和心性论，使其在现实中占据一席之地。相比之下，由汉至唐，儒学将自己囚禁在经学师传的牢笼中，难有实质性的创获。偶有新说，不是以佛解儒，便是以玄解儒。此间儒学的理论已经很难解释现实问题和儒学本身的困境。唐代中后期至北宋前期，儒家经学经历了一系列的刺激与变革之后，在北宋中期才开始了经学的真正义理化过程。

汉唐经学，今文家以"六经"为圣人治世之书，侧重微言大义，过于功利、流于狂诞；古文家或以"六经"为圣人遗文，侧重名物训诂，穷于考证，流于烦琐；理学家则以"六经"为圣人载道之文，贯通天道人事为一体，但容易流于空疏。三家各有所长，亦各有所短。然在当时，理学家对经学的变革大大推进了儒学理论的发展，而汉唐经学则已严重阻碍当时儒家思想的深化与拓展。在理学家没有形成自己的经学注释文献的时代，他们的经学读物依旧是汉唐旧注。甚至在理学家的经学典籍流行之后，汉唐旧注依旧有其应有的价值。

张载的易学思想，一方面来自《易传》尤其《系辞》，另一方面也有对王弼注、孔颖达疏的继承，同时也包括了一部分汉唐象数易学的思想和对其他经典的借鉴。张载易学以《横渠易说》为基础，而完成于《正蒙》。《横渠易说》中虽然混杂着对汉唐旧注的借用，对六十四卦的解释也有部分未能超越王孔注疏。但是，《横渠易说》明显区别汉唐《易》著。

在形式上，张载解《易》不求注字解章，而是有所取舍，于有义理处方有论。当然，这种注解并没有严格的、现成的体例约束，而只是张载研读《周易》的记录。《横渠易说》虽是张载解经之作，但实质上只是张载解《易》的札记。正如他所说："学者潜心略有所得,即志之纸笔,以其易忘,失其良心。若所得是,充大之以养其心,立数千题,旋注释,常改之,改得一字即是进得一字。始作文字,须当多其词以包罗意思。"①我们可以认为,《横渠易说》是一部类似于语录体的解《易》著作。张载并非经师,也不以撰写专门的《周易》注释书籍为目的。张载研读《周易》,是为了探求其中所蕴含的天地之道、易学本源。

张载解儒家经典都强调自出义理。他认为,"此道自孟子后千有余岁,今日复有知者。若此道天不欲明,则不使今日人有知者,既使人知之,似有复明之理。志于道者,能自出义理,则是成器"②。又告诫学者"当自立说以明性,不可遗言附会解之",并举孟子"不成章不达"和"四体不言而喻"为说,认为"此非孔子曾言而孟子言之,此是心解也"③。

(二) 合天人

天人关系,这个被中国古代哲人不断探讨的话题,也是一个极具现代意义的研究课题。天人关系问题,被古人凝结为"天人合一"思想。这一思想最早可以追溯到西周时期,而极盛于汉宋。汉代哲学家与宋代哲学家围绕"天人合一"进行了理论化、哲学化的建构。但作为词语的"天人合一"首次出现却较晚,是在北宋理学家、关学宗师张载的哲学著作《正蒙》一书《乾称篇第十七》中。张载明确提出"天人合一",既是对宋以前天人关系问题的凝练,也是对其天人哲学体系的一种表述。

《宋史》中称张载"敝衣疏食,与诸生讲学,每告以知礼成性、变化气质之道,学必如圣人而后已"④。张载之学以成贤成圣为现实目的,尤其强调圣人之学。正如《横渠易说》中所说,圣人之学乃是"天人合一"之学。张载易学所要阐发的亦是此圣学,即天人之学。这既是张载对汉唐儒学"体用绝殊""天人二本"弊端的反思,也是张载"返归六经"探求圣学本源的收获。正如他在《正蒙·乾称》中所说的:

儒者则因明致诚,因诚致明,故天人合一,致学而可以成圣,得天而未

---

① [宋]张载:《张载集》,中华书局1978年版,第275页。
② [宋]张载:《张载集》,中华书局1978年版,第274页。
③ [宋]张载:《张载集》,中华书局1978年版,第275页。
④ [宋]张载:《张载集》,中华书局1978年版,第386页。

始遗人,《易》所谓不遗、不流、不过者也。①

张载结合《周易》的宇宙论和《中庸》的人生论,从天人双向合一的角度重新定位"致学成圣"这一路径和理想。张载哲学的目的,在于建构高度哲学化的儒家理论,从理论和现实两个方面抵制佛老的影响,复兴儒学。

(三) 辟佛老

张载对佛老的批评是在其建构儒家天人学说的过程中呈现的,这也是对其理论的一种印证和对儒学的宣扬。张载深知"三教"理论之得失②,也寻求到了他所认为的最好的反击方式。正如他在《与吕微仲书》中所言:

> 浮屠明鬼,谓有识之死,受生循环,亦出庄说之流,遂厌苦求免,可谓知鬼乎? 以人生为妄见,可谓知人乎? 天人一物,辄生取舍,可谓知天乎? ……自其说炽传中国,儒者未容窥圣贤门墙,已为引取,沦胥其间,指为大道。乃其俗达之天下,致善恶知愚,男女臧获,人人著信。使英才间气,生则溺耳目恬习之事,长则师世儒崇尚之言,遂冥然被驱,因谓圣人可不修而至,大道可不学而知。故未识圣人心,已谓不必事其迹;未见君子志,已谓不必事其文。此人伦所以不察,庶物所以不明,治所以忽,德所以乱,异言满耳,上无礼以防其伪,下无学以稽其弊。自古诐、淫、邪、遁之词,翕然并兴,一出于佛氏之门,向非独立不惧,精一自信,有大过人之才,何以正立其间,与之较是非,计得失!③

张载感叹儒学不振,人才流失于二教,尤其佛教,而儒者自上至下全无力施为。他认为,只有"独立不惧,精一自信"且"有大过人之才"的儒者,才能以浩然正气立于

---

① [宋]张载:《张载集》,中华书局1978年版,第65页。 张载在《正蒙·诚明》中指出:"天人异用,不足以言诚。天人异知,不足以尽明。 所谓诚明者,性与天道,不见乎小大之别也。"(《张载集》,第20页)冯友兰认为:"有斯而言,则诚即天人合一之境界;明即人在此境界中所有之知识也。"[冯友兰:《中国哲学史》(下),中华书局2014年版,第744页]。 另,参见林乐昌:《正蒙合校集释》(下册),中华书局2012年版,第945—950页。

② 张载对佛道的批评有所差别,对老庄思想有所吸收,参见林乐昌:《张载天道论对道家思想资源的吸收与融贯》、丁为祥:《张载对道家思想的吸收、消化及其影响——简论宋明理学中的儒道因缘》,均载陈鼓应主编:《道家文化研究》第26辑"道家思想与北宋哲学"专号,生活·读书·新知三联书店2012年版。

③ [宋]张载:《张载集》,中华书局1978年版,第350—351页。

天地之间，与佛老"较是非，计得失"。张载在理论和现实两层的反思，促使了他对儒学"造道"的担当和志向。《宋史·张载传》评价张载"以《易》为宗，以《中庸》为体，以孔孟为法，黜怪异，辨鬼神"，即是对其人生实践和理论创建的合理评价。

张载深刻地认识到，如果要从根本上扭转儒学式微的现状，就必须深知二氏之学，故而就有了"出入佛老"的经历。这也是宋明理学家的一种共同思想经历和人生体验。张载在《正蒙》中批评佛教，说：

> 彼语寂灭者，往而不反；徇生执有者，物而不化；二者虽有间矣，以言乎失道则均焉。①

> 若谓万象为太虚中所见之物，则物与虚不相资，形自形，性自性，形性、天人不相待而有，陷于浮屠以山河大地为见病之说。此道不明，正由懵者略知体虚空为性，不知本天道为用，反以人见之小因缘天地。明有不尽，则诬世界乾坤为幻化。②

> 释氏不知天命而以心法起灭天地，以小缘大，以本缘末，其不能穷谓之幻妄，真所谓疑冰者欤！（夏虫疑冰，以其不识）③

> 释氏妄意天性而不知范围天用，反以六根之微因缘天地。明不能尽，则诬天地日月为幻妄，蔽其用于一身之小，溺其志于虚空之大，所以语大语小，流遁失中。其过于大也，尘芥六合；其蔽于小也，梦幻人世。谓之穷理可乎？不知穷理而谓之尽性可乎？谓之无不知可乎？尘芥六合，谓天地为有穷也；梦幻人世，明不能究所从也。④

> 大率知昼夜阴阳则能知性命，能知性命则能知圣人，知鬼神。彼欲直语太虚，不以昼夜、阴阳累其心，则是未始见易，未始见易，则虽欲免阴阳、昼夜之累，末由也已。易且不见，又乌能更语真际！舍真际而谈鬼神，妄

---

① ［宋］张载：《张载集》，中华书局1978年版，第7页。 冯友兰指出：佛教求无生，是所谓"语寂灭者，往而不反"者也。 道教求长生，是所谓"徇生执有者，物而不化"者也。 ［冯友兰：《中国哲学史》（下），第746页］

② ［宋］张载：《张载集》，中华书局1978年版，第8页。

③ ［宋］张载：《张载集》，中华书局1978年版，第26页。

④ ［宋］张载：《张载集》，中华书局1978年版，第26页。

也。所谓实际,彼徒能语之而已,未始心解也。①

张载以"唯识宗"为中心批评佛教"缘起性空"思想,首先表现在不同人生价值观上的冲突,其次是对天地万物及其本体性根源认识的不同。张载对佛教是一种系统批评,既有对其理论认知根源的剖析,也有对其认知荒谬性的揭示,同时还有对俗儒荒谬性认识的批判。张载从理论上揭示佛老理论认知的缺陷,凸显二教以出世为根本指向的人生价值观的荒谬。张载以真正的批判精神辟佛排老,使儒学(理学)告别了仅从价值观对立角度的外在排拒式的传统思路,从而在天与人、形上与形下相统一的高度与佛老之学展开了一种全面的理论抗争。在此过程中,随着辟佛排老的深入,理学自身的理论建设也提升到了天道本体的高度。②

三、小结

从"诸经说"、《经学理窟》到《正蒙》,可以认为:作为张载的核心哲学著作、集中体现其哲学观点与思想体系的《正蒙》,是张载晚年对自己一生思想和著作的总结,包括"诸经说"、《经学理窟》在内的所有早中期著作,都可以视作张载创作《正蒙》的原始资料。《正蒙》的撰著,既是张载再思考和再创作的过程,也是张载对旧著的整理和选用。张载著作的演变,可能经过这样一个过程:

"诸经说"—《经学理窟》—《正蒙》

"诸经说"是其治学早中期的主要文字的类编,《经学理窟》则是其治学中后期主要文字的类编,《正蒙》则是最后的集大成者。当然,这并不妨碍今日所见的"诸经说"和《经学理窟》有张载后期的思想,毕竟对于这些著作的成书及其原貌没有详细的文献记载,对于其版本流传也有很多未知和猜测性的意见。③ 至于《张子语录》,则并不具有鲜明的特色,可视为对张载其他著作的补遗。

总之,以《横渠易说》为例,我们可以明确地认识到张载、二程等北宋理学家所开创的新儒学从形式、内容到具体展开与汉唐儒学、原始儒学的不同与特征。这突

---

① [宋]张载:《张载集》,中华书局1978年版,第65页。
② 丁为祥:《儒佛因缘:宋明理学中的批判精神与排拒意识》,《文史哲》2015年第3期。
③ "诸经说"和《经学理窟》可能是张载遗著,由弟子进行整理,或者是弟子收集编纂而成,目前缺乏翔实的文献资料。 本文所论也只是一种猜测性论断。

出表现在他们的经典注释观与诠释观上。同时,以《横渠易说》为基点,循迹于其内在脉络与逻辑线索,分解、梳理《正蒙》的文本构成与义理模型,将十分有助于对张载哲学思想的建构历程的研究,从而深化对张载的研究,并有可能就北宋理学的整体结构及其面貌有所革新与拓展。

On Zhang Zai's Opinion and Keynote of Annotation from *Heng Qu Yi Shuo*

LIU Quan

(School of Liberal Arts, Shaanxi Normal University, Xi'an, Shanxi, 710119)

Abstract: *Heng Qu Yi Shuo* as the representative of "Zhu Jing Shuo" was an exegesis work that Zhang Zai wrote about Confucian's "six classics" in his early and middle academic study. It was the only work of "Zhu Jing Shuo" which was passed down, with a genre of Speaking. Its chapters focused on the *Book of Changes*, *Xi Ci* in particular. Zhang Zai's interpretation to the classics didn't lay emphasis on writing books, but gave his opinions in terms of the nature of principles. His keynote of annotation involved such three dimensions as the nature of principles, unity of man with heaven and critical Buddhism, which emerged in his entire academic spirit. Zhu Jing Shuo, *Confucian Cclassics* and *Zheng Meng* all reflected in form and contents Zhang Zai's philosophical construction and his contributions to the establishment and development of Neo-Confucianism.

Key words: Zhang Zai; *Heng Qu Yi Shuo*; opinion of annotation; keynote of annotation

礼义研究

中国传统家训中的人格理想

赵清文

(河南大学 哲学与公共管理学院,河南 开封 475004)

摘　要:中国古代家训对家庭成员人格的塑造给予较多的关注,其中所反映的对于子女的培养目标,并非是成为拥有巨大的财富或权势的大富大贵之人,而是品德上的贤人、君子。为了达到这一目标,中国古代家训中提出了言传、身教、感化、磨砺等人格培养的方法。中国古代家训不论在人格培养的内容上、方法上还是思路上,都具有自身的独特性,并成为社会道德教化体系的一个重要组成部分。

关键词:家训;人格;教化

理想人格是中国传统道德教育和道德修养理论的重要内容。不同人格理想的设定,决定着道德教育和修养的方向和目标。家庭是人生起步的地方,也是最初接受道德教育的场所,家庭的道德教育对于人一生来说都至关重要,对一个人的人格理想的形成和发展起着决定性的作用。因此,中国传统的家训对人格理想问题直接或间接地都有所涉及。

一、中国传统家训中对家庭成员人格理想的期望

"人生至乐,无如读书;至要,无如教子。"(宋·家颐《教子语》)在中国古人看来,对子女和其他家庭成员的教育始终是家庭、家族的一件大事。因此,"士大夫教诫子弟,是第一要紧事。"(清·孙奇逢《孝友堂家训》)"有田亩便当尽力开垦,有子

作者简介:赵清文(1973—),男,山东临沂人,河南大学哲学与公共管理学院教授,硕士研究生导师,哲学博士,主要从事中国传统伦理与文化研究。

孙便当尽力教诲。田畴不垦,宁免饥寒?子孙不教,能无败亡?"(清·张履祥《训子语》)良好的家庭教化,为儿童将来顺利步入社会担当重要社会角色奠定坚实的基础。古代的家长把自己乃至前辈的所感所识,以及总结的社会生活经验传授给子孙后代,以将子孙后代引上正确的人生发展道路,一直是他们生活中的重要目标和期望,也是各种形式的家训形成的基本目标。而达到这一目标的过程,其实也就是引导子孙后代成为长辈理想中所欲求的人的过程。

毋庸置疑,为了子孙以后生活的幸福和家族的壮大,教给他们基本的生活技能和获得更高社会地位的意识与能力是必不可少的。尤其是在以科举为读书人进身之阶的时代,教育孩子读书求取功名似乎也就成了顺理成章的事情。然而,从中国古代大量的家训中我们可以看到,这些家训的作者虽然重视"耕读传家",教导孩子要认真读书,但他们中的很多人并非都把读书的目的定位为外在的功利性的目标,而是出于培养子孙内在的道德素质的考虑。谈到读书的目的时,清代理学大师孙奇逢在《孝友堂家训》中说:"古人读书,取科举犹第二事,全为明道理,做好人。"也就是说,读书的目的中,并不排斥应科举,而更重要的,则是通过读书提升人的境界,养成健全的人格。

之所以将人格的培养作为读书学习、教育子女的第一目标,这首先是由中国传统文化的基本内涵决定的。孔子曾经说过:"古之学者为己,今之学者为人。"(《论语·宪问》)"为己"而学,学为君子,是儒家关于学习和教育的最基本的理解,也是鼓励历代读书人孜孜以求的内在动力。中国古代家训的作者,一般来说都是具有一定的文化素养的知识分子,深受儒家传统人生观、义利观的浸润,因此许多古人教子,并没有强烈的功利目的,甚至将教育子女迎合世俗而获得实际的利益看作极端错误的做法。《颜氏家训》中曾经举过一个例子,说:"齐朝有一士大夫,尝谓吾曰:'我有一儿,年已十七,颇晓书疏,教其鲜卑语及弹琵琶,稍欲通解,以此伏事公卿,无不宠爱,亦要事也。'吾时俯而不答。异哉,此人之教子也!若由此业,自致卿相,亦不愿汝曹为之。"(《颜氏家训·教子篇》)在颜之推看来,如果放弃了人格而专教子弟迎合权贵,无异于摇尾乞食,这绝不是一个正常人教育子孙应取的态度。可以说,这一态度贯穿于中国古代家训的始终。正如明代的庞尚鹏在家训中对子孙所说:"学贵变化气质,岂为猎章句、干利禄哉!"(《庞氏家训》)

从人生经验的角度来说,科举成功率毕竟是很低的;如果以科举作为最高的目的,对于绝大部分人来说,最终的实际结果只能是"读书无用"。而通过教育和学习培养人的素质,则是付出一分努力就会有一分收获的。正如《陆氏家制》中所说:"世之教子者不知务此,惟教以科举之业,志在于荐举登科,难莫难于此者。试观一县之间应举者几人,而与荐者有几？至于及第,尤其希罕。盖是有命,非偶然也。此孟子所谓求在外者得之有命是也。至于止欲通经知古今修身,为孝弟忠信之人,特恐人不为耳。此孟子所谓'求则得之''求在我者'也。此有何难,而人不为耶？"（《陆氏家制·居家正本上》）这一观念,既是对儒家传统的继承和发扬,同时也是通过对科举进行理性分析所得出的必然结论。因而,在许多家训的作者看来,科举之事,毕竟难如千军万马过独木桥,能为则为,不能为则要顺其自然。而教之以孝悌忠信,则是每一个家长都要重视的。"命有穷达,性有昏明,不可责其心必到,尤不可因其不到,而使之废学。盖子弟知书,自有所谓无用之用者存焉。"（宋·袁采《袁氏世范》卷上）

因为以品性修养和人格完善作为家庭道德教育的重点,所以中国传统家训中所反映的对于子女的培养目标,并非是成为能够拥有巨大的财富或权势的大富大贵之人,而是品德上的贤人、君子。"子弟中得一贤人,胜得数贵人也。"（《孝友堂家训》）基于这样一种理念教育子女,并不一定要让他们将来金榜题名,而是首先要教给他们做人的道理,使其具有优良的品质。也就是说,在家庭教育中,道德教育是根本,如果只注重生存能力和竞争能力的培养而忽视了道德教育,这样的教育也是失败的。"世俗善经营者往往业驵狯,子弟狡慧则习刀笔,二项皆可营生,特恐相安于奸利,则《诗》《书》种子遂绝,将来有不肖者,礼义廉耻荡尽,更无所不至矣。岂若读书耕田,以清贫勤苦立家业,布袍蔬饭,世为士人,令父子兄弟人人礼乐文章,所谓匹夫而缙绅,畎亩而朝列,顾不光隆欤？"（明·徐三重:《家则》）古人甚至提出,越是资质聪慧的儿童,越应当加强道德教化,以防才过其德而为非作歹、祸害社会、殃及家人。宋代文学家陆游说:"后生才锐者,最易坏。若有之,父兄当以为忧,不可以为喜也。切须常加简束,令熟读经学,训以宽厚恭谨,勿令与浮躁薄者游处。"（《放翁家训》）明代许相卿亦说:"生子质敏才俊,可忧勿喜,便思愈加检防,痛抑文艺辩给,只令学礼读书,陶习谦晦,慎厚性情,禁绝浮夸傲诞者游处。"（《许云邨贻谋》)古人的这些主张,虽然很大程度上都是为了维护整个家族的利益,而不是为了子女将来的业绩和对社会的贡献,然而,其中所包含的德才要全面发展,不可重才轻德的思想,还是有深远意义的。

总之,在古人看来,"远邪佞,是富家教子第一义;远耻辱,是贫家教子第一义。至于科第文章,总是儿郎自家事"。(明·温璜《温氏母训》)一个人首先必须品德良好、心理健康、人格完善,至于能否在事业上有所成就、取得优越的社会地位,则是相对次要的。"大都教子正是要渠做好人,不是定要渠做好官。"(《许云邨贻谋》)换句话说,如果想要子女事业上有所成就,就必须先培养他们良好的道德素质。"道德仁义在我,以之事君临民,皆合义理,岂不荣哉!"(《陆氏家制·居家正本上》)

二、中国传统家训中理想人格的培养路径

"养子弟如养芝兰,既积学以培植之,又积善以滋润之。"(宋·刘清之《戒子通录》)家庭是道德教育的重要场所,家庭道德教化职责和功能能否有效发挥,无论是对于整个社会风气的好坏,还是对于个体人格的完善和品德的养成,都是至关重要的。在中国古代社会中,一方面,家庭是最基本的生产和消费单位,始终是一个人生活中最重要的部分,不止是与父母兄弟之间,整个家族成员之间联系都非常密切,相互有着深刻的影响;另一方面,学校教育对于大部分社会成员来说仅仅是奢望,"家贫力难延师,父自教之,弟若幼小,则兄教之"。(明·徐三重《家则》)家庭作为道德教化的场所,更重要的是生活的场所,与以暴力权威为支撑的政府教化和以知识权威为条件的学校教化相比,有着自己独特的具体方式和培养路径。父母和家庭、家族中长者的言传身教是人从小接受道德教育最主要的途径。具体来说,中国传统家训中所倡导的理想人格培养路径主要有以下几种。

第一,言传。所谓"言传",即采用传授知识和讲道理的方法来提高家庭成员的人格和境界。"蒙养无他法,但日教之孝悌,教之谨信,教之泛爱众亲仁。看略有余暇时,又教之文学。不疾不徐,不使一时放过,一念走作,保完真纯,俾无损坏,则圣功在是矣。"(明·姚舜牧《药言》)中国古代留下的家训、诫子书或者诫子孙文之类的文献,都是古人对家庭成员进行教育的文字记载,其中不乏谆谆教诲之言。例

如:明代薛瑄《戒子书》中说:"汝曹既得天地之理气凝合,祖父之一气流传,生而为人矣。其可不思所以尽其人道乎!欲尽人道,必当于圣贤修道之教、垂世之典,若'小学',若'四书',若'六经'之类,颂读之,讲习之,思索之,体认之,反求诸日用人伦之间;圣贤所谓父子当亲,吾则于父子求所以尽其亲;圣贤所谓君臣当义,吾则于君臣求所以尽其义;圣贤所谓夫妇有别,吾则于夫妇求所以有其别;圣贤所谓长幼有序,吾则于长幼思所以有其序;圣贤所谓朋友有信,吾则于朋友思所以有其信。于此五者,无一而不致其精微曲折之详,则日用身心,自不外乎伦理,庶几称其人之名,得免流于禽兽之域矣。其或饱暖终日,无所用心,纵其耳目口鼻之欲,肆其四体百骸之安,耽嗜于非礼之声色臭味,沦溺于无礼之私欲晏安,身虽有人之形,行实禽兽之行;仰贻天地凝形赋理之羞,俯为祖父流传一气之玷;将何以自立于世哉!汝曹其勉之敬之,竭其心力以全伦理,乃吾之至望也。"读此一段,言辞恳切、苦口婆心之貌如在眼前。除了平时的教育训导之外,在家庭成员犯了错误之后的教训劝导也是必要的。如果一个人做了错事,及时通过讲道理、摆事实使他明白错误所在,起到吃一堑长一智的目的,就会对他的观念和行动产生积极影响。否则,"人之有子,多于婴孺之时爱忘其丑。恣其所求,恣其所为。无故叫号,不知禁止,而以罪保母。陵轹同辈,不知戒约,而以咎他人。或言其不然,则曰:'小未可责。'日渐月渍,养成其恶,此父母曲爱之过也。及其年齿渐长,爱心渐疏,微有疵失,遂成憎怒,撼其小疵以为大恶"。(《袁氏世范》卷上)

第二,身教。榜样的示范作用对一个人,尤其是少年儿童的人格养成有重要意义。"凡是要求受教育者应当有的行为,教育者本人应该首先具有这种行为,并且做到表里如一、始终如一。这不仅给受教育者做示范,而且也使道德教育具有说服力。"[①]古人认识到,如果要使子女和家庭中的其他成员成为人格健全的人,家长必须首先以身作则。"夫风化者,自上而行于下者也,自先而施于后者也。是以父不慈则子不孝,兄不友则弟不恭,夫不义则妇不顺矣。"(《颜氏家训·治家》)家长作为教育者,必须宽仁至诚,时时谨慎,给家庭其他成员做出表率。"凡为家长,必谨守礼法,以御群子弟及家众。"(宋·朱熹:《家礼·卷一·司马氏居家杂仪》)"为家

---

① 罗国杰、马博宣、余进:《伦理学教程》,中国人民大学出版社1986年版,第428页。

长者,当以至诚待下,一言不可妄发,一行不可妄为,庶合古人以身教之意。临事之际,毋察察而明,毋昧昧而昏。更须以量容人,常视一家如一身可也。"(元·郑太和《郑氏规范》)此外,中国古代家训中还经常用前辈的例子作为典范来激励自己和后人,以使良好的家风继承下去。例如,唐代的柳玭在《序训》中告诫家人说:"先公(指柳玭已过世的父亲柳仲郢)以礼律身,居家无事,亦端坐拱手,出内斋未尝不束带。三为大镇,厩无良马,衣不熏香,公退必读书,手不释卷。"这种教育方式,往往能激发后辈的自豪感,从而主动学习前人的优良品质,自觉地约束个人行为。

第三,感化。"家庭是个体成长的摇篮,是个体与社会发生联系的第一场所,它在人的社会化过程中有着决定性意义。家庭成员之间的关系密切,在长期共同生活中互相影响,对孩子起着潜移默化的作用。"①家庭和家族以血缘关系为纽带,成员之间天然存在着质朴的感情,因此家庭教化中可以有效利用这一优势,通过感化激发家庭成员的道德自觉。二十四孝中有一个"卧冰求鲤"的故事,说的是魏晋时期的王祥早年丧母,继母朱氏对他没有慈爱之心,并在父亲面前多次说他的坏话,由此失爱于父母。但王祥生性至孝,不但毫无怨言,而且像侍奉自己的亲生母亲一样孝敬后母,最终不但通过数九隆冬"卧冰求鲤"感动了后母,而且使异母弟及其他家人都受到了感化。这种行为从直接目的上来说是为了家庭和谐,但对家庭成员的道德情操的培养有着潜移默化的作用。"自古人伦,贤否相杂。或父子不能皆贤,或兄弟不能皆令,或夫流荡,或妻悍暴,少有一家之中无此患者,虽圣贤亦无如之何。身有疮痍疣赘,虽甚可恶,不可决去,惟当宽怀处之。"(《袁氏世范》卷上)长此以往,自然能够培养起家庭成员慈爱、友善、平易、宽容等优良品质。古人说:"'恩仇分明',此四字非有道者之言也;'无好人'三字,非有德者之言也。"(宋·吕祖谦《辨志录》,见宋·刘清之《戒子通录》卷七)这句话对于家庭成员来说,尤是金玉良言。

第四,磨砺。清朝康熙帝曾经说:"父母之于子女,谁不怜爱?然亦不可过于娇养。若小儿过于娇养,不但饮食之失节,亦且不耐寒暑之相侵,即长大成人,非愚即痴。尝见王公大臣子弟中每有痴呆软弱者,皆其父母过于娇养之所致也。"(《圣祖

---

① 罗国杰:《道德建设论》,湖南人民出版社1997年版,第317页。

庭训格言》）父母疼爱自己的子女,是天性使然,但是,疼爱不是溺爱,父母对于子女过于娇宠,容易使其形成不良品质和脆弱、依赖性强等性格特点。因此,为了使孩子成才成器,就必须使他经受必要的磨炼,参加力所能及的劳动,独立处理生活中遇到的各种问题,这不仅能够锻炼他的体质,更能够磨炼他的心智。因此说:"爱子弟者动曰'幼小不宜劳力',极为谬论。无论从古英贤、名臣、名将无一懦软不耐劳苦者,即乡曲四民中,稍能自立,有一不勤不劳者乎?所虑自幼娇养,他日必一无所能,偶有动作,不堪其苦,终为弃才矣。若富贵家谓可坐食,咦,天下能一生安享坐食者几人哉?劳之不习,事理万不能通达。劳字所该甚广,而教幼子先自习力作、习礼节始。"(清·汪辉祖《双节堂庸训》)为了使子女得到必要的历练,还必须对其严格要求,"子幼必待以严"。(《袁氏世范》卷上)然而,"儿子是天生的,非打成的。古云:'棒头出孝子。'不知是铜打就铜器,是铁打就铁器,若把驴头打作马面,有是理否?"(《温氏母训》)严格要求并不一定要采用棍棒体罚的方式,这样做可能会收到一时之效,"暂行知警,常用则玩"(《温氏母训》),不能解决根本问题。

总之,家庭教化与其他场合的教化相比,方式方法上有着更大的灵活性,对于一个人道德品质的养成和人格的完善有着更加深刻的影响。中国古代家训中丰富的家庭教化内容,包括对教化规律的探索、教化方法的总结,还有流传后世的至理名言,为今天的家庭道德教育提供了大量有益的资源。

三、中国传统家训中人格理想的特质

教化的问题归根结底就是一个培养什么样的人的问题,无论是国家还是家庭,所推行的每一种教化理念之下都包含着一种人格标准。然而,中国古代家训文化中所反映出来的人格理想,同国家层面上的教化目标比起来,既有相通之处,又有着自身的特质。

中国传统家训中的人格理想,体现在它是立足于家庭,不同于国家层面的教化,而更多的是出于家族壮大和子孙个体幸福的考虑。在中国传统社会中,道德教化受到历朝历代统治者的格外重视,并被渗透于国家治理实践的方方面面。以国家为主体的教化活动,其侧重点在社会治理的实践层面,将稳固统治、强大国家作为道德教化最直接的目的,正如汉代的贾谊所说:"有道,然后教也;有教,然后政治也;政治,然后民劝之;民劝之,然后国丰富也;故国丰且富,然后君乐也。"(《新书·大政下》)换句话说,国家主导的教化最重要的特征就在于它的政治性,从教化的对象和目标来说,它将全体社会成员作为教化对象,目标是将他们培养成遵守社会规范、自觉维护既有的社会秩序的人。教化者所期望的,是通过教化来维护统治的长治久安。因此,在以国家为主体的道德教化中,重视的往往是道德规范的灌输,因为道德规范本身就是社会秩序在人们观念中的体现。

家庭对社会成员的教育则不同。从中国古代家训的论述中可见,这些家训的作者主要是看到了家庭成员个体的道德品质对于家庭的稳定和壮大以及子孙的幸福的意义,强调培养子孙后代的完善人格的重要性。如果没有完善的人格和优良的道德品质,不但会使家庭成员个体走向歧途,同时也对家庭的安全构成极大的威胁。在中国传统社会里,由于连坐等刑律的存在,一个人的行为往往联系着整个家族的安危;由于特殊的家庭财产关系,个人的勤俭与否,往往联系着整个家族的兴衰。这正是许多深谋远虑、具有忧患意识的"家长"所日夜叨念的。从这个角度来说,家训不只是家庭中的长者传递自己的人生经验的载体,更为重要的是,培养个体的优秀人格品质,让每个社会成员都养成优秀的品德,是家族兴旺发达的重要前提。

从人格培养的实践角度来说,家庭中对人格的塑造开始比较早。一般来说,家庭是人生起步的第一站,也是人格养成的起步之地,因此家庭对于人格的塑造,是起点比较早的。中国古代家训也正是看到了这一点,都强调教化儿童、培养人格必须从小抓起。南北朝时期的颜之推说:"子生孩提,师保固明,孝仁礼义,导习之矣。凡庶纵不能尔,当及婴稚,识人颜色,知人喜怒,便加教诲,使为则为,使止则止。比及数岁,可省笞罚。"否则,"饮食运为,恣其所欲,宜诫翻奖,应呵反笑,至有识知,谓法当尔。骄慢已习,方乃制之,捶挞至死而无威,忿怒日隆而增怨,逮于成长,终为败德。"(《颜氏家训·教子》)古人甚至很早就开始注意"胎教之法",认为从十月怀胎之时就要给胎儿提供一个良好的环境。"古者,圣王有胎教之法:怀子三月,出居别宫,目不邪视,耳不妄听,音声滋味,以礼节之。书之玉版,藏诸金匮。"(《颜氏家训·教子》)明代的许相卿也说:"今来教子宜自胎教始,女妊子者,戒过饱,戒多睡,戒暴躁,戒房欲,戒跛倚,戒食辛热及野味,宜听古诗,宜闻鼓琴,宜道嘉言善行,宜阅贤孝节义图画,宜劳役以节,动止以礼,则生子形容端雅,气质中和。"(《许云邨贻谋》)这些建议,除了考虑将来孩子的健康之外,一个重要的方面,就是让他尽可能早地接受礼义和美好事物的熏陶。儿童不止是身体上正处于生长发育期,思想和行为上也处于逐渐学习和养成的过程之中,求知欲强,可塑性大。同时,对于一个家族或者家庭来说,儿童肩负着家族延续和壮大的重任。因此,及早对儿童人格进行塑造,不仅对于儿童成人后的生活质量,同时对于家族本身来说,也具有重要的意义。

总之,中国古代家训不论在人格培养的内容上、方法上还是思路上,都具有自身的独特性,并成为社会道德教化体系的一个重要组成部分。以家规家训的形式培养良好家风,塑造健康人格,在今天的道德建设和道德教育中,对于个体的成长和社会的进步,仍然具有积极的借鉴意义。

The Ideal Personality in Chinese Traditional Family Education

ZHAO Qingwen

(College of Philosophy and Public Administration Henan University, Kaifeng, Henan, 475004)

Abstract: More attention was given to the shaping of every family member's personality in Chinese ancient family instructions, whose goal of raising children was to turn them into persons with virtue or gentlemen rather than wealthy and powerful people. To achieve this goal, methods of coaching, mentoring, influencing and tempering were put forward in Chinese ancient family education. Chinese ancient family instructions has its own uniqueness with regard to contents, methods and ideas of shaping personality and has become an important part of social morality education system.

Key words: Family Instruction (Education); Personality; Morality Education

传统儒家祭祀思想与中华新祭礼教育

鹿 林

(河南农业大学 马克思主义学院,河南 郑州 450046)

摘 要:祭祀是儒家礼义活动的重要内容,而祭礼则是儒家礼义文化的核心。以传统儒家祭祀思想为主导,中国传统祭祀文化影响和塑造了中华民族的精神生活,形成了独具中国传统特色的祭礼教育。全面深刻地分析传统儒家祭祀思想的基本内容、特色、实质与问题,批判地继承和科学借鉴其内在蕴含的合理因素,有助于培育符合时代特征和人类文明发展趋势的中华新祭礼文化,充分发挥各种祭祀活动的祭礼教育功能。

关键词:儒家祭祀思想;礼义教育;中华新祭礼

中国传统祭祀文化源远流长。祭祀作为社会生活的重要组成部分,既深刻地反映了人们对自身在整个天地之间、宇宙之中的地位、根基和命运的理解和敬畏,也表现了人们塑造自身生活世界秩序的方法、举措和途径,因而对人们的精神信仰和现实生活都产生着广泛而深远的影响。对于中国传统祭祀文化的发展和弘扬,传统儒家做出了极大的贡献。《礼记·祭统》(本文以下引《礼记》,只注篇名)云:"礼有五经,莫重于祭。"因此,祭祀是儒家礼义活动的重要内容,而祭礼则是儒家礼义文化的核心。以传统儒家祭祀思想为主导,中国传统祭祀文化影响和塑造了中华民族的精神生活,形成了独具中国特色的祭礼教育。当前,缅怀祖先和革命先烈的祭祀活动,随着国家对包括清明节在内中华传统节日文化的弘扬,特别是对国家

作者简介:鹿林(1973—),男,河南沈丘人,河南农业大学马克思主义学院副教授,哲学博士,硕士研究生导师,主要从事马克思主义哲学、近现代西方哲学和中国传统哲学研究。

基金项目:2017 年河南农业大学思想政治教育研究会项目(SZJY—2017—021)的阶段性成果。

公祭活动的倡导,更上升为整个社会普遍的祭礼教育,这对于培育和塑造社会主义公民的伦理道德观念,形成新的国家社会精神生活秩序具有无比重要的意义。全面深刻地分析传统儒家祭祀思想的基本内容、特色、实质与问题,批判地继承和科学借鉴其内在蕴含的合理因素,舍弃其糟粕,有助于培育符合时代特征和人类文明发展趋势的中华新祭祀文化,充分发挥各种祭祀活动的祭礼教育功能。

一、传统儒家祭祀思想及其特色

众所周知,以孔子为创始人的儒家与祭祀活动存在着紧密的关系。历代学者在解释"儒"的起源时,曾有过很多的争议,例如胡适在《说儒》中直接将儒溯源于殷商时期的专事丧事和祭祀活动的人。然而不争的事实是,尽管孔子倡导"六艺",即礼、乐、射、御、书、数,但是其所谓"礼",恰恰是以祭祀之礼,即祭礼为主导或根本内容的。司马迁在《史记·孔子世家》中说:"孔子为儿嬉戏,常陈俎豆,设礼容。""俎""豆"是古代祭祀活动中用来盛肉食的器皿。即是说,孔子从小就与其他儿童有别,对祭祀或祭礼比较感兴趣。这一记载不是毫无根据的。《论语·卫灵公》(以下引用《论语》,只注篇名)记载:"卫灵公问陈于孔子,孔子对曰:'俎豆之事,则尝闻之矣;军旅之事,未之学也。'明日遂行。"此"陈"通"阵",指军队作战的布列阵势,代指"军旅之事"。孔子坦承自己学习和擅长的是祭祀活动或祭礼文化,而不是"军旅之事"。因此,孔子非常关心祭祀礼仪。从根本上说,孔子所热衷的事业是以祭礼文化教育为基础的"六艺"教育。

那么,以孔子为创始人的传统儒家的祭祀思想究竟具有什么样的内容和特色呢?

首先,传统儒家祭祀思想是以儒家道德形而上学为哲学根基的。如果说孔子对礼的学习和重视的切入点为祭祀、祭礼,那么他的礼义思想以及他的整个学说却不仅仅局限于此,而是实现了对整个殷周礼仪文化的超越与提升,已经初步为祭祀、祭礼奠定了道德形而上学的基础。殷商时期的人们还没有完全摆脱原始思维,对无限神秘的世界还充满着崇拜与敬畏,因而形成了崇尚鬼神的神本文化。《表记》篇称:"殷人尊神,率民以事神。"殷人一方面通过卜筮来猜测鬼神或至上神"帝"或"上帝"的意志,另一方面通过规模盛大的祭祀活动来表达对鬼神的敬意。

然而,迷信天命鬼神的殷人并没有永恒地确保自己的天下。周人得到天下后对殷所以失天下与周何以能够保天下都进行了反思,周公的结论就是"惟不敬厥德,乃早坠厥命",而要保天下则"王其疾敬德"(《尚书·召诰》)。就是说,保不保天下关键在于是否"敬德"。周公对殷人天命观的改革,实现了祭祀文化性质的根本改变,即从鬼神崇拜的神本文化转向了重内在德行的人本文化。这一转变具有深远的意义,也成为先秦儒家思想的滥觞。众所周知,孔子曾明确表示"周监于二代,郁郁乎文哉!吾从周"(《八佾》),感叹"久矣吾不复梦见周公"(《述而》)。孔子从周朝、周公所承继下来的是逐渐地脱去原始宗教外衣的、具有人文思想的周礼。周礼本质上是礼乐文化。孔子以祭祀文化或祭礼为切入点,进一步完善和提升了周礼中的祭祀性质,使之成为对天道、天命和祖先的祭祀。因此,孔子所重视的不再是鬼神,而是天命。即使祭祀的是自己的祖先和鬼神,他亦只是强调"祭如在,祭神如神在"(《八佾》)。在此,"如"字具有非常绝妙的意义。在崔大华先生看来,这是孔子对天命的理性主义立场在对鬼神上的十分独特的态度。他说:"这表明,孔子虽然没有完全否定这种异己的、超自然的人格力量的存在,但是对鬼神也确乎没有真诚的信仰。"①因此,孔子实质上为祭祀活动重新奠定了道德形而上学基础,他所谓的"天""命"已经基本上不具有人格神的宗教色彩,而是一种道德形而上学的抽象。当然,这种天命还没有彻底地脱去拟人化的痕迹。

其次,传统儒家对待祭祀的核心精神是出于内在仁德的"敬",而只有仁德者才能享有主祭的资格。"敬"是儒家为人处世的基本态度,它体现着儒家对待事情的敬仰、敬畏、庄重和谨慎,是礼的基本要求。《左传·僖公十一年》云:"敬,礼之与舆也。不敬,则礼不行;礼不行,则上下昏,何以长世?""敬"贯穿于儒家所可能身处的各种环境和情形,尤其体现于祭祀活动中。《祭统》篇说:"身致其诚信,诚信之谓尽,尽之谓敬,敬尽然后可以事神明,此祭之道也。"从个人而言,"祭"是孝子之道。《祭统》云:"祭者,所以追养继孝也。孝者畜也。顺于道,不逆于伦,是之谓畜。是故孝子之事亲也有三道:生则养,没则丧,丧毕则祭。养则观其顺也,丧则观其哀也,祭则观其敬而时也。尽此三道,孝子之行也。"在儒家看来,祭祀活动中发自内

---

① 崔大华:《儒学引论》,人民出版社2001年版,第25页。

心的敬，本质上既是内在仁德的体现，也是一切仁德的凝聚。《左传·僖公三十三年》说："敬，德之聚也；能敬必有德。"既然敬出自内在的仁德，因而儒家认为只有贤德者才配主祭。《祭统》篇曰："夫祭者，非物自外至者也，自中出生于心也；心怵而奉之以礼。是故，唯贤者能尽祭之义。"由此，《祭统》篇说："贤者之祭也，必受其福，非世所谓福也。福者备也，备者百顺之名也。无所不顺者之谓备，言内尽于己，而外顺于道也……唯贤者能备，能备然后能祭。是故贤者之祭也，致其诚信与其忠敬，奉之以物，道之以礼，安之以乐，参之以时，明荐而已矣。不求其为，此孝子之心也。"与之相反，"非德，民不和，神不享"。（《左传·僖公五年》）因此，《祭统》篇说："故其德盛者，其志厚；其志厚者，其义章；其义章者，其祭也敬。祭而不敬，何以为民父母矣？"不仅如此，儒家的祭祀礼仪是非常复杂的，绝不是一般人能够熟练掌握和恰如其分地施行的。《中庸·大哉》云："礼仪三百，威仪三千，待其人而后行。"所谓"待其人而后行"，就是只有有德才之人才能完整地从事复杂的礼仪活动。

　　再次，传统儒家对受祭对象具有明确的规定，即自己的祖先或对国家、社会做出极大贡献的圣贤、先烈。孔子曾说："非其鬼而祭之，谄也。"（《为政》）"鬼"指死去的人，这里则指祭祀者过世的祖先。因此，每个人理应祭祀自己的祖先而不是相反，去祭祀别人的祖先，尤其是置自己的祖先于不顾而偏偏去祭祀别人的祖先，实际上就是向别人献媚和讨好。但是，传统儒家在主张人们祭祀祖先的基础上还进一步提升了祭祀的社会道德意义。这就是，祭祀的对象不再局限于自己的祖先，而是扩展到对国家、社会、民族发展具有重要历史贡献的圣贤和英烈。《祭法》篇："夫圣王之制祭祀也，法施于民则祀之，以死勤事则祀之，以劳定国则祀之，能御大菑则祀之，能捍大患则祀之。是故厉山氏之有天下也，其子曰农，能殖百谷；夏之衰也，周弃继之，故祀以稷。共工氏之霸九州也，其子曰后土，能平九州，故祀以为社。帝喾能序星辰以著众，尧能（赏）[亶]均刑法以义终，舜勤众事而野死，鲧鄣鸿水而殛死，禹能修鲧之功，黄帝正名百物以明民共财，颛顼能修之，契为司徒而民成，冥勤其官而水死，汤以宽治民而除其虐，文王以文治，武王以武去民之菑，此皆有功烈于民者也。及夫日月星辰，民所瞻仰也；山林、川谷、丘陵，民所取财用也。非此族也，不在祀典。"这里明确提出了受祭者的标准，即"法施于民""以死勤事""以劳定国""能御大灾""能捍大患"，归根结底受祭对象都是"有功烈于民者"。而日月星辰所以受到祭拜,是因为"民所瞻仰",而山林、川谷、丘陵则"为民所取财用"。总之,受祭对象都是能够造福于天下百姓者,而如果达不到这些标准,就不在祭祀范围。当然,由于受时代局限,儒家所列举的受祭对象,都是截止到孔子时历史上曾经出现过的圣贤。

最后,传统儒家强调祭祀必须遵循严格且必要的礼仪和程序。祭祀是通过祭礼完成的。《哀公问》篇记载孔子所言:"非礼,无以节事天地之神也。"因此,只有严格按照规范的礼仪和秩序才能举行祭祀活动。《祭统》篇则强调:"心不苟虑,必依于道。手足不苟动,必依于礼。是故君子之齐也,专致其精明之德也,故散齐七日以定之,致齐三日以齐之。定之谓齐。齐者精明之至也,然后可以交于神明也。"也就是说,心虑必依于道,手足必依于礼,只有这样才能做到凝神聚德,达到心齐,感通于神明。当然,传统儒家也强调礼不能逾节,否则也是对神明的不敬。

二、传统儒家祭祀思想的实质与问题

毫无疑问,传统儒家祭祀思想是儒家思想体系的必要构成部分,而其内在精神从属和服务于儒家思想体系的根本宗旨。孔子生于"礼崩乐坏"之际,有感于天下乱局,为自己确立了继承周礼重塑天下秩序的历史使命。《曲礼上》篇对礼塑造和维护社会生活秩序的作用作了明确的阐释:"夫礼者,所以定亲疏、决嫌疑、别同异、明是非也。"而据《哀公问》篇则记载了孔子对礼的认识:"丘闻之,民之所由生,礼为大。非礼,无以节事天地之神也;非礼,无以辨君臣上下长幼之位也;非礼,无以别男女父子兄弟之亲,婚姻疏数之交也。"孔子继承和弘扬周礼,不是毫无改变,而是不断改革和完善,他崇尚周礼,但只是以周礼为典范来重塑天下秩序而已。当然,孔子的思想在当时并没有得到诸侯们的认可和采用,因而恢复天下秩序的梦想只是一厢情愿。事实上,孔子生活的春秋时期,只不过是天下乱局的开始,从春秋到战国天下秩序混乱更是达到极端的程度。事实上,纵使秦统一了天下,也没有塑造起一个稳定的秩序,相反,由于片面地贯彻法家的严刑峻法思想,导致了天下更大的混乱而已。因此,儒家的祭祀思想,无论就孔子而言还是就荀孟等儒家传人而言,其根本的宗旨就是恢复和重建天下秩序。《祭统》篇:"夫祭有十伦焉:见事鬼神之道焉,见君臣之义焉,见父子之伦焉,见贵贱之等焉,见亲疏之杀焉,见爵赏之施焉,见夫妇之别焉,见政事之均焉,见长幼之序焉,见上下之际焉。此之谓十伦。"可以说,通过祭祀、祭礼而重新理顺"十伦",即整个天地间所有生活关系和伦理秩序,从而达到重塑生活世界秩序的目的,就是传统儒家祭祀思想的实质。

然而,传统儒家祭祀思想却残存着宗教神学的萌芽,具有回归宗教神学的趋势。这种宗教化的趋势首先体现于孔子及其儒学本身上。众所周知,孔子作为儒家学派的宗师,在先秦时期已经具有较高的地位和较大的影响。孟子曾评述当时的显学,说:"逃墨必归于杨,逃杨必归于儒。"(《孟子·尽心下》)韩非子亦指出:"世之显学,儒、墨也。"(《韩非子·显学》)汉武帝接受董仲舒的建议而"独尊儒术",不仅彻底改变了孔子时代儒学不为列国诸侯所欢迎的尴尬局面,而且还改变了儒学的发展方向,孔子亦被尊称为"圣人"。众所周知,孔子并不认为自己是个圣人,他赞美尧舜,但却从不敢自比于尧舜,甚至说:"若圣与仁,则吾岂敢?"(《述而》)而且他本人还反对弟子们将他奉为圣人。但事实上历史并不是按照孔子的意愿发展的,他还是被尊奉为圣人,如"天纵之圣""天之木铎""至圣先师"。司马迁在《孔子世家》中说:"天下君王至于贤人众矣,当时则荣,没则已焉。孔子布衣,传十余世,学者宗之。自天子王侯,中国言六艺者折中于夫子,可谓至圣矣!"至此,儒学逐渐由显学演变为"儒教"。《史记·游侠列传》:"鲁人皆以儒教,而朱家用侠闻。"在此,"以儒教"构成一个词组,即以儒家学说教育人。然而,儒学后来还是逐渐地被宗教化,或者说没有摆脱被宗教化的趋势,最终演变成了多少具有宗教特征的"儒教"或"孔教"。汉魏之后,儒学的宗教色彩已逐渐浓厚。例如,《晋书·宣帝纪》即云:"博学洽闻,伏膺儒教。"当代学者彭亚非指出:"他本是个立道者,却说自己是在传道;他本是个创教者,却说自己不过是喜爱古代文化,而且宗信古代道统而已。我们知道,各种文明的创教布道者,无不以天启自许,孔子却明确表示自己并非天启者,只是从已有的文化积累和文明传统中求得了真知,从而将自己推行的人文信仰牢牢植根于全部既有的民族智慧和文化成就之中。"[①]"如果可以用一个稍嫌勉强的比喻的话,那么我们可以将孔子整理并尊崇的古代经典文献《书》《易》《诗》《乐》《礼》《春秋》'六经'看作是中华文明的《旧约全书》,而将记录了孔子思

[①] 彭亚非:《论语选评》,岳麓书社2006年版,第Ⅵ页。

想的《论语》看作是中华文明的《新约全书》。"①因此,儒教尽管不是纯粹意义上的宗教,却是具有一定宗教色彩的准宗教。众所周知,坚持"儒教是教"观点的代表性人物是已故著名学者任继愈,他对儒教所具有的特征的认识,据其学生李申概括如下:"儒教以天地君亲师为崇拜对象,以六经为经典;有它自己的宗教礼仪,那就是祭天祀地的仪式;它有自己的传法世系,那就是儒家的道统论;它不讲出世,但追求一个精神性的天国;它缺少一般宗教的外在特征,但具有宗教的一切本质属性。"②当然,这种学说向来有争议,因为很多人实际上所讨论的对象和语境是迥然不同的,更多的人是明确区分"儒家""儒学"和"儒教"的。坚持"儒教是教"的学者,更侧重的是"儒教"而不是"儒学"。例如,就两者的关系,何光沪强调:"质言之,儒家学说之一部分,就是儒教的理论,儒教理论之所在,就在儒家学说之中。"③在他看来,儒家学说或儒学中内在地蕴含着宗教的文化基因。何光沪认为,经过2000年左右的热烈辩论,"总的趋势是主张儒教是宗教或有宗教性的学者越来越多"。④ 因此,不管怎样说,儒家或儒学在孔子去世之后被宗教化,而孔子本人不仅被历代帝王不断加封,直至被封为"大成至圣文宣王""素王",而且还被尊奉为"万世大教主"(康有为语),可能并非孔子当初的意愿,也不是他能够想象得到的,但是,这却是一个不争的事实。

儒学所具有的这种准宗教的特点,还典型地体现于后人对儒学祭祀活动的神圣化或神秘化。如果说孔子所创立的儒学并没有彻底地消除原始宗教的因素,内在地潜存和延续着原始宗教的余脉和文化基因,因而在后来的发展中又重新被发掘和发展出新的宗教萌芽,并日益强化而成为"儒教"或"孔教",自己被神圣化为"素王",被尊为"万世师表""万世大教主",不是纯粹偶然的,那么,就儒家在祭祀活动中所敬仰、膜拜的对象,也突破了孔子最初的界定,成为具有鲜明宗教特征的鬼神或上帝至上神。

孔子本人是重人文轻鬼神的,然而儒家祭祀思想的发展却超出了孔子的想象。

---

① 彭亚非:《论语选评》,岳麓书社2006年版,第Ⅶ页。
② 李申:《二十年来的儒教研究》,《儒学与儒教》,四川大学出版社2005年版,第294页。
③ 何光沪:《月映万川——宗教、社会与人生》,中国社会科学出版社2007年版,第59页。
④ 何光沪:《月映万川——宗教、社会与人生》,中国社会科学出版社2007年版,第57页脚注②。

众所周知,孔子"不语怪力乱神"(《述而》),他常言的是"天"与"命",例如,他认为君子有"三畏",而"畏天命"列于首位,而"小人不知天命而不畏也"(《季氏》),他自己则承认"五十而知天命"(《为政》),他亦强调"获罪于天,无所祷也"(《八佾》),因此他崇尚的是天命而不是鬼神。相比于鬼神而言,"天命"虽被视为一种外在的神秘力量,但已经不再是人格化的神。然而,虽然孔子极少谈论"神",但他并没有明确地否定神的存在。据《述而》记载,孔子生病,病得还比较严重,子路向鬼神祷告,孔子询问是否真有此事,子路回答说:"有之。诔曰:'祷尔于上下神祇。'"孔子则说:"丘之祷久矣。"这说明,孔子本人并没有彻底放弃对鬼神的祷告,以求鬼神佑护自己,而他处在重病且精神迷失之际,也希望通过祈祷于神灵而获得神的保佑。当然,孔子与子路的对话语境究竟如何,后人难以把握,因而对孔子所谓"丘之祷久矣"就产生了认识上的分歧。钱穆说:"然此章固未明言鬼神之无有,亦未直斥祷神之非,学者其细阐之。"① 因此,尽管孔子的仁学从整体上贯彻的是"重人文"的人文关怀,但是也为鬼神保留了存在的地盘,在思想的深处依然残存着殷周之际的宗教观念。作为儒家的重要继承者,孟子对鬼神也持有类似的态度。孟子说:"可欲之谓善,有诸己之谓信,充实之谓美,充实而有光辉之谓大,大而化之之谓圣,圣而不可知之之谓神。"(《尽心下》)在此,孟子显然并没有明确肯定"神"具有人格,因而能够主宰人事。但是,他的确拥有人格神的思想。例如,他说:"使之主祭而百神享之,是天受之,使之主事而事治,百姓安之,是民受之也。天与之,人与之。"(《万章上》)在儒学传承和发展的过程中,荀子做出过巨大的贡献,享有崇高的地位,也具有极为特殊的意义。一方面,荀子清楚地认识到儒家在孔子之后已经演化出不同的分支流派,即"儒分为八"(《韩非子·显学》),本身已非常庞杂,因而他极力维护儒学的正统发展,认为世上所谓儒者实在有"贱儒""俗儒""雅儒"和"大儒"之别(《儒效》),因而极力贬斥以子张、子夏、子游为代表的"贱儒"。另一方面,荀子也没有明确否认鬼神的存在。他说:"礼有三本,天地者,生之本也;先祖者,类之本也;君师者,治之本也。……故礼,上事天,下事地,尊先祖而隆君师,是礼之三本也。"(《礼论》)而在祭祀方面,他更是明确地强调:"祭祀,敬事其神也。"(《礼论》)

---

① 钱穆:《论语新解》,生活·读书·新知三联书店 2005 年版,第 196—197 页。

如果说孔子、孟子、荀子作为先秦儒家的重要代表并没有彻底地否定神的存在，因而为儒学的宗教化无意中保留了余地，那么一个不可回避的事实是，在儒家所尊崇的先秦典籍中，蕴含着大量的宗教因素，可以说这些因素就是促成儒家、儒学宗教化的内在文化基因。例如，何光沪就指出："儒教尊奉'天地君亲师'，这个'天'，不是自然的天，而是'天祐下民，作之君，作之师'（《书·泰誓上》）的天，是'天叙有典''天秩有礼''天命有德''天讨有罪'（《书·皋陶谟》）的天，是'天鉴在下，有命既集'（《诗·大雅·大明》）的天，是万物的主宰，是有意志的神。"①李申也强调："孔子自称'述而不作'，以诗书礼乐教人，这里就有一个值得人们深思的问题：六经所载的那些天命鬼神信仰，孔子对之持什么态度？再深入一下，自从独尊儒术之后，儒经乃儒者识字、达理、做人的基本教材，那么，所有的儒者又是怎样对待儒经中那些天命、鬼神的文字呢？只要深入思考就会发现，儒经中那些上帝鬼神信仰，是所有儒者、包括孔子在内的思想和行为的基础，然而我们多年来的传统文化研究，却偏偏忽略了这个基础。"②事实上，尽管孔子对于先秦典籍中的鬼神已经存而不论，强调"未能事人，焉能事鬼"以及"未知生，焉知死"（《先进》），因而重人事轻鬼神，但这并没有彻底消除儒学中的鬼神文化基因，为儒学在其死后蜕化为宗教，即蜕化为儒教，滋长更神秘的鬼神信仰预留了空间。李申就梳理了儒教中"天"或"上帝"这一至上神的产生过程。他指出，《毛诗传》在释《诗经·黍离》中"悠悠苍天"时已经提出了"皇天""昊天""上天"等关于至上神的名号，即"苍天，以体言之。尊而君之，则称皇天；元气广大，则称昊天；仁覆闵下，则称旻天；自上降鉴，则称上天"（《毛诗传·黍离》），后来儒家普遍接受神人不同形的意见，把它正式写入国家祀典，"按《开宝通礼》，元气广大，则称昊天。据远视之苍然，则称苍天。人之所尊，莫过于帝，托之于天，故称上帝"（《宋史·礼志》），而宋儒则从理学层面更进一步完善了儒教的至上神，如程颐说："天者，理也；神者，妙万物而为言者也；帝者，以主宰事而名。"（《程氏遗书》卷十一）李申强调，程氏兄弟的上帝观为儒者所继承，成为宋以后正统的上帝观，而朱熹的《敬斋箴》，即"正其衣冠，尊其瞻视；潜心心

---

① 何光沪：《多元化的上帝观》，中国人民大学出版社2010年版，第4页。
② 李申：《儒教是宗教》，载《儒学与儒教》，四川大学出版社2005年版，第114—115页。

居,对越上帝",就是将上帝视为敬畏的对象。事实上,孔子之后的儒家,不可避免地将他所推崇的儒家所有的典籍作为儒家思想(包括祭祀思想)发展的必要基础,而一部并没有全面反映孔子思想体系的《论语》,是根本不可能决定性地、彻底地扭转儒学发展趋势的。

总之,儒家或儒学,诚如主张"儒教是宗教"的学者所指出,客观地存在着能够演变或蜕变成宗教的鬼神信仰文化基因,而先秦儒家典籍这些因素,迄今依然产生着或多或少的影响。可以说,在批判继承传统儒家祭祀思想的今天,这仍然是一个不可忽视的问题。

三、传统儒家祭祀思想对中华新祭礼教育的启示

礼义教育是传统儒家教育的核心内容。众所周知,孔子告诫其子鲤时曾说"不学礼,无以立也"(《尧曰》),因而儒家认为礼义是一个人安身立命的根本。儒家重视礼义教育,而且更将祭礼作为礼义教育的根本。《祭统》说:"祭者教之本也已。"事实上,无论古今中外,祭祀活动从来都是礼义教育的重要途径,只不过是中国传统儒家更将祭礼提升到了礼义教育的根本地位。祭祀祖先或儒家所谓"有功烈于民者",即历史上为国家民族生存和发展做出过伟大功勋的先烈,是现代社会生活中重要的精神文化活动,它既表现了人们对祖先和英烈的深情缅怀和高度敬仰,也彰显了人们对整个国家、社会、民族精神文化生活秩序或伦理道德秩序的维护和巩固。毫无疑问,这些隆重、庄严、肃穆的祭祀活动,特别是各种高规格的国家公祭,更是礼义教育,特别是祭礼教育的直接途径。客观而言,在当代中国,各种场合的祭祀活动呈现出极为复杂的情形,科学与迷信、文明与愚昧彼此混杂、交融,这说明,对于培育符合现代科学精神和文明发展要求的中华新祭礼文明、促进当代社会的祭礼教育来说,还存在着不少的障碍和问题。尽管中华新祭礼的培育和教育必须广泛地吸收和借鉴多种优秀文化的合理因素,但如何批判地继承传统儒家的祭祀思想无疑具有重大的意义。

概括说来,在批判继承传统儒家的祭祀思想的基础上,中华新祭礼应当体现以下宗旨和特征:一是祭祀活动的根本目的在于塑造和维护中华民族的精神文化生活秩序或伦理道德秩序,或天下秩序。毫无疑问,任何国家和民族,实际上只有通

过塑造和维持一定的秩序才能够保障人们正常的生存和发展,才能够实现幸福和快乐,在所有秩序中,与政治生活秩序、经济生活秩序一样,精神文化生活发挥着不可或缺的作用。祭祀活动从本质上来说,是人们对自身的文化血脉和崇高价值的认同、维护、皈依和敬畏,而且同时也是对与之截然相反的事物或丑恶的抵制、否定和挞伐。二是我们理应祭祀和纪念为中华民族开创了伟业的祖先和历史伟人,以及帮助和拯救过我们的恩人,同时还应该将那些给国家和民族带来灾难、痛苦和耻辱的历史罪人、民族败类、汉奸、卖国贼永远钉在历史的耻辱柱上。三是必须以高度的敬仰、敬畏的态度对待我们的祖先与先烈。祭祀活动中人们通过庄严、神圣、肃穆的祭礼,能够使自己全身心地感悟到崇高价值的存在,感悟到祖先和革命英烈与我们同在。这一点,诚如孔子所说的"祭如在,祭神如神在",即祖先或革命先烈永远活在世人心中。四是必须为祭祀活动奠定新的道德形而上学基础,彻底消除鬼神观念,避免重新陷入宗教化的泥潭。事实上,作为社会主义国家,尽管我们从某种程度上依然沿袭着传统儒家的祭祀思想和祭祀礼仪,但是我们毕竟不再是生活在封建时代的人,而是生活在社会主义社会的新人,我们必须在继承传统儒家祭祀思想中合理因素的基础上全面地改造其伦理道德基础。这就要求我们必须以马克思主义伦理道德观,以社会主义核心价值观,如自由、平等、公正、民主、和谐等,来全面地培育和塑造科学的现代祭祀思想的伦理道德基础,特别是其形而上的基础,不致使我们的祭祀活动陷于宗教化泥潭而不能自拔。我们所信仰的是马克思主义,我们是现代社会倡导现代文明和科学精神的无神论者,因而必须全面地、科学地、恰切地认识和对待我们所祭祀的对象,而不再将他们视为鬼神或神灵。如果说"鬼"仅仅是古代对死去的祖先的称谓,那么"鬼神"则就是神秘主义意义上的有意志、有情感的人格化了的独立精神存在。无疑,这只不过是人们的精神虚构而已。事实上,我们所祭祀和敬仰的祖先和革命先烈,是真真实实存在过的人,我们所以祭祀和敬仰他们,主要在于感恩和缅怀他们,在于纪念他们为国家、民族、社会和家庭所做出的伟大功勋,在于继承和发扬他们光荣的传统,以激励后人沿着他们的脚印不断前进。五是必须对祭祀活动和祭礼进行必要的改革和完善,以形成适合时代发展要求和祭祀情感表达的适当祭礼。儒家非常重视礼仪不能逾节,不能过繁,否则就是对神明的不敬。当代社会祭祀活动和中华新祭礼教育理应吸收其中的合理因素。事实上,祭祀和祭礼必须彰显神圣性,必要的、规范的祭礼能够恰当地表达我们对祖先和革命英烈的缅怀,能够维护我们所追求和崇尚的最高价值的神圣性,而不适当的礼仪只能适得其反,是亵渎神圣性。

应当指出,当代社会祭祀活动和中华新祭礼教育,理应向国人和全世界传递和表达整个人类最基本的价值观念,如自由、平等、公正、和谐,以维护和塑造整个人类生活世界的精神秩序。特别像南京大屠杀死难者国家公祭,本身是具有世界性意义的祭祀活动,更应该唤起人们的良知,使人们以史为鉴、开创未来,一起维护世界的和平与正义。

Traditional Thoughts of Confucian Sacrifice and Education of Chinese New Sacrificial Rites

LU Lin

(School of Marxism, Henan Agricultural University, Zhengzhou, Henan, 450046)

Abstract: Sacrifice ritual was an important part of the Confucian ritual activities, and offering ceremony was the core of Confucian culture. Dominated by traditional Confucian ritual, the traditional Chinese ritual culture influenced and shaped the spirit of the Chinese nation and formed unique education of sacrificial rites with Chinese tradition. It's beneficial to make an overall analysis of the basic content, the features, the essence and problems and critically inherit and scientifically refer to its intrinsic rational factors because it helps cultivate new Chinese culture of Sacrifice rites in accord with times characteristics and development trend of human civilization and give full play to the educational function of sacrificial rites in various worship activities.

Key words: Confucian thoughts of sacrifice; etiquette education; Chinese new sacrificial

"克己复礼为仁"辨析

袁永飞

(武汉大学 哲学学院,湖北 武汉 430072;
河南省社会科学院 哲学与宗教研究所,河南 郑州 450002)

摘 要:就《论语》"克己复礼为仁"议题的解读,可对其"仁"作合适界识、合法辨析与合理推证。先讨论其在传统文本的基本内涵、经典阐释与现代语境的常用标准、理论诉求,以此界识"仁"的"普遍定位"在"心"、"特殊明分"在"身"。再考察其认知内核与阐释重点,研判其核心在"克己"、重点在"复礼"。最后揭示其文本诉求的合法依据与经典阐释的合理推演,解证其问题意识即"问仁"、实践方案即"为仁"和社会效果即"归仁"。

关键词:普遍定位;特殊明分;仁;克己;复礼

目前学界研讨《论语》中"克己复礼为仁"的文章很多,大体可归纳为两类:一类是以传统的经典阐释来疏导现代的理论诉求,充分发掘其正面价值的引领作用,忽视其负面影响的消解意义,如杜维明先生的《建构精神性人文主义——从克己复礼为仁的现代解读出发》、吴震先生的《罗近溪的经典诠释及其思想史意义——就"克己复礼"的诠释而谈》、白奚先生的《援仁入礼 仁礼互动——对"克己复礼为仁"

作者简介:袁永飞(1976—),男,贵州松桃人,武汉大学哲学学院2014级博士研究生、河南省社会科学院哲学与宗教研究所助理研究员,主要从事先秦诸子与生命哲学研究。

的再考察》等①；一种是用现代认知标准来判析传统文本内涵，突出其新时代的判断准则，淡化其旧时代的合理诉求，如丁原明先生的《"克己复礼为仁"的再评价》、金景芳等先生的《释"克己复礼为仁"》等②。前述诸先生对该议题作的传统思想绎读与现代学术述评，可整合有关说明，对此"仁"作合适界识、合法判析与合理推证。在此，笔者先讨论其在传统文本里的基本内涵、经典阐释与现代语境中的常用标准、理论诉求，以此界识"仁"的"普遍定位"在"心"、"特殊明分"在"身"。再考察其认知内核与阐释重点，研判其核心在"克己"、重点在"复礼"。最后揭示其文本诉求的合法依据与经典阐释的合理推演，解证其问题意识即"问仁"、实践方案即"为仁"和社会效果即"归仁"。

一、"仁"是"普遍定位"还是"特殊明分"

就该句所言的关键词为"己、礼、仁"，出发点是"己"，判准依"礼"，归结点在"仁"，最终追问其"仁"是人的普遍性的文化内涵认定，还是其特殊性的生活情景说明。这涉及它的"普遍定位"与"特殊明分"。

"普遍定位"，相对于古希腊哲人亚里士多德在《形而上学》中"普遍定义"提出来③。其"普遍定义"，实际源自柏拉图《理想国》中苏格拉底对话所求证的"勇敢、

---

① 杜先生"希望克服外在人文主义、凡俗人文主义等思潮的不足，提出精神性人文主义的主张，从而形成丰富的、贯通的人文理念"（其文见《探索与争鸣》2014年第2期）；吴先生说，"'克己复礼'的原初涵义与宋代理学家所理解的'克己去私'的解读大致吻合，但孔子向颜渊揭示的"内涵上未必是完全一致"，应有"义理上""重新拓展"的可能（其文见《复旦学报》（社会科学版）2006年第5期）；白先生认为，"以'仁'为'礼'的内在依据，以'礼'为'仁'的外在表现，将内在的'仁'与外在的'礼'统一起来，是孔子'克己复礼为仁'这句话的精义所在"（其文见《中国哲学史》2008年第1期）。
② 丁先生说，一方面"所谓'克己复礼为仁'，实际上就是以贵族奴隶主的政治制约道德修养和道德行为，就是要人单方面接受和服从奴隶主阶级的政治和道德规范"，另一方面"它对人们在政治和道德的关系网中认识和发现自己，对于巩固中华民族意识和培养中华民族的集体主义、民族自尊观念，是有着某种积极作用的"（其文见《东岳论丛》1985年第4期）。 金先生指出，"俞樾《群经平议》释'克己复礼'承孔安国注训'克'为'能'，'己复礼'三字连续，训诂至确"，"朱熹的解释，训诂与思想全不对"，其讲《论语》"无异于郢书燕说"（其文见《中国哲学史》1997年第1期）。
③ "苏格拉底不研究任何自然物理现象，而研究伦理问题，在这个领域中，探求普遍性（共相），苏格拉底是第一个讨论定义性知识的人，柏拉图接受了这个看法……把这些不同于感觉的东西叫做'理念'"；此"有两件事应归于苏格拉底名下：归纳性的论证和普遍性的定义"（转引自叶秀山：《苏格拉底及其哲学思想》，人民出版社1986年版，第102页）。

正义、美、善"等纯概念的普遍内涵①，或者以特殊事物的感官经验认知的形式规定，指证其普遍理念的先验本质的精神内涵。"普遍定位"是以人类普遍理念的道德内涵的价值诉求，范导社会生活特殊事物的人文形式规整，如孟子直接把"仁"解为"人心"（《孟子·告子上》)，而演"义"其"礼智"对"人身"与"万物"的规范，由此"道性善"（《孟子·滕文公上》)而虚立其"心"本位②，以安顿"良知、良能"（《孟子·尽心上》）来判人间是非。"特殊明分"是据西汉大儒董仲舒《春秋繁露》里"深察名号"，落实在东汉典范《白虎通》的个体"名分"上反推，早已明确表达在荀子"明分使群"③（《荀子·富国》，另《庄子·天下》说"春秋以道名分"）观念中"能定能应"（《荀子·劝学》)万事，由圣王制作"礼义法度"（《荀子·性恶》）来完成具体生活的内涵指称。

用此孟、荀思想的观念认知所推得的两个重要术语，可在传统与现代的文化生活层面考察"克己复礼为仁"的文本内涵、经典阐释、认知标准与理论诉求。

其文本内涵如下：

> 颜渊问仁。子曰："克己复礼为仁。一日克己复礼，天下归仁焉。"

此一问一答，其经典阐释是朱熹的"集注"④，即："仁者，本心之全德。克，胜也。己，谓身之私欲也。复，反也。礼者，天理之节文也。为仁者，所以全其心之德也。盖心之全德，莫非天理，而亦不能不坏于人欲。故为仁者必有以胜私欲而复于礼，则事皆天理，而本心之德复全于我矣。归，犹与也。又言一日克己复礼，则天下之人皆与其仁，极言其效之甚速而至大也……日日克之，不以为难，则私欲净尽，天理流行，而仁不可胜用矣。程子曰：'非礼处便是私意。既是私意，如何得仁？须是克尽己私，皆归于礼，方始是仁。'又曰：'克己复礼，则事事皆仁，故曰天下归仁。'谢氏曰：'克己须从性偏难克处克将去。'"此阐释，先疏导"仁""克""己""复""礼"

---

① ［古希腊］柏拉图：《理想国》，张竹明译，商务印书馆1986年版。该书以苏格拉底与不同人物的对话写成，基本议题是正义、勇敢、智慧、善等。
② 此心不同于西方"地心说"和"日心说"之生理性心体，无需实证其体位何处而迷失在浩瀚的人文宇宙中，更多是反求人自身的本命内蕴而作精神信念的绝对性认定。
③ ［清］王先谦：《荀子集解》，沈啸寰、王星贤点校，中华书局1988年版。所用该书文字已化简，仅标篇名。
④ ［宋］朱熹：《四书章句集注》，浙江古籍出版社2012年版，第116页。凡《论语》中引文，皆出自该书相应章节，不再单独标识。

"为仁""归"的本义与用意,由此原意推演本心全德自当契合天理实体以克制人欲,并以人欲为私欲而清除干净,才使天理成公理而照察众生,引用程子与谢氏的注解来证明仁之公理、对治己之私意。这是宋代学者以一己之私,经礼之节制来公天下之仁的解释,作为一种普遍的伦理价值定位,导引特殊生活个体的秩序规整,成了一套恒定社会法度来衡量人们日常言行。这有别于前述金景芳等研判的汉代学人认可的理论内涵,当时据个人的实际作为如"欲",表现社会的理想形式如"礼",确认其类的价值内涵如"仁",不是用宋代儒者所讲的"仁"的绝对抽象的完整标准,分判"礼"的具体操作的可能环节,规约"己"的日常生活的现实欲求。这二者,谁更接近文本内涵?若按时间相对遗忘原则看是汉代比宋代更可靠、可信,但以认识不断完善原则是宋代比汉代更深入、完整,就其本身讲是怎么解都难免携带各自时代的常识特征与胆识推测。

就此,目前对它的解读和前述几位先生一样,认知标准是采用现代学术研究的理论分析范式,不管以传统内涵为据还是以个人理解为主。所谓的普遍认可,应是特殊群体的价值界定,决非一成不变的万能标尺,适用任何情形的无限理解。因此,对其所作的人文理性的界限分断、原有思想的内涵拓展、仁内礼外的前提判析、主奴意识的后续批驳、公私观念的正当疏解、群己原则的全面确立等,都应放在各自的特定语境中才能得到适当的价值推阐。可见,上述现当代学者的有关解析,都明显受到西方近现代科学理性文明的知识建构的观念体系的实质性影响,在批判性地检讨传统道德理性文明的精神成果转化的实际成效。因而理论诉求是传统道德文明的精神成果,如何助益现代科学文明的认知完善,决非用现代科学研究方法简单裁剪传统道德文化内涵,构筑逻辑上纯粹超越历史局限的恒定认识体系。

这种混杂的理论研判结果,能从"仁"的汉代文本内涵与宋代经典阐释中得出先秦儒家道德理性的判断标准是什么吗?是否依据现代学术研究推证的认知标准与理论诉求,就能用西方科学理性原则与方法来完整解析其具体内涵与超越精神呢?这两种提纯人类不同生活时段的文化理性,有没有各自的认知限度和适用范围,不能一概而论彼此的是非、随处套用各自的尺度呢?如中国化的马克思主义哲学研究者广泛指出的那样,现代科学理性把"解释世界"的神圣智慧变作"改造世界"的伟大力量,从事物"量变"中看到生活"质变"而不断"进化"到人类"革命"向往的"自由王国"。这与传统道德理性反复强调"天不变,道亦不变"(《汉书·董仲舒传》,到宋明是理不变),突出人类"恒心"(《孟子·梁惠王上》,与"恒产"相对说)的至善宗旨不同,它把"心"智识的普遍观照成果,化作"身"强力的特殊实践根据,严格要求人实有其身份地位与功能作用,全面推行其历史意义的连续效应与终极价值的圆满诉求。可当今不再以理念的心的"恒善"(即永远为善)诉求来界定其欲望的身的"时真"(即暂时求真)要求,这容易让传统道德理性的"普遍定位"流于佛道玄虚神境,迷失儒家心灵的"良知"与灵魂的"至善",任由现代科学理性的"特殊明分"横行实际生活,过度放纵俗身的"欲求"与技术的"万能"。

由此深问,人类道德"普遍定位"是在自身还是外物?若在自身,是表现在外的形躯,还是内存于心的神智,以及其"特殊明分"是形躯的实惠还是神心的高妙?就前面孔子及其后学(如孟、荀)对"仁"的理解,可以说,"普遍定位"在为仁之"心","特殊明分"在复礼之"身"。

二、"克己"与"复礼"

按上述辨析,可知孔子的"仁"与苏格拉底的"善",在普遍性的精神诉求与特殊性的生活要求上一致①,都从"认识自己"②出发,经客观性标识的"道"(或"理念")与主体性觉解的"心"(或"灵魂"),能内在体认(或回忆)又外在践行(或推证)其认知目标(或仁,善),规范指导人生与社会的健康发展,这在后继的孟、荀与柏拉图、亚里士多德的思想观念中可得到相应的印证,如前言。他们并非现代学人在其理论认知的纯形式上,界识的外在与内在、综合与分析、主观与客观、直觉与逻辑、自

---

① "苏格拉底与孔子共同的特点是以人类理性作为思想的出发点,认为人类的理性是观察自身和外界事物的工具,是衡量一切判断的原则,这或许也是他们之间唯一的相同之处。"(见李玉琪:《回到思想:从苏格拉底和孔子说起》,贵州人民出版社2008年版,第159页)其中,该文比对了苏格拉底与孔子的理性类型、思考对象、知识体系与政治态度的差异,它们是"逻辑理性"与"经验理性"之不同、"人、思维、外部物质世界融为一体的一个整体"与"人及人伦"之分判、"相"(或理念)与"仁"之统系、格外疏离与极度热衷之区隔。
② "苏格拉底所理解的'认识你自己',是一种试图弄明白人为何物的求真的思索。"(见李玉琪:《回到思想:从苏格拉底和孔子说起》,贵州人民出版社2008年版,第166页)《论语·颜渊》本段的下半部分讲"为仁由己",应当是搞清楚人如何做、能成善的思索。这可说苏格拉底与孔子从"认识自己"着手,探讨"知识即德性"和"克己复礼为仁"的真谛或善义。

然与社会、恋旧与创新、循环与进化等尖锐对立,其当时的核心观念常常是浑然一体且连续不断、圆融整全,正如老子的"道"与"德"、巴门尼德的"存在"与"思维"贯通无碍(或为同一回事)。其理论分歧,不是这种形式上的"规而不定"与"定而不规",或内涵上的"解而不决"与"决而不解",只有推导的流程而无认定的结论,或只有认定的结论而无推导的流程,或是只有阐释的理路而无决断的目标,或只有决断的目标而无阐释的理路。重要的是,他们有自己独特的推导流程或阐释理路(如"道"或"理念"),与普适的认定结论或决断目标(如"仁"或"善")。其在根本观念理解上认可冯友兰先生讲的中西差异是古今分别,而在具体说明上有必要了解各自内涵的普遍诉求与形式的特殊规定。这里以孔子在《论语》中着意突出的"仁"为例,对其命题内涵的核心"克己"与重点"复礼"作一辩证。

前引吴震先生认肯朱熹"集注"中"克己去私"的观念解读的适当,金景芳先生却质疑这种说法并推崇俞樾"平议"其"克"为"能"、"己复礼"连读,有推翻那经典阐释的合理诉求的直接要求。暂不管二位先生对此认证的理论是非,重新把朱熹的经典阐释进行更细致的意涵梳理。首先,他立论"仁"为"本心之全德",界定"克"作"胜"、"己"为"身之私欲"、"复"作"反"、"礼"为"天理之节文";其次,通过"为仁者"的主体践行,全力维护"心之全德",通达"天理",由此"天理"制止"人欲",预防其破坏礼义、祸乱纲常和放纵"私欲";再次,用"克己复礼"的基本原则,指导现实社会的生活事业,取得巨大的文明成效,产生示范的历史效应,确保"天理流行"或仁德彰显;最后,借引程子与谢氏的话,说明"克尽己私"的精到功夫,复归本心的"仁"之全德实理,此"仁"践履的"实践程序"(见后引劳思光语)是"礼"。此见"克己"的合法性根据是内在之"仁"的"本心之全德"和外在之"礼"的"天理之节文",以此"全德"和"节文"克制住自己的"私欲",能得"仁"之至善、复"礼"之完美。该"克"不论解作"胜"还是"能",或单读、连读,都有人的主观能动性发挥作用,又遵循客观原则性程序,完成自我内省"仁"与外推"礼"的道德修养,长期维护社会群体的人伦纲纪之日常统系。就字面意思看,"胜"是"克"的能动结果,"能"是其能动过程,能动主体是人,不可脱离人来谈过程与结果,二者不存在纯粹的实质意义对立,总有实际的生活内涵依存。也就是说,这两位看似观点不相容的先生,都立足于人之仁心,一个强调能动的过程修炼而需设置必要的认知环节,一个突出满意的结果塑造而当提供完整的理想方案,因而一个由仁到礼的外化展开其精神内蕴,一个由礼到仁的内化提纯其文明表征,这是人际互动的认知过程与圆融的理想结果的共建与力推。或可说,己是认知主体而作能动选择,礼是认知手段而作形式规范,仁是认知目标而作内涵诉求,不能废除主体实存而言手段强力和目标超识,应当用此主体融摄二者,客观化其有效成果(礼)与普遍化其合理诉求(仁)。这是"克"与"复"的要义,最终在"己"上体证"礼"与"仁"的主旨,即自我规范身而明礼如康德的理性自律、自由心而证仁如柏拉图的理念自觉。

  其他学者也有类似说明,如冯友兰先生说"'克己复礼为仁'就是用'礼'规定'仁'",他还说:"'克己'就是要用'礼'战胜自己的欲求,能'克己'自然就'复礼'了。'克己''复礼'实际上就是一回事。"[①] 钱穆先生说,"克己"是"约束己身","克"有"约束"和"抑制"义;"复礼"谓"践行","克己复礼"为"约我以礼",进而"仁道必以能约束己身为先"和"复礼为重"[②]。傅佩荣先生解释"克己复礼"为"人应该自觉而自愿,自主而自动,去实践礼的要求",用"礼的规范"化解"个人与群体的紧张关系",充分感通"仁"的意义诉求。[③] 他们看到了"仁"的内在统摄力与"礼"的外在规范性的一体、一贯、一致,充分发挥自我能动性,战胜过分欲求或有效克制不当欲望,努力去实践"仁道"的意义诉求与"礼"的规范要求。也可说,通过主体(己)之内外(即身心)觉解(克),和手段(礼)之前后(即古今)操持(复),完成目标(仁)之日常(即言行)构建(为)。倘若依据《大学》的理路推扩,那么,"克己"成人们"修身"的正途或善果(即认知主体成期望出路),"复礼"是其"齐家治国平天下"的原则或方案(即认知手段成过程规范),沿此正途或发扬此善果以践行"礼"原则或方案,能致"仁"或成"仁"(即认知目标成理想归宿)。这是朱熹对"仁"进行合适性界识为"本心之全德"所作的合法性判析,以此战胜私己欲求而恢复天理节文,具体落实到礼义规范中去。

---

① 冯友兰:《中国哲学史新编》(上卷),人民出版社 2007 年版,第 87 页。其他有关的话语也可在"前言""绪论""后记"中找到文字支撑。
② 钱穆:《论语新解》,生活·读书·新知三联书店 2002 年版,第 302—303 页。
③ 傅佩荣:《〈论语〉新解》(下),译林出版社 2012 年版,第 43 页。

三、"问仁"到"为仁"再到"归仁"

如果上述是对"仁"的内涵判定与认知程序的说明，那么颜渊请教孔子的中心问题是"仁"，此后被孟子判为"人心"和朱熹解成"本心之全德"，再后扩展为现代学人"普遍定位"与"特殊明分"的"位分伦理学"①的合适性价值诉求，这是"仁"基本原则的永久确立。如此，可求解这个基本问题的两种主要作为方式，是"克己"（即"内作为"，指个体"修身"）与"复礼"（即"外作为"，指个体"齐家治国平天下"），其实际回答的不是"仁是什么"的普遍定义而是"仁怎么做"的普遍定位，此把一个根本性无解的理论难题，变成一个日常性可知的实践作为，充分发挥个体的能动性（即"克己"）和遵循合法性原则要求（即"复礼"），兑现目标的合理追求（即"为仁"）。对此作合理性论证的实践程序是，文本内涵之"仁"的"问、为、归"三环节，即如当今常讲到的提出问题、分析问题和解决问题三个步骤，可具体表达为"问仁"的问题意识、"为仁"的实践方案与"归仁"的社会效果。"问仁"首先提出"仁"的认识目标，"为仁"由这个目标制订行动方案，"归仁"考察此方案产生的实际效果，三者构成"仁"的"实践程序"而破解其理论难题。

劳思光先生说，"克己即去私，复礼即循理"，礼与义"在理论上虽属层次不同之观念"，但在实践中都"依一'求正当'之意志方向而活动"以"返显仁心"；他指出，"礼以义为其实质，义又以仁为其基础。此是理论程序。人由守礼而养成'求正当'之意志，即由此一意志唤起'公心'，此是实践程序。就理论程序讲，'义'之地位甚为显明；就实践程序讲，则'礼''义'相连，不能分别实践。故孔子论实践程序时，即由'仁'而直说到'礼'"②。此解说其问题、方案与效果相当明晰，即劳先生由朱熹经典阐释的"克己去私"之要诀，阐发"复礼循理"的意义诉求，以此讨论"礼、义"的关系内涵在生活实践中统摄为"仁心"，并充分展现其意志活动的正当性，进而在"仁义礼"的"理论程序"推演中，发现这一正当意志，唤起此意识的"公心"，进入

---

① 丁四新先生课堂上讲简帛《五行》《六德》时提过此概念，纠偏以往学者谈儒家"关系伦理学"。此"关系"以"位分"为前提，"定位"于心而"定性"分析其"善恶"的有无以证成"德性伦理学"，"明分"于身而"定量"标识其"名分"的大小以证成"德目伦理学"。
② 劳思光：《新编中国哲学史》（一卷），广西师范大学出版社2005年版，第89页。

"实践程序"以完成其期望效果。这根本不是一个理论问题,要逻辑分析其"是什么"和"为什么",它是一个实践问题,应具体考察其"怎么做"与"为何做",可通过理论程序指示其"为何做",并借助实践程序说明其"怎么做"。因而,"礼"是理论程序设计的合理行动方案,"己"是实践程序推行的有效行动主体,"克己复礼"是要求人充分发挥实践主体的能动性以证明理论方案的正当性,并把此正当性意志活动规定为仁心的全部品格,这是朱熹"集注"中界识的"本心之全德"。也可以说,此段文本隐藏其理论程序的推演过程以彰显其实践程序的圆满结局,让"仁义"从"己身"自然流淌出,自觉遵守礼制的合理性规范以对治私欲。

这"问仁""为仁"和"归仁"形成的"三步走"实践程序,在文本直译中也能发现其用意。杨伯峻等译:"颜渊问仁德。孔子道:'抑制自己,使言语行动都回复到礼所允许的范围,就是仁。一旦这样做了,天下的人都会称许你是仁人。'"[1]此译文,当然有许多争议的地方,如"仁"是"仁德"还是"仁义"或其他解释,是"礼所允许的范围"还是其规定的"实践程序",是天下人称你为"仁人",还是使天下人都能成仁人等。暂不对此展开讨论,因为译文主旨大体符合朱熹的经典阐释与现代学人的意义诉求,如"仁德"与"本心之全德""抑制"与"战胜""称许"与"向往"等,有内在相关的精神诉求与外在承续的实际作为,不必要求绝对吻合。修正处是其"仁",确切说为"仁行",以此"仁德"推动"仁行"而成"仁人",即设问仁德、引领仁行、造就仁人。此处不是对"仁"的普遍定义和重复解释,应是"仁德"实践程序的运动过程(即"仁行"为"义")和完美结局(即人守其"礼")的说明,或者说人的内心所得(即"德")通过其外在实践(即"行")而成就其完善品格(即"仁"或"人")。这是"克己复礼为仁"的实践程序能正当推演的合理性说明,正是对"仁"的合适界识而"普遍定位"在人之仁心、"特殊明分"在己之礼身,由此合法判析其核心在"克己"和重点在"复礼"所建构该议题的合理论证上。

---

[1] 杨伯峻、杨逢彬:《论语译注》,岳麓书社2009年版,第136页。

Discrimination of "One Who Restrains Himself in Order to Observe the Rites Has Become the Benevolent"

YUAN Yongfei

(School of Philosophy, Wuhan University, Wuhan, Hubei 430072; Institute of philosophy and religion, Henan Academy of Social Sciences, Zhengzhou, Henan, 450002)

Abstract: As for "One Who Restrains Himself in Order to Observe the Rites Has Become the Benevolent" in the Analects of Confucius, we can carry on appropriate discrimination, legal judgment and justifiable derivation about "Benevolence". Firstly, we shall discuss it in the basic connotation and classic interpretation of its traditional text and the common criterion and theoretical demand of its modern context, which identifies an universal positioning for "Benevolence" as the heart and a special pointing as the body. Then, we shall investigate its cognitive kernel and explained focus to confirm the kernel is restraining himself and the focus is observing the rites. Finally, we shall reveal its legal basis of the text and reasonable deduction of the classic to explain that its problem awareness is to ask the benevolent virtues, practice plan is to create the benevolent actions and social effect is to return to the benevolent men.

Key words: universal positioning; special pointing; Benevolence; restrain himself; observe the rites

德政研究

荀子关于建立"大一统"秩序的论证逻辑

赵志浩

（河南省社会科学院，河南　郑州，450002）

摘　要：面对战国时期诸侯争霸的局面和各民族的统一趋势，荀子论证了建立大一统政治秩序的合理性及必要性。荀子对于建立"大一统"政权的设想来源于他关于人性恶的论断，正是因为人性本恶，所以才需要后天的礼义法度来纠正人先天的情性，为此还要确立君主和臣民上下之间的等级和名分，在全社会范围内用制度和礼义规范每个人的行为，以"分"实现"群"与"合"的目的，以不平等的等级制度实现全社会范围的平等秩序，从而实现天下大治的目的。为适应当时中国社会大一统发展趋势的需要，荀子还主张实行王霸政治以平治天下，并要求君主应以"道"治理天下。

关键词：性恶；礼义法度；明分；王道；霸道

面对诸侯大国纷争的局面和各民族统一的趋势，战国时期的荀子论证了建立"大一统"政治秩序的必要性及合理性，集中体现在《荀子》（以下凡引《荀子》，只注篇名）一书《性恶》《富国》《君道》《王制》和《王霸》等篇中。"作为先秦儒家的殿军，荀子的弘道意识主要体现在推崇'先王之道''礼义之统'，以及'法先王''后王'之中。"①荀子最终要实现的政治理想是以王霸之道治平天下，和其他思想家一样，他论证建立统一政权是有着相应的理论预设和逻辑前提的，比如他关于建立政

作者简介：赵志浩（1981—　），男，河南沈丘人，河南省社会科学院副研究员，哲学博士，主要研究中国传统哲学与文化研究。

① 梁涛：《清华简〈保训〉与儒家道统说——兼论荀子在道统中的地位问题》，《邯郸学院学报》2013 年第 1 期。

治秩序的合理性论证是建立在他的人性假设基础上的,他认为政权建立和存在的目的在于纠偏人性进而维护社会整体利益,建立等级制度的目的在于防止人们之间的相互争夺,他的论证逻辑从属于当时的政治和社会现实。

一、以"礼义法度"矫饰人之情性

荀子对于建立政权秩序的设想源于他关于人性恶的观念,荀子认为,"人之性恶,其善者伪也""若夫目好色,耳好听,口好味,心好利,骨体肤理好愉佚,是皆生于人之情性者也;感而自然,不待事而后生之者也。夫感而不能然,必且待事而后然者,谓之生于伪"(《性恶》),正因为人的本性是恶的,所以才需要矫正,荀子举例说,"枸木必将待檃栝、烝矫然后直;钝金必将待砻厉然后利""故檃栝之生,为枸木也;绳墨之起,为不直也;立君上,明礼义,为性恶也""繁弱、钜黍古之良弓也;然而不得排檠则不能自正"(《性恶》)。人的本性是恶的,如果顺从人的本性行事必然会出现争夺和残暴之类的事情,"从人之性,顺人之情,必出于争夺,合于犯分乱理而归于暴"(《性恶》),这是矫正人性的必要性。矫正人性还具有可能性,因为虽然人的性情是恶的,但人具有"可以知仁义法正之质""可以能仁义法正之具"(《性恶》),所以可以通过"化性起伪"加以转化,"性也者,吾所不能为也,然而可化也。情也者,非吾所有也,然而可为也。注错习俗,所以化性也;并一而不二,所以成积也。习俗移志,安久移质"(《儒效》),这就是通过后天的努力化去先天的恶性,"夫好利而欲得者,此人之情性也。假之人有弟兄资财而分者,且顺情性,好利而欲得,若是,则兄弟相拂夺矣;且化礼义之文理,若是,则让乎国人矣。故顺情性则弟兄争矣,化礼义则让乎国人矣"(《性恶》),由于顺从自己的性情和学习礼义法度会出现一反一正的社会效果,故而荀子又提出"必将有师法之化,礼义之道,然后出于辞让,合于文理,而归于治"(《性恶》)。

既然"人无礼义则乱,不知礼义则悖"(《性恶》),就要用"师法之化,礼义之道"引导人们"合乎文理",实现社会稳定。在《性恶》篇中荀子反复论证人性本恶,提出"今人之性,生而有好利焉""生而有疾恶焉""生而有耳目之欲好声色焉",所以必须用后天的教化和礼义纠正人的性情,才能够实现天下大治的目的。制定礼义法度的目的在于抑制人之恶的性情,使人们的行为规范符合道德:"今人之性恶,必将待师法然后正,得礼义然后治。今人无师法,则偏险而不正;无礼义,则悖乱而不治。古者圣王以人性恶,以为偏险而不正,悖乱而不治,是以为之起礼义,制法度,以矫饰人之情性而正之,以扰化人之情性而导之也,使皆出于治,合于道者也。"(《性恶》)

由于人"好利而欲得",所以既要制定礼义法度,又要学习礼义法度。那么,礼义法度从何而来呢?荀子认为,"凡礼义者,是生于圣人之伪,非故生于人之性也","圣人积思虑,习伪故,以生礼义而起法度","故圣人化性而起伪,伪起而生礼义,礼义生而制法度;然则礼义法度者,是圣人之所生也"(《性恶》)。即是说人们后天学习的礼义是圣人通过思考制定的,"礼义者,圣人之所生也,人之所学而能,所事而成者也"(《性恶》)。荀子批评孟子的性善论,如果人的本性是合乎礼义法度的,那还要圣王和礼义做什么呢?"今诚以人之性固正理平治邪?则有恶用圣王,恶用礼义哉!"(《性恶》)荀子认为性善论的问题在于否定了圣王和礼义存在的必要性及合理性,因此他又进一步论证说,"故古者圣人以人之性恶,以为偏险而不正,悖乱而不治,故为之立君上之执以临之,明礼义以化之,起法正以治之,重刑罚以禁之,使天下皆出于治,合于善也。是圣王之治而礼义之化也"。(《性恶》)古代的圣王知道人性本恶,所以就彰显礼义,制定法度,并加重刑罚,以实现天下秩序,如果舍弃礼义、法度和刑罚,强者就会伤害弱者,导致天下大乱。"今当试去君上之势,无礼义之化,去法正之治,无刑罚之禁,倚而观天下民人之相与也。若是,则夫强者害弱而夺之,众者暴寡而哗之,天下悖乱而相亡,不待顷矣。"(《性恶》)人们之所以推崇尧、禹、君子,就因为他们能"化性起伪"和创制礼义,"凡贵尧禹君子者,能化性,能起伪,伪起而生礼义"。(《性恶》)总之,荀子从人性恶引出"圣王之治"及"礼义之化"的重要性及必要性,圣王和礼义是纠偏人性恶及化解现实政治问题的关键,也是荀子开出的平治天下的良药。

在荀子的思想体系中,圣王和礼义是作为基本事实而存在的,然后根据这种事实推导出人性恶的观点来,在论证的时候则把人性恶作为前提,进而推导出圣王和礼义之所以存在的必要性,"人生而有欲,欲而不得,则不能无求;求而无度量分界,则不能不争;争则乱,乱则穷。先王恶其乱也,故制礼义以分之,以养人之欲,给人之求,使欲必不穷于物,物必不屈于欲,两者相持而长,是礼之所起也"。(《礼论》)

作为论证圣王和礼义存在的人性恶观念,成了理论上的逻辑前提和荀子政治主张的出发点。不过荀子把"生而有好利焉""生而有疾恶焉""生而有耳目之欲好声色焉"等视作人之性情,并把它视为是恶的,并不具有普遍性,实际上它们只是人的自然属性,是无所谓善恶的。如果每个人的本性都是恶的,就无法回答存在圣人这一事实,因此性恶论是存在一定的理论缺陷的。由于儒家是推崇圣人的,荀子虽然也提到君子和圣人在社会治理方面的作用,但同时也强调礼义法度的作用,对于注重心性以及仁心、仁政的儒家一派是不承认其正统地位的,故唐朝的韩愈认为儒学"轲之死,不得其传矣"。然而,荀子是基于当时的政治现实而提出性恶论的,由于战国时期中国面临着社会转型和国家统一的大趋势,为了适应这一趋势荀子提出了制定礼义法度以矫饰人之情性,"化性起伪"。这种注重后天学习和外在礼义法度的儒学,被汉代董仲舒改造后,发展为汉唐正统的政治儒学。

二、"明分"以止争

荀子认为人与动物的区别就是"人能群","人力不如牛,走不如马,而牛马为用,何也?曰:人能群,彼不能群"。(《王制》)在人性恶的前提下,荀子认为如果人们的地位相同而智慧不同,谋取私利不受惩罚,人们之间就会奋起争斗,"势同而知异,行私而无祸,纵欲而不穷,则民心奋而不可说也"。(《富国》)因此荀子认为人除了"能群"之外,还要"明分",也即是要确定等级名分,"人之生不能无群,群而无分则争,争则乱,乱则穷矣。故无分者,人之大害也;有分者,天下之本利也;而人君者,所以管分之枢要也。故美之者,是美天下之本也;安之者,是安天下之本也;贵之者,是贵天下之本也"(《富国》),制定等级名分符合天下人的根本利益,而君主是掌管等级名分的枢纽,所以应赞美和尊重君主,这就论证了君主存在的必要性及合理性,也论证了君臣上下等级制度的合理性。"故人生不能无群,群而无分则争,争则乱,乱则离,离则弱,弱则不能胜物,故宫室不可得而居也,不可少顷舍礼义之谓也。"(《王制》)

无君以制臣,无上以制下,天下害生纵欲。欲恶同物,欲多而物寡,寡则必争矣。故百技所成,所以养一人也。而能不能兼技,人不能兼官。离居不相待则穷,群居而无分则争;穷者患也,争者祸也,救患除祸,则莫若明分使群矣。强胁弱也,知惧愚也,民下违上,少陵长,不以德为政,如是,则老弱有失养之忧,而壮者有分争之祸矣。事业所恶也,功利所好也,职业无分,如是,则人有树事之患,而有争功之祸矣。男女之合,夫妇之分,婚姻娉内送逆无礼,如是,则人有失合之忧,而有争色之祸矣。故知者为之分也。(《富国》)

没有君臣等级制度和上下级之间的名分,就会出现相互纷争的局面,"是以臣或弑其君,下或杀其上"(《富国》),"分均则不偏,势齐则不壹,众齐则不使。有天有地而上下有差,明王始立而处国有制。夫两贵之不能相事,两贱之不能相使,是天数也。势位齐而欲恶同,物不能澹则必争,争则必乱,乱则穷矣。先王恶其乱也,故制礼义以分之,使有贫富贵贱之等,足以相兼临者,是养天下之本也。《书》曰:'维齐非齐。'此之谓也"(《王制》),在这里荀子是从现实社会的基本事实出发的,现实社会中人的社会性存在以及人与人之间的等级关系是一种客观事实,荀子并不否认这种事实的存在,而是提出要用制度礼义加以合理地规范,使每个人各得其所,各尽其职,从而实现天下大治的目的。荀子认为现实社会中存在的一切都是为了彰显礼义法度以及德行的,他以古代先王给人们分别等级的目的为例说明这一点:"古者先王分割而等异之也,故使或美或恶,或厚或薄,或佚或乐,或劬或劳,非特以为淫泰夸丽之声,将以明仁之文,通仁之顺也。故为之雕琢、刻镂、黼黻文章,使足以辨贵贱而已,不求其观;为之钟鼓、管磬、琴瑟、竽笙,使足以辨吉凶、合欢、定和而已,不求其余;为之宫室、台榭,使足以避燥湿、养德、辨轻重而已,不求其外。"(《富国》)人与人之间的待遇差别和制造华服美味都是为了辨别贵贱、彰显礼仪制度,进而实现天下大治的,"若夫重色而衣之,重味而食之,重财物而制之,合天下而君之,非特以为淫泰也,固以为主天下,治万变,材万物,养万民,兼制天下者,为莫若仁人之善也夫。"(《富国》)

知夫为人主上者,不美不饰之不足以一民也,不富不厚之不足以管下也,不威不强之不足以禁暴胜悍也,故必将撞大钟,击鸣鼓,吹笙竽,弹琴瑟,以塞其耳;必将雕琢刻镂,黼黻文章,以塞其目;必将刍豢稻粱,五味芬芳,以塞其口。然后众人徒,备官职,渐庆赏,严刑罚,以戒其心。使天下生民之属,皆知己之所愿欲之举在是于也,故其赏行;皆知己之所畏恐之举在是于也,故其罚威。赏行罚威,则贤者可得而进也,不肖者可得而退也,能不能可得而官也。若是则万物得宜,事变得应,上得天时,下得地利,中得人和,则财货浑浑如泉源,汸汸如河海,暴暴如丘山,不时焚烧,无所臧之。夫天下何患乎不足也?(《富国》)

除了君臣等级之间要"明分",脑力劳动者和体力劳动者之间也要"明分","君子以德,小人以力;力者,德之役也。百姓之力,待之而后功;百姓之群,待之而后和;百姓之财,待之而后聚;百姓之埶,待之而后安;百姓之寿,待之而后长;父子不得不亲,兄弟不得不顺,男女不得不欢。少者以长,老者以养。故曰:'天地生之,圣人成之。'此之谓也"(《富国》),这就明确了百姓需要圣人君子的教化。整个社会富足也需要"明分","兼足天下之道在明分:掩地表亩,刺中殖谷,多粪肥田,是农夫众庶之事也。守时力民,进事长功,和齐百姓,使人不偷,是将率之事也。高者不旱,下者不水,寒暑和节,而五谷以时孰,是天之事也。若夫兼而覆之,兼而爱之,兼而制之,岁虽凶败水旱,使百姓无冻馁之患,则是圣君贤相之事也"(《富国》),这是一种社会分工的思想。

总之,荀子设计的理想政治是一种分工有序、秩序井然的等级社会,目的是为了防止相互之间的争夺,实现群体成员之间的和谐相处,即为了实现"群","人之生不能无群,群而无分则争"(《富国》),"分"的目的是为了实现"群","分"也是实现"群"的手段和途径,"人何以能群?曰:分"。(《王制》)因此,在荀子那里,"群"和"分"之间存在着目的和手段、前提和结果的辩证统一关系,"群"是"分"的目的和结果,"分"是"群"的前提和手段,荀子"以'分'为其思想的逻辑起点来实现最终的'合'"①,也即是实现天下"一统"政治秩序。

在荀子看来,唯有建立以"分"为基础的等级制度,才能确保社会成员之间的"平等",因此他说:"分均则不偏,势齐则不壹,众齐则不使……夫两贵之不能相事,两贱之不能相使,是天数也。埶位齐而欲恶同,物不能澹则必争,争则必乱,乱则穷矣。先王恶其乱也,故制礼义以分之,使有贫富贵贱之等,足以相兼临者,是养天下之本也。《书》曰:'维齐非齐。'此之谓也。"(《王制》)他认为人与人之间的不平等

---

① 陈默:《明分使群——荀子论个体道德认识与社会管理》,《社会科学家》2014年第11期。

是"天数",即本来就是如此的,建立贫富贵贱等级有别的礼义法度能够确保天下太平,实现人人平等,"维齐非齐",只有不平等才能实现平等,不平等是实现平等的手段,"荀子视等级制为天经地义,他的公平观即建构其上。人人各安天命,各守名分,通过不平等而达至平等,或者说,不平等就是平等"①。荀子的论证逻辑看似荒唐,其实是一种实现社会结构内部秩序的辩证逻辑,相比于简单原始的"天人合一"的平等观,荀子的"群""分"思想则体现了重建社会秩序的辩证的平等观,以社会分工为基础的"平等"必然会出现分工的不同,甚至会导致等级贵贱的差别,这是现实社会的运动逻辑和必然规律,而不是概念层面的"无差别"的平等观念。

三、设君主以平治天下

荀子从人的本性出发,认为"贵为天子,富有天下,名为圣王,兼制人,人莫得而制也""重色而衣之,重味而食之,重财物而制之,合天下而君之,饮食甚厚,声乐甚大,台榭甚高,园囿甚广,臣使诸侯,一天下""制度以陈,政令以挟,官人失要则死,公侯失礼则幽,四方之国,有侈离之德则必灭,名声若日月,功绩如天地,天下之人应之如景向,是又人情之所同欲也"(《王霸》)等是"人情之所同欲",然而只有称王天下的君主才能够获得,所以人人欲得君主之位,"合天下之所同愿兼而有之,睪牢天下而制之若制子孙"(《王霸》)。然而获得君主之位者往往不能很好地与士人和臣下相处合作,是什么原因呢?荀子认为原因在于"人主不公,人臣不忠也。人主则外贤而偏举,人臣则争职而妒贤"(《王霸》),如果君主能够"无恤亲疏,无偏贵贱"(《王霸》),臣子能够"轻职业让贤,而安随其后"(《王霸》),就会"舜禹还至,王业还起;功壹天下,名配舜禹"。(《王霸》)实际上这对君主如何治理天下提出了很高的要求。

荀子认为君主首先应该以"道"治理国家,也就是以正确的法则、原则治理天下:"国者,天下之利用也;人主者,天下之利埶也。得道以持之,则大安也,大荣也,积美之源也;不得道以持之,则大危也,大累也,有之不如无之;及其綦也,索为匹夫不可得也,齐愍、宋献是也。故人主天下之利埶也,然而不能自安也,安之者必将道

---

① 柯卫、马作武:《荀子"正名"论释》,《学术研究》2014 年第 11 期。

也。"(《王霸》)如果不能很好地选择治国之道,势必走向灭亡,"国者,天下之大器也,重任也,不可不善为择所而后错之,错险则危;不可不善为择道然后道之,涂薉则塞;危塞则亡"。(《王霸》)

因此荀子要求君王要谨慎选择治国之道,治国之道有"王道""霸道"和"强道"之分,"道王者之法,与王者之人为之,则亦王;道霸者之法,与霸者之人为之,则亦霸"(《王霸》),在《王制》中荀子具体说明了"王道""霸道"和"强道"的区别:"王夺之人,霸夺之与,强夺之地。夺之人者臣诸侯,夺之与者友诸侯,夺之地者敌诸侯。臣诸侯者王,友诸侯者霸,敌诸侯者危。"(《王制》)王道者"仁眇天下,义眇天下,威眇天下。仁眇天下,故天下莫不亲也。义眇天下,故天下莫不贵也。威眇天下,故天下莫敢敌也。以不敌之威,辅服人之道,故不战而胜,不攻而得,甲兵不劳而天下服"(《王制》),施行霸道者"辟田野,实仓廪,便备用,案谨募选阅材伎之士,然后渐庆赏以先之,严刑罚以纠之。存亡继绝,卫弱禁暴,而无兼并之心,则诸侯亲之矣;修友敌之道以敬接诸侯,则诸侯说之矣。所以亲之者,以不并也,并之见则诸侯疏矣;所以说之者,以友敌也,臣之见则诸侯离矣。故明其不并之行,信其友敌之道,天下无王霸主,则常胜矣"(《王制》),行强道的君主"知强大者不务强也,虑以王命全其力,凝其德。力全则诸侯不能弱也,德凝则诸侯不削也,天下无王霸主则常胜矣"(《王制》)。作为拥有"仁""义"和"威"的"王道"政治是荀子的最高理想,而追求"霸道"和"强道"是荀子转向现实政治的一种目标诉求,其中的"霸道"是折中"王道"和"强道"的最现实的平治天下之道。

为实现以"道"治天下的目的,荀子还主张君主要善于用人,"论德使能而官施之者,圣王之道也"(《王霸》),按照"分"的原则让每个人各尽其能、各司其职,这一方面可以发挥每个人的聪明才智,另一方面可以减轻君主的负担,"人主者,以官人为能者也;匹夫者,以自能为能者也。人主得使人为之,匹夫则无所移之。百亩一守,事业穷,无所移之也。今以一人兼听天下,日有余而治不足者,使人为之也。大有天下,小有一国,必自为之然后可,则劳苦秏(颣)莫甚焉。如是,则虽臧获不肯与天子易埶业。以是县天下,一四海,何故必自为之?……传曰:农分田而耕,贾分货而贩,百工分事而劝,士大夫分职而听,建国诸侯之君分土而守,三公揔方而议,则天子共己而已矣。出若入若,天下莫不平均,莫不治辨,是百王之所同也,而礼法之大分也"。(《王霸》)荀子把获得人才提到很高的地位,他把获得人才和法制作比较:"有乱君,无乱国;有治人,无治法,羿之法非亡也,而羿不世中;禹之法犹存,而夏不世王。故法不能独立,类不能自行;得其人则存,失其人则亡。法者、治之端也;君子者,法之原也。故有君子,则法虽省,足以遍矣;无君子,则法虽具,失先后之施,不能应事之变,足以乱矣。不知法之义,而正法之数者,虽博临事必乱。故明主急得其人,而闇主急得其埶。急得其人,则身佚而国治,功大而名美,上可以王,下可以霸;不急得其人,而急得其埶,则身劳而国乱,功废而名辱,社稷必危。故君人者,劳于索之,而休于使之。"(《君道》)因此,荀子既反对不教而诛,也反对教而不诛,而是有教有诛并且有赏,"故不教而诛,则刑繁而邪不胜;教而不诛,则奸民不惩;诛而不赏,则勤厉之民不劝;诛赏而不类,则下疑俗险而百姓不一。故先王明礼义以壹之,致忠信以爱之,尚贤使能以次之,爵服庆赏以申重之,时其事,轻其任,以调齐之,潢然兼覆之,养长之,如保赤子。若是,故奸邪不作,盗贼不起,而化善者劝勉矣"。(《富国》)

总之,荀子认为君主的治国之道在于"平政爱民""隆礼敬士"以及"赏贤使能"等,"君人者欲安则莫若平政爱民矣。欲荣则莫若隆礼敬士矣,欲立功名则莫若尚贤使能矣,是君人者之大节也。三节者当,则其余莫不当矣;三节者不当,则其余虽曲当,犹将无益也"(《王制》),这三者被荀子称为"大节",在《君道》中荀子称之为"至道":"至道大形:隆礼至法则国有常,尚贤使能则民知方,篡论公察则民不疑,赏克罚偷则民不怠,兼听齐明则天下归之;然后明分职,序事业,材技官能,莫不治理,则公道达而私门塞矣,公义明而私事息矣:如是,则德厚者进而佞说者止,贪利者退而廉节者起。书曰:'先时者杀无赦,不逮时者杀无赦。'人习其事而固,人之百事,如耳目鼻口之不可以相借官也。故职分而民不慢,次定而序不乱,兼听齐明而百姓不留:如是,则臣下百吏至于庶人,莫不修己而后敢安止,诚能而后敢受职;百姓易俗,小人变心,奸怪之属莫不反悫:夫是之谓政教之极。"(《君道》)

荀子对君主政治的设想适应了当时中国社会大一统发展趋势的需要,与孟子主要注重德治和教化不同,荀子主张礼法并重,"由于社会的分化、官僚政治的成熟、知识分子社会角色的变化等方面的原因,荀子不但对君主专制和官僚政治予以高度的认可,而且自觉地把自己作为现实官僚体制中的成员,通过自己的理论工作,来促进其发展和完善"①,因此荀子有关人性和王霸之道的论证逻辑是基于当时的社会现实而发出的。

Xunzi's Logic of Argument about the Blueprint of Great-Unity Order

ZHAO Zhihao

(Institute of philosophy and religion, Academy of Social Sciences of Henan, Zhengzhou, Henan, 450002)

Abstract: Facing vassals' contend for hegemony and the unified trend in the Warring States Period, Xunzi demonstrated the rationality and necessity of establishing a unified political order, which came from his assertion that human nature was evil. It was because of the evil of human nature that systems of both rites and laws were needed to correct innate human nature. And it was also necessary to establish classes between the monarch and his subjects, standardize personal behavior on the whole social scale, achieve group and unity with classification and get an equal order in the entire society with unequal hierarchy. Thus, a unified nation with peace and order could be built. To meet the need of Chinese unified trend at that time, Xunzi advocated the establishment of a monarch and the implementation of political hegemony to rule the country, and the monarch should follow "Dao".

Keywords: evil nature; rites and laws; division of work; benevolence; overbearing

---

① 白奚:《战国末期的社会转型与儒家的理论变迁——荀子关于大一统王权政治的构想》,《南京大学学报》2003年第5期。

孔子廉洁思想论析

刘晓靖

(郑州大学 公共管理学院,河南 郑州 450001)

摘 要:在政治上,孔子提倡"德治"。要求为政者必须保持内在的高尚品德——"洁",并贯彻到治国理政的实践活动中去,从而形成清正廉洁的政治风尚。在经济上,孔子提倡"惠民""利民""博施济众",并提倡"见利思义"和"节俭"。对于为政者来说,廉洁自律是前提,"惠民""利民"是目标。只有首先做到廉洁自律,才能实现"惠民""利民"的目标。在道德方面,孔子提出了"仁""义""礼""智""信"等一系列道德范畴,来规范人们的思想行为;同时,又提出了"圣人""君子"等道德理想人格,作为人们学习、效法的榜样。

关键词:孔子;廉洁;德治;见利思义;仁

党的十八大报告中明确指出:"反对腐败、建设廉洁政治,是党一贯坚持的鲜明政治立场,是人民关注的重大政治问题。"①因此,要求全党要"坚定不移反对腐败",要"加强反腐倡廉教育和廉政文化建设"。而加强对于中华传统廉洁思想文化研究,继承和弘扬中华传统廉洁精神,无疑是增强广大公职人员对于贪腐行为的免疫力、促进廉政文化建设不可或缺的重要工作。故而本文将对孔子的廉洁思想略作分析,以期为社会主义廉洁文化建设尽一份绵薄之力。

作者简介:刘晓靖(1980—),女,河南郑州人,郑州大学公共管理学院讲师,政治学博士,硕士生导师,社会管理河南省协同创新中心和河南省廉政评价研究中心研究员。

① 胡锦涛:《坚定不移沿着中国特色社会主义道路前进 为全面建成小康社会而奋斗——在中国共产党第十八次全国代表大会上的报告》,2012 年 11 月 8 日。

一

要全面、深刻理解孔子的"廉洁"思想,首先要做的工作就是弄清楚"廉洁"概念的基本含义。

目前人们在分析"廉洁"概念的基本含义时,引用比较多的一是《仪礼·乡饮酒礼》篇中的"设席于堂廉东上"。对于这里的"廉",汉郑玄注曰:"侧边曰廉。"①据此《辞海》将其解释为"侧边""引申为品行方正"②。二是《周礼·天官冢宰》中提出的"六计":"一曰廉善,二曰廉能,三曰廉敬,四曰廉正,五曰廉法,六曰廉辨。"所谓"六计",即考核、评价官员的六种行为准则。郑玄注曰:"善,善其事,有辞誉也";"能,政令行也";"敬,不解(懈)于位也";"正,行无倾邪也";"法,守法不失也";"辨,辨然不疑惑也"。而这六种行为"又以廉为本"③,故曰"廉善""廉能"等。三是《楚辞·招魂》中的"朕幼清以廉洁兮,身服义而未沫"。王逸注曰:"不求曰清,不受曰廉,不污曰洁。"④四是《史记·屈原贾生列传》中对屈原的赞语:"其志洁,其行廉。"

由上可见,"廉"的本义是指"侧边",引申义则是指人的外在的行为表现合乎一定的准则、规范,因而具有"方正"、高尚的性质;"洁"的本义为"干净",引申为"人的品德高尚"⑤。只有具备了内在的"洁"的品德,那么在外在行为上才能表现为"廉"。反过来,对外在的"廉"的规范的遵循,也会大大促进内在的"洁"的品德的提升。同时,在社会生活中,人们所从事的实践活动的内容是十分丰富的,包括政治的、经济的、道德的等方方面面。因此,作为"洁"的外在表现的"廉",也必然要体现在政治、经济、道德等方方面面的实践活动之中。下面就从政治、经济、道德等方面,来分析孔子的"廉洁"思想。

在政治上,孔子提倡"德治"。要求为政者自身必须具有内在的高尚品德——

---

① 《十三经注疏》,上海古籍出版社1997年版,第985页。
② 《辞海》,上海辞书出版社1980年版,第860页。
③ 《十三经注疏》,上海古籍出版社1997年版,第654页。
④ 《诗集传·楚辞章句》,岳麓书社1989年版,第192页。
⑤ 《辞海》,上海辞书出版社1980年版,第925页。

"洁",并贯彻到治国理政的实践活动中去,从而形成清正廉洁的政治风尚。

他说:"为政以德,譬如北辰,居其所而众星拱之。"又说:"道之以政,齐之以刑,民免而无耻;道之以德,齐之以礼,有耻且格。"(《论语·为政》,本文以下引《论语》,只注篇名)用政令和刑法来引导、治理民众,可以使民众因畏惧处罚而不敢违法犯禁,但不能使民众树立廉洁意识和羞耻心;用道德和"礼"来引导、治理民众,则可以促使民众树立廉洁意识和羞耻心,从而自觉遵纪守法,像众星环绕北极星那样环绕在主政者的周围。在这里,孔子运用对比的方法说明了施行"德治"、注重培养民众廉洁意识的优越性。那么,具体说来应当怎么做呢?综合孔子的有关论述,可以归纳为以下几点:

第一,是"正名"。《子路》篇载,子路问道:您如果从政治国首先要做什么事情呢?孔子明确回答:"必也正名乎!"子路不能理解。孔子解释道:"名不正则言不顺,言不顺则事不成,事不成则礼乐不兴,礼乐不兴则刑罚不中,刑罚不中则民无所措手足。"孔子所谓的"名",指的是名分、职位。所谓"正名",就是要求每个人的举止行为,都要和其名分、职位保持一致。比如君臣,有君之名位,就要有君之德行,就要尽君之职责;有臣之名位,就要有臣之德行,就要尽臣之职责。总之,有什么样的名位,必须具备相应的品德,必须尽相应的职责。根据名位,提出相应的品德、行为要求,这就是"正名"。假如言行举止与自己的名位不相符合,那就是"名不正""言不顺"。在孔子看来,"名不正""言不顺"的行为,会造成"事不成""礼乐不兴""刑罚不中""民无所措手足"的严重后果。正是基于这样的认识,所以,他要把"正名"作为从政治国的首要工作,并强调,要确定一种名位,必须经过全面深入的考察论证,必须讲出充分的理由,必须制定出相应的、详细具体的行为规范和工作条例,不能有一点儿马虎。显而易见,孔子是要通过"正名"途径,利用相应的行为规范和职责条例的强制作用,促使为政者道德品格的不断提升和清正廉洁政治风尚的形成。

第二,是"好礼"。关于"礼",《左传·隐公十一年》中说:"礼,经国家,定社稷,序民人,利后嗣者也。""礼"在当时不仅指各种礼节仪式,而且包括各种规章制度。孔子要求为政者对于民众要"齐之以礼",并指出:"上好礼,则民莫敢不敬。"(《子路》)为政者注重"礼",用"礼"来治理民众,可以促使民众树立廉洁意识和对为政者的敬畏之心。

就君臣关系来说,君主对于臣下也应该以礼相待。《八佾》篇载:鲁定公曾经问孔子,君主应当怎样使用臣下,臣下应当怎样服侍君主呢?孔子回答:"君使臣以礼,臣事君以忠。"君主应当遵循礼制,按照一定的原则、程序来任用臣下,而决不能凭自己的主观情感好恶随意指派。反过来,臣下则应当忠诚于君主,尽心竭力做好自己分内之事。因为君主是国家的象征,所以,孔子要求臣下忠诚于君主,其实也就是强调各级官吏要廉洁奉公、忠于职守。

第三,是"举贤""举直"。《颜渊》篇载:弟子樊迟问"仁",孔子回答"爱人"。紧接着樊迟又问"知",孔子回答"知人"。樊迟未能理解,孔子进一步解释说:"举直错诸枉,则使枉者直。"樊迟仍然未能理解,所以离开孔子后,便去见子夏,说:"乡也吾见于夫子而问知,子曰'举直错诸枉,则使枉者直',何谓也?"子夏听后指出,这话的内涵太丰富了!并举例说:"舜有天下,选于众,举皋陶,不仁者远矣。汤有天下,选于众,举伊尹,不仁者远矣。"舜和汤取得统治天下的地位之后,在众人中选拔正直贤能之士,发现了皋陶与伊尹并提拔重用,这样,那些良知未泯的奸邪之人因被感化而改邪归正了。那些顽固不化者也因极端孤立而不敢为非作歹了。这就非常深刻且十分明确地揭示了"举贤""举直"的重大意义。能够做到"举贤""举直",则必然具有内洁外廉的品格。试想,一个自私自利、贪赃枉法者,能做到"举贤""举直"吗?这是不言自明的。其实,"举贤""举直"正是内洁外廉品格的具体表现。在孔子看来,为政者只有具备这样的品格,民众才会服从,政局才能稳定。

第四,是"尊五美"。《尧曰》篇载,弟子子张曾经问孔子:怎样才能"从政",孔子的回答是"尊五美,摒四恶",这样就可以"从政"了。所谓"五美",具体说来,一是"惠而不费",即"因民之所利而利之"。了解民众的意愿,采取相应的利民措施,这样既调动了民众的积极性,使他们获得了实际利益,而政府也并未因此增加费用。二是"劳而不怨",即"择可劳而劳之"。让民众做他们愿意做并且能够做的事情,这样民众尽管辛劳,但也不会产生怨恨之心。三是"欲而不贪",即"欲仁而得仁"。把"仁德"作为自己欲求的目标,并且尽力去得到它,这样尽管欲求强烈,但也不会被认为贪婪。四是"泰而不骄",即"无众寡,无小大,无敢慢"。不分人数多少,也不分势力是强大还是弱小,都以礼相待,从不怠慢,这样给人的印象是泰然庄重而非傲慢。五是"威而不猛",即"正其衣冠,尊其瞻视,俨然人望而畏之"。衣冠整齐干净,目光正视前方,这样给人的感觉虽然威严但并不凶猛。很显然,这里的前两"美"是说,作为从政者,必须了解民心,尊重民意,关注民生,从而树立惠民之心,制定并实施惠民之策。第三"美"则涉及价值观问题。作为从政者,必须以德为本,将"仁德"作为自己追求的价值目标。第四、第五"美",强调的是从政者的外在行为表现。不难看出,这里的第三"美"是关键。在孔子看来,只有确立了崇高的价值观,即"志洁",那么在从政的过程中,才能做到"惠民",才能使民众"劳而不怨";在为人处世、待人接物上,才能做到"泰而不骄""威而不猛",即"行廉"。不言而喻,这种认识是完全合乎从政之道的,是具有超时代意义的。特别是在全面贯彻落实党的十八大精神,为实现民族伟大复兴的中国梦而奋斗的今天,更应当好好研究、努力继承、大力弘扬这种"五美"德操。

二

在经济上,孔子提倡"惠民""利民""博施济众",并提倡"见利思义"和"节俭"。倡导"惠民""利民""博施济众",是对为政者的要求;倡导"见利思义"和"节俭",则是对社会所有成员的要求。就是说,所有社会成员都应当廉洁自律,做到"见利思义"和"节俭"。而对于为政者来说,廉洁自律是前提,"惠民""利民"是目标。只有首先做到廉洁自律,才能实现"惠民""利民"的目标。那么,具体说来孔子是如何论述的呢?

第一,孔子指出:"富与贵,是人之所欲也。"(《里仁》)这是说,得到财富、地位,是人所共有的愿望、欲求,因而是合理的、无可非议的。正是从这种认识出发,孔子明确表示:"富而可求也,虽执鞭之士,吾亦为之。"(《述而》)由此可见,孔子并非轻视个人的物质利益,也并非轻视实际工作,而是将获取物质利益与从事实际工作联系起来,并且,又进一步将从事实际工作与获取物质利益及提高道德品质联系起来。《颜渊》篇载,弟子樊迟问孔子怎样做才能不断提升自己的道德品质。孔子的回答是:"先事后得,非崇德与?"这是说,首先从事实际工作,然后得到实际成果,这样就可以不断提升自己的道德品质了。《雍也》篇载,当樊迟"问仁"时,孔子曰:"仁者先难而后获,可谓仁矣。"具有仁德的人总是先付出艰难辛苦的努力,然后有所收获。不难看出,孔子的上述言论明确表达了如下思想:求取个人的物质利益,是人人具有的共同欲望。而要满足这种欲望,得到物质利益,必须从事实际工作。通过从事实际工作,不仅可以获取物质利益,而且还能够不断提高道德品质和精神境界,从而实现"志洁"。

这里所说的实际工作,既包括"谋食",也包括"谋道";既包括体力劳动,也包括脑力劳动。所谓"谋道",是指对于自然界和人类社会运行变化规律及其处理自然界与人类社会中各种关系原则的探讨,即脑力劳动。通过这种劳动,为社会创造精神产品,反过来,社会则为这些"谋道者"提供"食"。"谋食",则是指直接从事诸如种庄稼、做工等实际劳动,即体力劳动;也指根据"道"治理社会,处理社会运行过程中各种具体问题的实际工作。通过这种劳动和实际工作,来谋取"食"。这也就是后来孟子所谈论的"劳心"和"劳力"的问题。孔子本人的志向在于"谋道",具有"朝闻道,夕死可矣"(《里仁》)为"谋道"而献身的坚定信念。同时,他也在竭力引导自己的弟子立志于"谋道",献身于"谋道"的事业。所以,孔子及其弟子经常谈论的是"道",而非"食"。

孔子及其弟子立志于"谋道",其目的在于为解决他们所处的那个时代的各种复杂、尖锐的社会矛盾和问题,提供切实可行的指导思想、策略措施和方法;为社会培养具有强烈社会责任感、历史使命感和高尚情操的人格榜样;最终实现"老者安之,朋友信之,少者怀之"(《公冶长》),富足、安定、祥和的社会理想。因此,孔子认为"谋道"是一种崇高事业。同时,也是一种非常艰辛的事业。必须具有远大理想、坚韧不拔的毅力和刻苦精神,方能从事"谋道"事业。而那些贪安逸、图享乐者,是不配从事"谋道"事业的。《里仁》篇记载,孔子曾明确指出:"士志于道,而耻恶衣恶食者,未足与议也。"《宪问》篇也记载有同样的论述:"士而怀居,不足以为士矣。"这里的"士",就是指那种读书"谋道"之人。这里是说,与一个以吃粗糙食物、穿破旧衣服为耻辱的"士"议论"道",是没有任何意义的;一个追求安逸享乐的"士",并不是一个真正的读书"谋道"者。在孔子看来,一个真正的读书"谋道"者,应当"食无求饱,居无求安"(《学而》),即便是"饭疏食饮水,曲肱而枕之,乐亦在其中矣"(《述而》)。不管遭受多大挫折,也不管生活多么艰苦,始终保持奋发向上、积极乐观的精神风貌。在孔子的心目中,弟子颜渊就是这样的"谋道"贤者。他曾

赞曰:"贤哉,回也! 一箪食,一瓢饮,在陋巷,人不堪其忧,回也不改其乐。贤哉,回也!"(《雍也》)

这里还应当指出,孔子一生虽然致力于"谋道",但他并未因此而忽视"谋食"的问题。据《子路》篇载,他曾明确指出,作为为政者首要的任务就是想方设法使民众"富之",然后在此基础上进行"教之",并要求为政者要注重农业生产,"使民"要不误农时。他之所以大力赞扬禹,其原因之一正是在于禹"卑宫室而尽力乎沟洫"(《泰伯》)。另据《卫灵公》篇载,当弟子子贡问如何培养、提高"仁德"时,他首先比喻说:"工欲善其事,必先利其器。"由此可见,孔子对于做工之事也是有所了解的。《史记·孔子世家》中说他"贫且贱",这就决定了他必须考虑"谋食"问题。他自己也曾明确表示:"吾少也贱,故多能鄙事。"(《子罕》)

第二,孔子提出"君子有九思",其中之一就是"见得思义"(《季氏》)。当弟子子路问"成人"时,孔子指出,"成人"遵循的基本的行为原则之一就是"见利思义"(《宪问》)。这是说,要成为一个具有高尚人格的"君子""成人",在即将得到利益时,一定要考虑得到这种利益是否合乎"道义"。具体说来,就是这种获取利益的行为是否合乎一定的准则和规范。如果合乎,就是"廉",反之,就是"污"。这种"污",是指志向、品格受到玷污。志向、品格一旦受到玷污,也就不可能成为"君子"和"成人"了。这就是孔子强调"见得思义""见利思义"的道理所在。正是基于这种认识,孔子明确表示:"不义而富且贵,于我如浮云。"(《述而》)目的在于防止自己的志向、品格被这些"不义"之"富贵"所玷污。

同时,也正是从上述认识出发,孔子强调,出仕为官时一定要考虑政治环境如何。据《泰伯》篇载,孔子曾明确指出:"邦有道,贫且贱焉,耻也;邦无道,富且贵焉,耻也。"这里所说的"邦有道",是指政治清明,社会环境、秩序良好;"邦无道"则是指政治昏暗,社会环境恶劣、秩序混乱。这是说,一个人如果在政治清明,社会环境、秩序良好的情况下仍然陷于贫贱之中,这表明其品格、能力低下,或者因不求上进而不为人所用,这当然是一种耻辱。而如果在政治昏暗,邪恶势力当道,社会环境恶劣、秩序混乱的情况下却飞黄腾达、既富且贵,这表明其在助纣为虐、与恶势力同流合污,这当然也是一种耻辱。所以,孔子主张"天下有道则见,无道则隐",以求廉洁不污。

第三，孔子提倡节俭。据《八佾》篇记载，有人向他问"礼之本"，因为这直接关系到如何理解"礼"、如何遵行"礼"，所以孔子强调，这是一个意义十分重大的问题。对于这一重大问题，孔子给予既简要又明了的回答："礼，与其奢也，宁俭；丧，与其易也，宁戚。"在这里，孔子明确指出，"礼之本"不在于形式，而是在于情感。所以，行"礼"不能过分强调形式，不能因追求奢华而造成铺张浪费，要注意节俭。因为在实际生活中人们普遍重视丧礼，并往往因为追求排场而造成大量浪费，所以孔子对如何遵行"丧礼"作了明确说明。即与其把精力放在"丧礼"的形式上，将各种礼节仪式尽量做得完美，宁可将心思放在对亲人的追思怀念上，并因而使内心处于十分悲伤哀痛之中。又据《子罕》篇记载，孔子还曾明确表示："麻冕，礼也；今也纯，俭，吾从众。"这是说，用麻布料子缝制礼帽，这是传统的礼制要求；现今人们都改用丝绸料子来缝制礼帽，因为这样做俭省，所以他赞同人们这样做。

孔子提倡节俭，一方面是因为他"少也贱"，知道财富来之不易；另一方面，则是要通过节俭来培养人们的廉洁品格，避免因追求奢华而贪赃受贿、违法犯禁。

三

在道德方面，孔子提出了"仁""义""礼""信"等一系列道德范畴，来规范人们的思想行为；同时，又提出了"圣人""君子"等道德理想人格，作为人们学习、效法的榜样。

在孔子的道德范畴体系中，"仁"属于对人内在的思想品质、道德情操、精神境界的规范和要求，所体现的是"洁"；"义""礼""信"等则属于对人外在行为举止的规范和要求，所体现的是"廉"。通过"仁"的规范和要求，可以使人纯洁不污；通过"义""礼""信"等的规范和要求，可以使人正道直行。

因为人的行为举止都是有意识、有目的、有选择的，所以，人外在的行为举止是由内在的思想品质、道德情操、精神境界决定的。反过来讲，人内在的思想品质、道德情操、精神境界，也只有通过外在的行为举止才能得以展现。所以，在孔子看来，只有内在的思想品质、道德情操、精神境界达到了"仁"的高度，外在的行为举止才能合乎"义""礼""信"等规范。也就是说，只有实现了内心的"洁"，才能真正保持行为的"廉"。所以，孔子道德范畴体系中的关键、核心范畴，必然是"仁"。那么，具体说来"仁"具有哪些含义呢?

《颜渊》篇记载,弟子樊迟向孔子请教"仁",孔子明确回答:"爱人。"就是说,"仁"作为道德范畴,最基本的含义就是指"爱人"之心。显而易见,这里的"人"是指与自身相对应的他人而言。所谓"爱人"之心,也就是"爱他人"之心。那么,具体应当怎么做呢?孔子也有明确论述。《雍也》篇载,子贡曰:"如有博施于民而能济众,何如?可谓仁乎?"子曰:"何事于仁!必也圣乎!尧、舜其犹病诸!夫仁者,己欲立而立人,己欲达而达人。能近取譬,可谓仁之方也已。"在这里,孔子明确指出,践行"仁"的最基本的方法就是将人比己。自己"欲立",就要积极帮助别人实现"立";自己"欲达",就要积极帮助别人实现"达"。"立人""达人",就是具有"爱心"的表现,就是"爱人"的实际行动。而"博施于民而能济众",是"爱众",是"博爱",不是一般意义上的"爱",所以,连尧、舜都难以完全做到。因此,一旦真的做到那就不是一般的"仁者"了,而是"圣者"了。

不难看出,孔子将"爱人"之心赋予"仁",而"仁"又是他的道德范畴体系的核心,这样一来,他就将整个道德思想体系建立在"爱人"之心的基础之上了。这就使得他的道德思想更加贴近社会生活实际,便于人们理解和接受,并且,也更具普遍意义和超越性。试想,如果一个人具有"爱人"之心,那么他还会做损人利己、伤天害理之事吗?如果官吏具有"爱人"之心,那么他还会贪赃枉法、损公肥私吗?如果君主具有"爱人"之心,那么他还会生活奢靡、施行"苛政"吗?如果人们都具有"爱人"之心,那么社会上还会有坑蒙拐骗、尔虞我诈的事情发生吗?同时,哪个时代的人们不痛恨诸如损人利己、贪赃枉法、生活奢靡的罪恶行径呢?哪个时代的人们不赞扬助人为乐、廉洁奉公的善人善举呢?同时,我们还应注意到,孔子所倡导的"爱"是有差别的。《学而》篇载,他的弟子有子曾明确指出:"君子务本,本立而道生。孝弟(悌)也者,其为仁之本与!"强调"孝弟(悌)"是"仁之本",就是强调"爱人"要从家庭内部做起,从身边最亲近的人做起。首先做到爱父母兄弟姐妹,然后推广开来,爱社会上的其他人。也就是后来孟子所说的:"老吾老以及人之老,幼吾幼以及人之幼。"(《孟子·梁惠王上》)血缘关系越近"爱"得越深,爱"人之老""人之幼",是爱"己之老""己之幼"的进一步扩展。

很显然,孔子及其弟子视"孝弟(悌)"为"仁之本",是由中国社会的实际情况决定的。中国社会不管是在奴隶制时代还是在封建时代,都是以农业经济为主导的。在农业经济占主导地位的社会里,家庭、家族是最基本的生产和消费主体,由"家"构成"国","国"是"家"的放大版。在家国同构的社会大背景下,以恢复"有道"局面、建立"有道"社会为己任的孔子及其弟子们,必然首先关注家庭、家族关系,也就必然要以"孝弟(悌)"为"仁之本"。因为"家"的和谐稳定是"国"的和谐稳定的前提;"家"的兴旺是"国"的昌盛的前提。同样道理,孝亲、敬长、爱家,是忠君、爱国的前提。只有奉行"孝弟(悌)"、做到爱家,才能做到忠君、爱国。试想,一个连自己身边的亲人都不爱、连自己的"家"都不爱的人,他能够忠君、爱国吗?反过来讲,"家"的兴旺又以"国"的昌盛为前提的。因为不管是个体的人还是单个的"家",其力量都不足以维持自身的生存,都必须依靠"国"的力量才谈得上生存和发展。"家"和"国"的生存、发展是紧密联系在一起的,是互为前提的。因此说孔子及其弟子视"孝弟(悌)"为"仁之本",强调"爱人"要从家庭内部做起,是完全合乎中国社会的实际情况的。正是以这种思想为基础,儒家提出了修身、齐家、治国、平天下的人生修养论,从而形成了以爱国主义为核心的中华文化优秀传统。

《颜渊》篇又载,弟子颜渊向孔子请教"仁",孔子回答:"克己复礼为仁。一日克己复礼,天下归仁焉。为仁由己,而由人乎哉?"颜渊又说:"请问其目。"孔子接着回答:"非礼勿视,非礼勿听,非礼勿言,非礼勿动。"这段问答,表达了如下几层意思。其一,讲明了"仁"和"礼"的关系。"仁"作为内在的思想品质、道德情操、精神境界,不仅要通过自觉遵行"礼""义"等行为规范来展现,而且还要通过严格遵行"礼""义"等行为规范来进一步提升。因此说"克己复礼"就是在展现"仁",就是在提升"仁"。其二,说明了为政者严格遵行"礼""义"等行为规范所达到的客观实际效果,即可以得天下人归顺、服从,实现天下大治的愿望。其三,说明了思想品质、道德情操、精神境界能否达到"仁"的高度,完全在于自己的自觉努力,别人是无法代替的。其四,强调了遵行"礼"不能有任何的马虎,必须从视、听、言、动等方面严格要求,以此来促进思想道德品质和精神境界的进一步提升,从而实现自身的全面发展。

显而易见,孔子将"仁"与"礼"紧密联系在一起,意在强调人们必须从"内""外"两个方面加强修养。即通过内在的"仁"的修养,以确立"爱人"、孝亲、忠君,

"爱家""爱国"之心,从而实现和保持内在的"洁";通过外在的"礼"的修养,以严格规范行为举止,从而实现和保持外在的"廉"。

为了便于将"仁""义""礼"等道德规范落到实处,孔子提出了"圣人""君子""成人"等人格榜样,供人们学习、效仿。《述而》篇载,子曰:"圣人吾不得而见之矣,得见君子者,斯可矣。"指出自己在有生之年不可能见到"圣人"了,因而表示,如果能够见到"君子"也就满足了。由此可见,在孔子的心目中"圣人"是居于最高层级的人格榜样,因而是很难达到的。"圣人"之下则为"君子",相对于"圣人"来说"君子"是比较容易达到的。所以,孔子也就更加注重对于"君子"品格的论说,对于"君子"言行举止的规定也就更加详细具体,更便于遵循落实。由此也展现了他的务实精神。

据《宪问》篇载,子曰:"君子道者三,我无能焉:仁者不忧,知者不惑,勇者不惧。"在这里,孔子明确将君子之道概括为三点:"仁""知(智)""勇"。"仁"指内在的德行。"知(智)"指智力。"勇"指坚毅果敢精神。具有"仁"的德行,自然不会做那些违法犯禁、贪赃受贿等令人不齿之事,未做愧疚之事自然心胸坦荡、无忧无惧。认识和分析问题的能力强,遇事能够透过现象看到本质,这样也就不会被迷惑。具有坚毅果敢精神,这样就可以克服各种艰难险阻,成就事业、完善人格,实现远大目标。这三点可以说是"君子之道"最基本的方面,孔子关于"君子"行为品格的其他论述,都是这三个方面的具体展开。

概而言之,孔子所建立的以"仁"为核心的道德规范体系,所树立的"圣人""君子"等人格榜样,在中华传统文化发展史上产生了极其深远的影响,从而造就了一代代志士仁人、一代代廉洁奉公的楷模。因此,加强孔子廉洁思想的深入研究,对于社会主义廉洁文化建设,是大有裨益的!

On Confucius' Thoughts of Probity

LIU Xiaojing

(School of Public Administration, Zhengzhou University, Zhengzhou, Henan, 450001)

Abstract: In politics, Confucius advocated "rule of virtue". Politicians must keep their internal noble character "being clean" and carried it to the practices in governance so that a clean and honest trend could be formed politically. In economy, Confucius advocated "benefiting the people", "help the public by liberally bestowing", "selecting justice at the sight of profit" and "being frugal". For politicians, being clean and self-disciplined is a premise and benefiting the people is a goal. They must be uncorrupted and self-disciplined before reaching the target of benefiting the people. As for moral, Confucius put forward "benevolence", "righteousness", "courtesy", "wisdom" and "trust" to regulate people's behavior. Meanwhile, the ideal moral personalities like "sage" and "gentleman" were proposed to be examples for people to learn and follow.

Key Words: Confucius; being clean; rule of virtue; selecting justice at the sight of profit; benevolence

论儒家"德政逻辑"及其当代价值

李晓龙

(中国人民大学 哲学院,北京 100872)

摘 要:儒家德政逻辑指道德与政治具有内在统一性、贯通性,政治实践要指向道德意涵上的"至善之境",即整个社会的和谐、正义、有序、平等;理想信念(信仰)以彼岸价值世界的形式形成对现实政治实践的"超越之维"与"内在约束",监督、规范着现实政治始终指向趋向"至善"的道德世界。儒家政治实践既是一个指向超越性内在价值世界的"由外向内"的过程,又是一个把道德律令、理想信念具体化的"由内向外"的过程,这一内外两个方向的共时性互动,构成了德治的全部内容,而德治本身则是一种"德政逻辑"。德政逻辑有其现代价值,而发挥其作用的前提是对其完成当代"格义",德政逻辑是当今"官德建构"与党风廉政建设的重要思想资源。

关键词:儒家政治伦理;德政逻辑;官德;廉洁自律建设

道德与政治构成了传统儒家德政思想(或政治伦理思想)不可分割的两个方面,两者具有内在的统一性、贯通性,即其政治实践要指向道德意涵上的"至善之境",即整个社会的和谐、正义、有序、平等,而其理想信念(信仰)则以彼岸价值世界的形式形成对现实政治实践的"超越之维"与"内在约束",监督、规范着现实政治始终指向趋向"至善"的道德世界。因此,儒家这一德政思想蕴含着强有力的德政逻辑,即儒家政治实践既是一个指向超越性内在价值世界的"由外向内"的过程,又是一个把道德律令、理想信念具体化的"由内向外"的过程,这一内外两个方向的共时

作者简介:李晓龙(1989—),男,河南商丘人,中国人民大学哲学院2014级宗教学博士生,主要从事中国哲学与宗教学研究。

性互动,构成了德治的全部内容。传统儒家的德政逻辑在一定程度上深刻地揭示了社会政治实践与从政者个人道德修养之间的内在联系及其内外双向共时性互动的普遍规律。笔者认为,儒家德政思想,特别是其中蕴含的德政逻辑,是我们当今"官德建构"与党政廉风建设的重要思想资源,如果结合现代语境和时代任务,对其加以重新"格义",就能够充分发挥其现代价值。

一、儒家德政逻辑的内容与特点

儒家德政逻辑的主要内容在于:道德与政治具有内在统一性、贯通性,政治实践要指向道德意涵上的"至善之境",即整个社会的和谐、正义、有序、平等;理想信念(信仰)以彼岸价值世界的形式形成对现实政治实践的"超越之维"与"内在约束",监督、规范着现实政治始终指向趋向"至善"的道德世界。

在传统儒家政治伦理中,道德与政治内在统一,政治是道德的"向外实践"。

从先秦典籍中,我们不难发现,中国政治思想肇始之初,道德即已作为政治之基本内容、根本目标、价值世界而存在,道德与政治的内在统一性成就了儒家政治伦理学的根本逻辑——德治,而儒家的政治学说也就成为一种以"德政"为核心范畴的伦理学说。《尚书·尧典》(本文以下引《尚书》,只注篇名)中认为尧作为施政者的合法性在于其道德高尚,即"钦、明、文、思、安安,允恭克让,光被四表,格于上下";"克明峻德,以亲九族。九族既睦,平章百姓;百姓昭明,协和万邦,黎民于变时雍"。在《左传·僖公三十三年》中,"德以治民"一词正式出现。孔子认为,政治就是"以德而治化天下","政者,正也。君为正,则百姓从政矣。君之所为,百姓之所从也。君不为,百姓何从?"(《论语·颜渊》)换言之,道德高尚不仅是对社会管理者的内在要求,而且道德世界应成为统治者一切政治实践的根本价值指向。

德治是儒家政治伦理学的核心内容。德治的现实社会基础是以血缘家族为基本结构的宗法社会,而其宗教性根据——天命君权的神圣性与绝对性,则赋予了德治以超越性与内向性。

《礼记·表记》说:"殷人尊神,率民以事神,先鬼而后礼,先罚而后赏,尊而不亲。"而《尚书》中多处记载了殷商统治者因失德丧失天下而周人因敬德享有天下的告诫。殷商的统治崩塌时,纣王哀叹:"呜呼,我生不有命在天!"(《西伯戡黎》)武王伐纣时,誓其师曰:"今予发,惟恭行天之罚。"(《牧誓》)殷人失德而失天下,周人崇德而得天下,而周人将这一"世俗约束"神化为"神圣约束",将基于生产力与生产关系矛盾运动的政权更替规律解释为宗教性的"君权神授"天道,"德"乃"天命",故天下唯有德者居之。故曰:"别求闻由古先哲王,用康保民。弘于天,若德裕乃身,不废在王命。"(《康诰》)"皇天既付中国民越厥疆土于先王,肆王惟德用……用怿先王受命……欲至于万年,惟王子子孙孙永保民。"(《梓材》)"惟不敬厥德,乃早坠厥命。"(《召诰》)"惟王其疾敬德。王其德之用祈天永命。"(《召诰》)

这里面包含着政治上君权天授的统治权与神权合一的观念,而道德是政治的全部内容,政治上的君权神授,也就在逻辑上造成了神圣世界之"天意""天命""天道",即世俗世界之"道德伦理秩序",而这也无疑赋予现实世界道德律令以神圣的超越之维度,又通过赋予道德"神圣帷幕","使政治的合目的性即体现为内向性道德践履的现实性,因此政治之以天为本与以德为本,在话语形态上是可以相互转换的"①。而这也使道德成为施政者之根本价值追求、内在信仰,而道德的超越性的内在性,或者说人们内在道德观的彼岸性,则又对现实世界世俗政权造成根本的监督与制约,使施政者产生内在的敬畏心理。

二、德政逻辑的"超越之维""内在约束"与其当代再语境化

在儒家政治伦理学中,道德的哲学品性是其超越性与内在性的统一性,道德作为一种信仰形式存在,其超越之维构成了对现实政治的内在性监督,故而在儒家政治伦理学说中,德政成为最高的至善理念与理想,成为中国历代政治哲学的核心范畴。"德治"贯彻的制度保证则是"礼乐刑政"相互辅成的互动机制,这是一个"由内向外"的实践过程,即德治的"向外实现",而这又同时是一个"由外向内"的过程,即儒家政治伦理学要求施政者的一切政治实践都要指向内在价值世界的"至善""和谐"与"有序",现实政治时刻都要受到超越性价值世界之监督制约。

德治使政治与道德内在统一,道德是政治的目的,换言之,政治实践的价值世界是内在性的"道德秩序",而政治的整个实施过程是一个"由外向内"的过程,即所

---

① 董平:《儒家德治思想及其价值的现代阐释》,《孔子研究》2004年第1期。

有的政治实践都指向超越性的内在道德价值世界。而政治实践作为"内在道德价值世界"的对象化,其本身又是一个"由内向外"的过程,即道德理想必须通过政治实践得以具体化,这一内外两个方向的共时性互动,构成了德治的全部内容,而德治本身则是一种"德政逻辑"。帝制时期的"德政"实践有其阶级局限性和时代局限性,"即德治理念背后隐藏着王权的绝对性以及治者与被治者之间在政治地位以及价值理念上的根本不平等"①。但是,"德政"逻辑本身则有其超越性、前瞻性、永恒性的价值,即充分强调对于社会管理者本身之道德素质的要求,更强调要通过信仰的超越性观照与内在性约束来建构施政者的"官德"。

从历史实际情形来看,儒家的"德治""德政"更大程度上是作为一种政治理念、政治逻辑而存在的。西周时期的文献可以表明"德政"是从西周王权的政治实践中抽象出的理论观念。而随着历史的演进,西周的"德政"模式早已被历朝历代所扬弃。但是,"以德配天,德以治民"的德政逻辑则一直被保留了下来,中国古代历朝统治者均基于德政逻辑,慎观于天人之际而予制度以损益变通,进而拿出了适合于其时代的政治制度,而历史也证明了德政逻辑的永恒性价值与巨大现代意义。

毫无疑问,随着社会形态、经济基础的更迭,德政理念所蕴含的君权神授观念显然早已被历史淘汰,政治的合目的性不体现于天命。但这一切却并不意味着德治作为一种政治逻辑、德政作为一种政治理念在现代的无意义。从政治哲学视角来看,政治之目的是在最大程度上引导全社会趋向和谐、正义、有序、平等之"至善之境",这就要求政治要追求一种理想的上限而不是仅仅守住底线,而这就需要一种道德信仰来作为价值支撑,因为道德信仰较之于政治信仰具有更大的普遍性。"由于道德体现社会共同体之普遍善理念的必然性,因而德治在现实性上的意义实际上便要求各级政府官员都应该成为共同体之普遍善的价值理念的载体,并通过其施政活动而实现出善的普遍价值;便要求各级政府官员首先要成为政治的公平、正义原则的践履者。"②

此外,德政所蕴含的内在性与超越之维在当今则具有更强的现实意义,即德政

---

① 董平:《儒家德治思想及其价值的现代阐释》,《孔子研究》2004年第1期。
② 董平:《儒家德治思想及其价值的现代阐释》,《孔子研究》2004年第1期。

依托于超越性道德信仰、价值世界、理想信念而给施政者造成内在心灵约束性的心理机制，无疑是当今党风廉政建设的重要思想资源，无疑是使党员干部从思想上不敢腐的一种有效"手段""工具"。无论公平与公正如何贯彻于国家事务管理的基本原则之中，施政者本身之道德的自主性与自觉性始终是无法完全依靠外在奖惩机制来保障的，它需要依靠心灵的内在制约机制来实现。而德政逻辑则要求施政者必须以实现全社会的普遍至善价值作为自己的信仰，以此内在性、超越性的信仰"由内向外"地规范自身的一切政治言行。

而此德政逻辑也必须在当代完成其自身的"格义"，即德政逻辑需要一个文化涵化过程，德政逻辑需要在当代中国社会主义政治语境中完成其自身的再语境化。即是说，从传统儒家政治伦理中而来的"德治"机制需要在中国特色社会主义政治文化中重新植入。具体而言，其根本性的"转义"在于：一方面，政治的内容不再全是道德，而是以科学社会主义的科学体系为主要内容，但是政治仍遗传有道德基因。另一方面，政治的道德内容的超越性、内向性不是来源于"天命""天道"的天国幻想，而是来自"中国特色社会主义共同理想与共产主义远大理想"的无产阶级终极诉求。

总之，形成对现实政治实践"超越之维"与"内在约束"的彼岸价值世界形式不再是宗教信仰，而是科学社会主义的必然逻辑结果。约束官员政治言行的超越之维应是中国特色社会主义共同理想及共产主义远大理想。具体而言，实现全人类自由而全面发展的终极远大理想、全心全意为人民服务的公仆意识，要在党员干部那里成为刻骨铭心的内在性的价值世界，成为入脑入心的超越性的信仰、信念。基于德政逻辑的党性教育应当成为共产党人的必修课，成为共产党人的"心学"。

三、德政逻辑与共产党人的廉洁自律

《中国共产党廉洁自律准则》（以下简称《准则》）和《中国共产党纪律处分条例》（以下简称《条例》）的最新修订工作充分体现了党中央在全面从严治党上对于"坚定理想信念"这个超越之维、内在定力的突出与强调。党纪国法要有区分，党纪要严于国法，党员要更重修身；要让每一名党员干部"不想腐"，那么"修身省察"功夫就不可丢；"修身省察"的最终目的在于让每一名党员干部将党规党纪内化于心，变"不准"为"自觉"。提高党员干部的党规党纪意识,既要强调"外在监督",更要突出"内在省修"。

(一)党纪国法要有区分　党纪要严于国法

王岐山认为,原《准则》和《条例》存在的最大问题在于"许多规定都与法律条文重复;在实践中管党治党不是以纪律为尺子,而是以法律为依据"①。在现实中,党纪与国法混淆造成了三个问题:一是党组织的神圣性难以得到体现,党员廉洁自律是其内在共产主义理想信念的外化表现,背弃理想信念的党员要靠法律来惩处,这于理说不通;二是党员干部只要不违法就没人管、不追究;三是纪委成了党内的"公检法",纪律审查成了"司法调查",监督执纪问责无法落到实处。解决这三个问题,首先要明确这样一个原则:任何一个组织的内部规则都比国家法律严格。党的先锋队性质和执政地位,决定了任何一个党员都是肩负神圣使命的政治组织成员;更是决定了党规党纪必然要严于国家法律,任何党员都不能退守到公民的底线上,党员的底线要始终比普通公民的底线高。

从客观横向比较来看,单向度依靠法律法规来建构施政者的"官德"是现代西方公共伦理的一大特点。而现代西方公共伦理的深层弊端也在这里有所体现。西方现代公共伦理的现实指向只是公共领域,是一种建构在法治思维、法律体系上的道德规范体系,缺乏对于私人德行领域、精神价值世界的观照。

现代公共伦理不要求人们达到"成圣贤"的满分,只要求达到"守秩序"的及格分。以自由主义为基础的西方现代公共伦理只对社会生活中最低限度的义务负责,这在一定程度上是和法律所规范的范围重合的,如社区公约、职业道德、服义务兵役等。"这里基本上是个对错问题,而不是善恶问题。它着重处理的只涉及调整人们行为的客观规则,而与个体的灵魂拯救、终极关怀、安身立命可以无关。"②而这就极易造成"道德法律化""道德底线化"问题,社会秩序基于社会契约、法律条文而缺乏人文观照和道德信仰。

在当代中国,由于西方自由主义的影响渗透,人们权利意识增强,义务意识弱

---

① 王岐山:《坚持高标准　守住底线　推进全面从严治党制度创新》,《人民日报》2015 年 10 月 23 日。
② 肖群忠:《儒家传统伦理与现代伦理的殊异与融合》,《中国人民大学学报》2013 年第 1 期。

化。一些人认为道德应和法律一样既讲义务也讲权利,而完全不理会道德的自觉实践属性。毫无疑问,这种观点实际上是把道德等同于法律,取消了道德的风尚引领、价值导向、精神追求独特作用。如果人们打着功利算盘来履行义务,这种行为实际上已经失去了道德价值。陈来先生指出:"在伦理问题上,权利话语和权利思维是有局限的,是远远不够的,权利中心的思维的泛化甚至是当今众多问题的根源之一。个人主义的权利优先态度认为个人权利必须优先于集体目标和社会共善。在这样的立场上,个人的义务、责任、美德都很难建立起来""而儒家和世界各大宗教伦理则都强调社会共同的善、社会责任、有益于公益的美德"①。

换言之,具体到"官德"建构上,如果只要求官员守住法律这个社会底线,而本身不对官员的理想信念作要求,不能使公平、正义这些道德原则成为官员的信仰,那么,官员是连法律这个社会底线都守不住的。法律从理论上具有成为信仰的对象的可能性,但本身无法建构起"信仰"机制,因为法律是以"自然法"为逻辑,而自然法的本质仅仅是对客观物质利益驱动的有限秩序化与规范,它本身缺乏理性基础。而信仰机制的建构必须依靠道德,道德从逻辑上讲是出于实践的一种理性形式,它本身具有合目的性即实现全社会和谐、有序的至善理想,是对于人本情怀的理性表达。在"官德"建设中,人们只有基于德行构建起信仰机制,才能真正满足"官德"的内向性、自觉性、自主性要求。

所以,在当代中国的官德建设、吏治刷新工作中,如果生搬硬套西方现代公共伦理则在理论上是危险的,实践上是有害的。在全面从严治党战略实施中,"官德"绝不能滑落到"道德等同于法律文化"的西方现代公共伦理意涵上,道德是一种理想,是一种信仰,是一种高层次的精神追求。② 中国共产党人的共产主义道德是基于无产阶级以实现全人类自由与解放的崇高理想信念,是对中华优秀传统道德资源的继承、发展、格义与扬弃。这其中最根本的继承是对"德政逻辑"的继承。"在加强理想信念教育上,强调要把理想信念教育作为思想建设的战略任务,保持全党在理想追求上的政治定力,自觉做共产主义远大理想和中国特色社会主义共同理

---

① 陈来:《孔夫子与现代世界》,北京大学出版社 2011 年版,第 18 页。
② 王希鹏,胡扬:《中国特色腐败治理体系现代化:内在逻辑与实践探索》,《经济社会体制比较》2014 年第 4 期。

想的坚定信仰者、忠实实践者。"①通过"理想信念"的超越之维、内在约束,最大程度地保障共产党人的廉洁奉公、"不想腐"。

"党要管党、从严治党"的逻辑起点在于保证广大党员干部"共产主义理想信念"不变色、"为人民服务"的根本宗旨不变质。可以说,《准则》和《条例》的最新修订是我党纪检监察工作指导思想由强调"外在性"向突出"内在性"的转变,由单向实践主体向双向实践主体的转变。宏观上看,提高机关党员干部的党规党纪意识,各级党委是主体,广大党员是客体;微观上看,提高党员干部的党规党纪意识,每一名党员干部既是主体也是客体。对于从严治党而言,外在的监督和约束是外因、第二因,外在的监督和约束再有效也只能让每个党员干部不敢腐、不能腐;而要真正让每一名党员干部不愿腐、不想腐,则必须依赖于每一个党员干部"党规党纪意识的自我提高"。

(二) 党纪严于国法　党员要更重修身

全面从严治党,要把纪律和规矩挺在前面;管党治党,绝不可纪法不分、错把法律当底线。在党的建设中,要坚持高标准在前,先把党的理想信念宗旨立起来、挺起来。中华民族的传统向来都讲究德法相依,其道德伦理规范更是向来从高不就低。《准则》开宗明义,"提出全体党员和党员领导干部必须坚定共产主义理想和中国特色社会主义信念,必须坚持全心全意为人民服务根本宗旨,必须继承发扬党的优良传统和作风,必须自觉培养高尚道德情操,将落脚点放在永葆党的先进性和纯洁性上,展现党的先锋队本色"②。一句话,党纪严于国法,新版《准则》和《条例》为每一个党员树立起了看得见、摸得着、够得到的高标准。

党规党纪有其信仰指向,即"革命理想高于天"。中国共产党是用革命理想和铁的纪律组织起来的马克思主义政党。"信念坚定、纪律严明"是党的优良传统、政治优势和力量所在。"马克思主义信仰""共产主义和社会主义信念""对党和人民的忠诚"是每一个中国共产党员的立身之本、立业之根。

---

① 高选民:《在学习贯彻党的十八届六中全会精神　加强和改进干部教育培训工作培训班上的讲话》,《中共中央组织部工作通报》2017 年第 4 期。

② 王岐山:《坚持高标准　守住底线　推进全面从严治党制度创新》,《人民日报》2015 年 10 月 23 日。

坚定信仰依赖于不断修身。中国共产党是中华民族的先锋队，以德治党的"德"，就是党的理想信念宗旨、优良传统作风。党员干部如果理想信念动摇，就会精神懈怠、意志消沉、淡化党的观念、漠视党的纪律，最终滑向违纪甚至违法。全面从严治党，光靠纪律是守不住的，必须立根固本，树立高尚精神追求，筑牢思想道德防线，努力解决好"不想"的问题。

（三）内在性："修身省察"功夫不可丢

要让每一名党员干部"不想腐"，那么"修身省察"功夫就不可丢。修身省察是中国哲学实践层面的重要内容。实践性是中国哲学的宝贵品质之一，"知行合一"的根本原则使中国哲学与以"改变世界"为根本目的的马克思主义哲学相融相同，二者均是围绕"问题"和"实践"形成的哲学系统。共产主义理想信念是中国共产党廉洁自律准则的信仰基石，而德政逻辑则应成为提升共产党人"党性"修养的方法论，共产党员的修身不仅要突出对于"德性"的砥砺，更要突出对于"公义"的信仰，每一名共产党员不仅要有"修身齐家治国平天下"的传统价值理想，更要有"解放全人类"的无产阶级终极诉求与关切。换言之，每一名中国共产党员在道德人格上既要力争成为传统价值里的"君子"，更要成为致力于中华民族伟大复兴时代诉求的"先锋"。

中华民族历史传统中的"规矩"和崇德重礼的德治思想，是党规党纪的重要思想源头。中国共产党廉洁自律原则是崇德重礼的德治思想与解放全人类的共产主义理想的统一，是普遍性与特殊性的统一，是主体性与客体性的统一。孔子在《论语·颜渊》中提出了"为仁由己"的重要命题。儒家所确立的最高人格境界是"仁"，并认为达到"仁"之境界的路径在于"为己"，即修身，而仁的内涵恰恰是爱人，这就说明了"仁"不是空洞的、束之高阁的抽象观念，而是一个基于现实生活、指导道德践行的具体原则；同时，"仁"这一范畴天然地包含了主体与客体双方，"为仁"离不开"由己"——"为仁"是每一个人自己的事，而"为仁"这件事的全部内容又是爱他人。[①] 需要特别注意的是，"仁"所指向的"人"不是指具体的某个人或某些人，而是泛指所有的人，这就在一定程度上与共产主义理想达成了默契。"仁"是

---

① 蔡方鹿：《朱熹论修身》，《江南大学学报》2012年第2期。

普遍适用于所有人的立身原则,而共产党员则要更严格地按照"仁"的标准时时检查反省自己的思想和行为。以"仁"为尺度,每名党员就要时刻反思自己是在出于"私利"为自己谋福利,还是在出于"公义"为人民谋幸福。儒家经典《中庸》中说,"为政在人,取人以身,修身以道,修道以仁",这就将政治成员个人的修养的优劣与政治效果的好坏联系在了一起。政治的本质体现于政治主体能够实在地完成对民众的"爱",而要确保其实现,政治成员则必须严格修身,必须严格按照政治纪律去服务民众、做好自己,必须时刻使自己的言行符合公仆的标准。换言之,身正则政成,身斜则政毁,无德小人持政就会使政治工具变为谋求私利的工具,最终造成政因失道而息,人因失道而亡。[①] 孟子也讲"修身见于世,穷则独善其身,达则兼善天下"。(《孟子·尽心上》)这就要求处在工作岗位上的党员干部要在其职谋其事,要有"兼济天下"的使命感。而一种崇高的使命感不是靠外在力量强加的,更不是靠天天喊口号喊出来的,崇高的使命感是具体主体在不断的修身过程中、在不断的思想省察中、在不断的"德性"砥砺中自然而然地形成的。具有良好的品行修养和为人民服务的态度情怀是社会成员从政的前提条件。不修身则不能立于世,更不能在具体工作岗位上触碰公权力。

儒家经典《大学》讲"物格而后知至,知至而后意诚,意诚而后心正,心正而后身修,身修而后家齐,家齐而后国治,国治而后天下平。自天子以至于庶人,壹是皆以修身为本"。广大党员干部要观世情以格物、察民意以正心,要通过高频率、严要求的日常省察来最终形成严守党规、恪守党纪的自我意识;广大党员干部要自觉对照《准则》和《条例》,坚持"吾日三省吾身",坚持"时时勤拂拭",认真自查思想行为,敢向自己开刀,善医未病之病,及时修枝剪叶、涤荡心灵。唯记只有修身方能齐家治国,方能触碰公权力。

四、超越性:敬畏之心要长存

"修身省察"的最终目的在于让每一名党员干部将党规党纪内化于心,变"不准"为"自觉"。"修身省察"最终会在党员的内在精神世界中形成一种向上的吸引

[①] 蔡方鹿:《朱熹论修身》,《江南大学学报》2012年第2期。

力和向下的压迫力。向上的吸引力说明,党员干部在不断地修身过程中由于道德境界的不断提升和人格障碍的不断突破,会产生越来越强的成就感和喜悦感;向下的压迫力说明,坚持长期修身的党员干部会因为道德境界的偶尔下滑、信仰的阶段性迷茫而产生羞耻感、敬畏感。后者就是对"敬畏之心"的具体诠释。

敬畏之心源于信仰。一提到信仰很多人会不自觉地将之与宗教信仰联系在一起,事实上宗教信仰只是信仰的一种,此外人们还有道德信仰、政治信仰等。而共产主义远大理想和中国特色社会主义共同理想就是共产党人应当坚守的信仰。既然是信仰,共产主义信仰则必然具备一般信仰的共性,则必然作为一种精神支柱而维系着人的价值世界、主导着人的行动言语。信仰的一个重要功能就是会在其信仰者心中产生正反两方面的心理作用,即我们上文指出的内在精神世界向上的吸引力和向下的压迫力。而向上的吸引力与向下的压迫力是辩证统一的,换言之,一个人感受不到道德境界提升时的喜悦就同样感受不到信仰迷茫时的畏惧,二者的对立统一运动构成人们内在精神世界的全部内容,也说明人们心灵运行的基本规律。向上的吸引力和向下的压迫力反过来又会使人们依赖信仰,因为人一旦失去信仰,人的心灵机制也就处于混乱运行状态,既感受不到道德提升时的喜悦,也感受不到信仰迷失的惊恐,其外在的精神面貌就会是麻木的、失范的、无原则的、极端的。

失去了共产主义理想信念的腐败分子因丧失敬畏之心而变得麻木不仁,因信仰上出现迷茫而失去价值判断标准和正确的人生方向,无法辨识大是大非,更是无视政治纪律,进而开始在现实中以权谋私、拉帮结派、对抗组织,进而在现实中将全部精力放在私利共同体的经营上而逐渐不知"为人民服务"为何云。无信仰就无原则,进而也就不知何为敬畏。反过来讲,坚持共产主义理想信念,人们就有原则,有敬畏,时刻都能认清大是大非。①

党员干部的敬畏之心要具体体现在对法律、对权力的敬畏上。美国比较法学家伯尔曼曾说:"法律必须被信仰,否则它将形同虚设。"而美国法学家罗纳德认为:"一个政府通过尊重权利表明,它承认法律的真正权威来自这样的事实,即对于所

---

① 曾坚:《敬畏:依法行政的一个话题》,《政治与法律》2015年第1期。

有人来说,法律确实代表了正确和公平。"①"全面依法治国"就要求公民要信仰法律,党员更是如此。信仰法律,就是基于共产主义理想信念与伦理道德以法的思维、法的精神去生活、去工作。"国家权力是公权力,在归属上为全体公民共有。官员的权力是民众通过法律授予的。然而,在极少数信仰迷失的腐败官员眼中,他们的权力是上级的私授、是自己蝇营狗苟'奋斗'的结果。丧失了马克思主义价值观和人生观的腐败分子,视法律为'齐民使众'之工具,视权力为私人财产和资源,媚上欺下,大行苟且之事,最终走上犯罪道路。"②当下,法治的核心应当是治吏。而治吏首要的是治吏心,一方面要让党员干部怀有对法律、对权力的敬畏之心,另一方面广大党员干部要自觉形成权力源自法律的法治意识,以公仆之心依法行政,护法、爱法。

　　罗纳德·德沃金指出:"一个官员享有自由裁量权,并不意味着他可以不顾情理和公平的准则,可以随心所欲裁决。"③以代理人身份出现的政府,其权力为民所授,其权力更要为民所用。对广大党员干部个人而言,法律授予其的权力实质上是把双刃剑。敬畏权力、敬畏法律、谨慎行权、依法行政,不仅可以确保自己的职务安全,更是可以在工作中实现自己的理想、成就个人的人生价值;而不当地使用权力不仅伤害了法律尊严、破坏了社会秩序,必然也会因自己的犯罪行为而受到法律的制裁,断送掉自己的人生。

---

① [美]罗纳德·德沃金:《认真对待权利》,信春鹰、吴玉章译,中国大百科全书出版社1998年版,第21页。
② 曾坚:《敬畏:依法行政的一个话题》,《政治与法律》2015年第1期。
③ [美]罗纳德·德沃金:《认真对待权利》,信春鹰、吴玉章译,中国大百科全书出版社1998年版,第21页。

The Importance of Confucian Political Ethics to the Construction of "Official Morality"

LI Xiaolong

(School of Philosophy, Renmin University of China, Beijing, 100872)

Abstract: In Confucian political ethics, morality and politics are internally unified and politics is the outward practice of morality. The philosophical character of morality is the unity of its transcendence and immanence. Morality exists in the form of belief, whose transcendence constitutes the internal supervision of the real politics. Therefore, in Confucian political ethics, benevolent rule becomes the perfectest idea and ideal and the core of Chinese political philosophy of all dynasties. The unity of transcendence and immanence of benevolent rule is the essence of traditional Confucian political ethics, which has positive significance and function to the construction of contemporary "official morality" and "clean government". Modern western public ethics has its own drawbacks of "moral legalization". It fails to solve the problems of moral construction in today's China, even cause troubles at times. It derives from western market economy and is unable to connect with the values on realizing socialist market economy in present China. The thoughts of the construction of contemporary socialist core values are still the essence of Confucian traditional ethics. In the level of social administration, the idea of "benevolent rule" in Confucian political ethics still plays an important role in the construction of "clean government" and "self-discipline" of the Chinese Communist Party. The logic of "benevolent rule" is a theoretical method to solve the problem from the source that corruption is unwanted for party members.

Key words: Confucian political ethics; benevolent rule; official morality; construction of probity and self-discipline

孔孟诚信思想在社会治理中的作用

罗雅琼

(郑州大学　公共管理学院,河南　郑州　450001)

摘　要:诚信是中华民族的传统美德,是中华优秀传统文化核心思想理念的重要内容。孔孟诚信思想是人安身立命、与朋友交往和为政者治理国家的道德规范,对国家安定、社会和谐发挥着积极的作用。孔孟诚信思想是转变社会治理方式,构建社会主义诚信价值观念不可或缺的优秀资源。传承中国传统文化,借鉴孔孟诚信思想,充分发挥其在社会治理中的作用,构建新时期的社会主义道德体系,维护社会秩序稳定。

关键词:孔子;孟子;诚信;社会治理

诚信是儒家传统思想的基础,是人安身立命、与朋友交往和为政者治理国家的道德要求,是维持社会秩序稳定的思想基础。孔孟诚信思想有着深刻的内涵,传承和发展其优秀内容对构建社会主义诚信价值观有着积极的启示意义。十八届三中全会把"完善和发展中国特色社会主义制度,推进国家治理体系治理能力现代化"作为全面深化改革的总目标。社会治理方式转变要充分发挥人民在社会治理过程中的主体作用,所以对主体道德素质的要求也进一步提高,儒家诚信思想则为社会治理提供了重要的价值资源。

一、孔孟诚信思想的内涵

儒家诚信思想形成于春秋战国时期,"百家争鸣"的学术环境为其提供了空间,

作者简介:罗雅琼(1993—　),女,河南平顶山人,郑州大学公共管理学院政治学理论专业 2015 级硕士研究生,主要从事政府体制与公共治理研究。

是儒家学者在总结前人的思想基础上发展而来的。孔子和孟子是那个时期的主要代表人物，他们总结发展的诚信观作为传统道德的规范，长期以来受人尊重，为中华民族优良传统的形成奠定了基础，为中华民族的文明进步提供了宝贵的资源。所谓诚信，即诚实守信。诚，指心诚。强调发自个人内心深处的真诚，对个人道德修养提出的要求，是内化于人的品质。信，指守信。强调与人交往过程中要言而有信，对个人行为提出要求。诚信是诚和信的统一，是人安身立命、与朋友交往和为政者治理国家的道德规范。

"言而无信，不知其可也。"(《论语·为政》，本文以下引《论语》，只注篇名)孔子认为，"信"是人们最基本的道德要求，是个人安身立命的基础，作为一个人是不能不讲信誉的。人无信不立，若失信于人则很难再得到别人的信任，无法立足于社会。"与朋友交，言而有信。"(《学而》)就是说与朋友交往，要诚实守信。朋友关系是建立在信任基础上的互帮互助、分享和支持，诚信是维系友谊的关键。人际之间的互动也离不开诚信，诚信互动是维护交往秩序的重要方式。"古者言之不出，耻躬之不逮也。"(《里仁》)古人不轻易承诺别人就是害怕不能兑现，人与人之间交往要守信，这样人际关系才会非常融洽，社会矛盾减少，从而有利于社会的和谐稳定。"恭，宽，信，敏，惠。恭则不侮，宽则得众，信则人任焉，敏则有功，惠则足以使人。"(《阳货》)孔子认为，能施行这五种品德的就是仁人了。庄重就不致遭受侮辱，宽厚就会得到大众的拥护，诚实就会得到别人的任用，勤敏就会工作效率高、贡献大，慈惠就能够使唤人。① 孔子用诚信作为评价"仁"的标准，说明诚信在个人修养中的崇高价值。"上好信，则民莫敢不用情。"(《子路》)是说统治者诚恳信实，百姓就没有人敢不说真话。② 统治者作为表率能够做到诚实守信，百姓也会表达自己真实的想法，这样也便于了解人民的真正需求，制定利国利民的政策并保证施行，保障人民的生活。孔子认为，无论是个人修身、人际交往还是统治者治理国家诚信都是行为主体互动时最基本的道德要求。

"是故诚者，天之道也；思诚者，人之道也。"(《孟子·离娄上》，本文以下引《孟

---

① 杨伯俊：《论语译注》，中华书局 2006 年版，第 206 页。
② 杨伯俊：《论语译注》，中华书局 2006 年版，第 152 页。

子》,只注篇名)诚是自然的规律,追求诚是做人的规律。① 诚是内化于万物中的基因,人生而具备的,社会互动中诚贯穿于始终。孟子认为诚是一种自然规律,也就是说,人们诚实地对待事物是参与社会活动要遵从的基本规则。将诚视为天命,是每个人都必须遵循的道德规范,把追求诚信与做人的根本结合起来。"言语必信,非以正行也。"(《尽心下》)言语一定信实,不是为着要使人知道我的行为端正。②言语诚实的目的不是为了向别人展示自己的品行,而是做人的根本原则。由此,孟子肯定了诚信价值对个人道德修养的支撑作用。"至诚而不动者,未之有也;不诚,未有能动者也。"(《离娄上》)心诚就可以感动别人,不诚心就不能感动别人。诚实守信不但是做人的规律,而且还可以感动身边的人,促成以诚待人的良性循环交际软规则,减少人际矛盾滋生,构建和谐的人际关系。"彼以爱兄之道来,故诚信而喜之。"(《万章上》)像敬爱兄长的样子做,因为真诚而高兴起来。待人接物做到诚信是对别人的尊重,能够培养良好的道德品格。"获于上有道,不信于友,弗获于上矣。信于友有道,事亲弗悦,弗信于友矣。"(《离娄上》)获得上级的重用、朋友的信任、亲人的满意都离不开诚信,足以见诚信对人生活的深刻影响。孟子认为,"诚"是内化于心的一种品质和精神状态,"信"是作为国家或者个人在互动的过程中表现出来的一种动态的相互关系,诚信作为社会的道德理想是人们所追求的目标。"诚信"贯穿于社会互动的全过程,对形成有序的社会治理模式有着不可替代的思想指导作用。

二、孔孟诚信思想的特征

孔孟诚信思想源远流长,作为几千年来调节人际关系的一种基本道德规范,自身有其合理性以及内在的运行机理。孔孟诚信思想鲜明的特点是其保证生命力,并得以传承至今的重要因素。

"诚"主要表现为表里如一。作为最基本的道德规范,表里如一是原则,表里如一体现出忠实。《述而》篇载:"子以四教:文,行,忠,信。"孔子教育学生的主要内容

---

① 杨伯俊:《孟子译注》,中华书局2008年版,第130页。
② 杨伯俊:《论语译注》,中华书局2006年版,第270页。

包括:忠,信。忠于原则,按照道德规范约束自己的行为,不掩盖自己的过失。"信"主要表现为言行一致。"始吾于人也,听其言而信其行;今吾于人也,听其言而观其行。于予与改是。"(《公冶长》)认识一个人要听其言观其行,言行一致才可信。"主忠信,徙义,崇德也。"(《颜渊》)"言忠信,行笃敬,虽蛮貊之邦,行矣。言不忠信,行不笃敬,虽州里,行乎哉?"(《卫灵公》)言语诚实、为人忠信是道德要求,也是为人处世的根本原则。因此,孔孟诚信思想最鲜明的特点就是表里如一、不食其言、言行一致。

孟子在诚信中引入了"义"的内容。"大人者,言不必信,行不必果,惟义所在。"(《离娄下》)即有德行的人,说话不一定句句守信,行为不一定贯彻始终,与义同在,依义而行。① 孟子强调义在诚信价值中的地位,信不仅是信约定,更要信于义。诚信不是机械地言必信、行必果,而应以义作为诚信的标准,即作为该不该守信的根据。把"义"引入诚信中,使诚信具有权衡的意义,增强其张力,调节社会规范对人行为的指导作用。孟子就把那种离开义的标准来讲言必信的人斥为"小人",要求人们的行为"唯义是从"。这才是诚信的真精神。② 诚信精神是对人的真诚和对待事物的正义感。"欲正其心者必先诚其意";"诚于中,形于外,故君子必慎其独也";"富润屋,德润身,心广体胖,故君子必诚其意"。(《大学》)端正内心首先要诚实自己的意念,内心、言语和行为要一致。诚信是道德的基本要求,道德高尚的人要做到诚实自己的意念,信守约定还要遵守道义。

孔孟诚信思想是一种道德伦理和道德规范,强调个人修为,轻视利益。诚信是最基本的行为规范,是人们在社会实践中要践行的原则,其实现程度完全靠个人修养,是自觉自律的行为。孔孟把诚信视为一种崇高的道德追求和道德理想,是社会伦理的价值体现,实现这种理想就必须强化道德修养。儒家诚信观念具有超越功利的道义感,不与利益直接相关,只是为了形成一种道德规范实现社会秩序的稳定。诚信道德规范用于节制人的欲望,以伦理规范给不良行为施压,从而规范社会道德秩序。"人生而有欲;欲而不得,则不能无求;求而无度量分界,则不能不争;争

---

① 杨伯俊:《孟子译注》,中华书局 2008 年版,第 144 页。
② 袁名松、贾华格:《孟子诚信思想及其新诚信观建设的现实意义》,《世纪桥》2007 年第 7 期。

则乱,乱则穷。"(《荀子·礼记》)人生来就有欲望,有欲望而得不到,就不可能不去寻求;寻求而没有限度和界限,就不能不争夺,争夺就产生混乱,混乱则导致无法收拾的局面。① 诚信作为最基本的道德规范可以节制人的欲望,规范人的行为。

孔孟的诚信观念在道德实践中缺少有力的约束机制。其诚信观念的评价是通过社会舆论、习俗习惯、礼仪规制等建立的。这些软性的约束机制缺少制度强制力保障。这也是由中国传统的社会结构所决定的。传统中国社会是以血缘和地缘关系为基础而形成的中心向外扩散的熟人社会。"在熟人社会中,乡邻的社会舆论褒贬以及面子文化的道德荣誉追求,不仅能够转化为个人诚实守信的道德驱动力,而且也构成了家庭伦理教化的道德动力。"②所以,孔孟诚信思想在传统社会长期指导人的生活,直至今日也潜移默化地影响着人们的意识。随着市场化的发展,社会结构发生变化,人与人之间的关系开始变得陌生,道德的约束能力下降,传统的诚信价值观念也受到了前所未有的挑战。依靠单一的道德观念的约束难以适应社会需求,有效的约束机制是建设诚信的关键。

三、诚信思想在社会治理中的价值

当代中国的社会治理就是各级党委、政府、社会组织、公民等多元治理主体在相互信任的基础上,为实现公共利益就社会事务管理而相互博弈、协商、合作的互动过程。③ 治理是一种政治行为,它体现着一定的政治价值,但治理行为的技术性因素要重于其价值性因素。④ 公民作为主体参与社会治理是社会治理模式转化的重要内容,强化个人在维持社会秩序稳定中的作用。孔孟诚信思想指引着社会主体的行为,对社会治理的良好运行有着重要的意义。

冯友兰先生曾这样论述:"若对于信与诚作分别,说信则注重不欺人,说诚则注重不自欺。不欺都是实,所以信曰信实,诚曰诚实。若对于信与诚不作分别,则诚可兼包不欺人,不自欺,信亦可兼包不欺人,不自欺……不过信的意思,终是对人的

---

① 安小兰:《荀子译注》,中华书局 2007 年版,第 158 页。
② 王淑琴:《社会诚信建设的制度化、体系化和文化化》,《理论视野》2011 年第 10 期。
③ 戚学祥、钟红:《从社会管理走向社会治理》,《探索》2014 年第 2 期。
④ 俞可平:《论国家治理现代化》,社会科学文献出版社 2014 年版,第 2 页。

成分多,而诚的意思,则是对己的成分多。"①先生对"诚"和"信"的解释与孔孟思想一脉相承。表里如一、言行一致是诚信思想的内核,是维系人际交往的基本行为规范,从古至今都是如此。社会矛盾产生于人们社会互动过程中,人的行为依靠有效的规范加以制约。没有了规范去指导行为,人与人之间就只能是赤裸裸的利益交往,所谓只求目标,不择手段,是失范社会的主要特征。② 社会失范往往是由利益矛盾引起的,孔孟诚信思想对诚信的界定包含了正直和正义,强调道德而弱化利益诱惑对人行为的影响。诚信作为社会规范的基础,从个人修养、与人交往和统治者治理国家等多层次影响着社会秩序建构,对社会稳定起着保驾护航的重要作用。

诚信思想是儒家思想的一个重要道德范畴,在处理人际交往关系过程中有着举足轻重的作用。改革开放后,我国逐渐由传统计划经济社会转入现代市场经济社会,社会关系日益复杂,传统的诚信规范难以维持市场秩序,我们需要对孔孟诚信原则进行批判地继承和发展,取其精华,去其糟粕。构建诚信价值体系是缓解当前道德危机的重要举措,孔孟诚信思想为其提供了优秀的借鉴资源。

孔孟诚信思想是一种崇高的道德理想,理想与现实之间存在着差距。孟子提出"性善论",假设人都是向善的,有共同的道德追求。随着市场化的发展,利益成为人们追逐的目标,受物质观念和消费观念的影响,社会各个领域出现多种不诚信的乱象。食品安全隐患、药品安全问题、工程质量隐患、资本市场的非法操作等,甚至在学术界都出现了学术造假行为,这些问题只依靠良好的个人修为、提升道德境界去稳定市场无疑是远远不够的。传统的诚信观念受到了挑战,如何增强诚信在社会治理过程中的约束力成为问题的关键。社会治理的主体是社会组织和个人,强化诚信的约束力的有效办法是通过强制的方式提升人们的诚信意识,促使诚信成为主流的社会价值观念。构建新型诚信价值观念引导人们的生活,对于非诚信的行为予以惩处,节制人的行为,必要时可以借助法律手段,维护社会诚信安全。诚信在整合社会问题中是一种隐形张力,对缓和社会矛盾有着重要的辅助作用,是协调社会矛盾的润滑剂,为社会治理提供有效的价值依靠,推动社会主义精神文明

---

① 冯友兰:《新世训》,生活・读书・新知三联书店 2007 年版,第 124—127 页。
② 张德胜:《儒家伦理与社会秩序》,上海人民出版社 2008 年版,第 10 页。

建设。

　　社会治理包含多元治理主体,每个主体对社会诚信建设都有着重要的影响。一个社会的诚信结构主要由三部分构成:政府诚信是关键,主要指公共权力运行过程中的诚信;商业诚信是要域,主要指商品生产交易的诚信;社会诚信是基础,主要指公民个人及其社会团体的诚信素养。孔孟诚信观念也是从个人、人际之间和统治者三个层面进行阐释,其诚信思想是人安身立命、与朋友交往和为政者治理国家的道德规范,对国家安定、社会和谐发挥着积极的作用。孟子把"仁""义""礼""智""信"连接起来,形成"五伦",即"父子有亲,君臣有义,夫妇有别,长幼有序,朋友有信"。(《滕文公上》)作为处理人与人关系的基本道德规范,把诚信思想建立在"义""善"与"孝"之上。社会伦理规范是社会治理的价值支撑,是社会大众广为接受的信念。社会治理过程中,各主体之间的诚信规范是社会有序机制建立的前提,政府、商业和社会诚信体系建设对弘扬诚信精神,强化全社会的诚信意识至关重要。

　　传统诚信价值观根深蒂固,影响深刻。受传统文化的影响,中华民族拥有诚信的土壤,诚信思想仍是社会的主导价值观念,受利益诱惑的是部分现象,如何遏制对诚信思想腐蚀的影响因素,巩固诚信主导地位是当前面临的问题。这要求我们必须赋予仁、善、孝、义以新的内容来满足新时代的需求,激发人们对诚信价值的重视,为市场的发展提供诚信秩序规范,以维护社会发展的稳定。西方社会学家艾朗逊将遵循规范的动力归为三类:一是就范,专指在威逼或利诱的情况之下的遵循;二是认同,个人认同某人或某群体,从而遵循其所信守的规范;三是植入,通过教化过程把社会的规范内植于个人心中。[①] 这三种动力,植入是最为持久的。归根结底,我们必须将诚信价值植入社会治理中,即将诚信规范内置于社会群体,实现价值认同达成价值共识,使诚信价值为社会治理提供规范和动力。

四、孔孟诚信思想在社会治理中的作用

　　我国社会现在正处于一个改革和转型的关键时期,随着改革的深化和对外开

[①] 张德胜:《儒家伦理与社会秩序》,上海人民出版社 2008 年版,第 34 页。

放程度的不断提高,中西方文化交流更加密切,中国传统文化受到外来文化冲击的力度越来越强。我们必须保持清醒的头脑,自觉增强辨别是非的能力,增强价值的自主选择权和责任意识,以保证中华优秀传统文化在世界多元文化碰撞过程中屹立不倒,永葆生机,增强民族文化的自信心和自豪感。孔孟诚信思想作为中华优秀传统文化的重要组成部分,为社会公众诚信道德建设指引方向,为社会治理提供主流价值观的引导。强化社会主体意识,构建和谐的社会伦理规范,塑造良好的社会氛围,实现社会的有效治理。

首先,孔孟诚信思想为社会治理提供价值的指引。孔孟诚信思想包含了从个人到社会的不同层面的内容,如"诚者,天之道也""人无信不立""与朋友交,言而有信"等,都是指导人行为的价值规范,自古以来都是被大众所认同的积极的价值观。社会治理强调多元主体的治理模式,价值认同是影响社会情绪的主要原因,诚信观念的价值引导是激发社会向善的助手。社会治理更强调主体的主动性和自觉性,调和社会矛盾,在社会问题初发期及时予以关注并解决,防患于未然。各主体之间的有效互动,自身的主体意识的强化,提升治理能力,创新社会治理形式,实现提高社会治理效率的目的。孔孟诚信思想培养主流价值观念,为社会互动提供道德规范,减少矛盾冲突的发生,维持社会秩序实现价值共识,增强社会凝聚力。孔孟诚信思想指引着社会治理的价值导向,为社会治理塑造良好的诚信氛围。

其次,孔孟诚信思想为社会诚信制度机制建设提供依据。美国经济伦理学家理查德·狄乔治认为,诚信归根结底还是道德诚信,即对道德原则、道德规范的诚信,而不是契约诚信、法律诚信或规则诚信。① 道德约束具有软弱性,缺少制度强制力的保障。诚信行为就是伦理行为或道德行为。诚信行为不满足于最低限度的道德;它自觉自愿意志坚决地按道德规范来行动,因为人是能够控制自己行为的。②诚信制度机制建设是社会治理的重要举措。诚信是社会主义核心价值观的核心内容之一,社会治理的发展完善了国家治理体系,实现国家治理能力现代化,这些都需要强有力的制度。孔孟诚信思想长期以来规范着人们的行为,以"礼"为根本约

---

① 杨飞龙:《儒家思想的诚信准则及其当代启示》,《中南大学学报》2015 年第 4 期。
② [美]A.麦金尔泰:《德性之后》,中国社会科学出版社 1995 年版,第 194 页。

束社会成员,构建社会伦理体系,维持社会秩序。诚信制度机制建设以传统诚信观念为依据,构建新的诚信制度机制,赋予诚信以强制约束的能力,形成以道德约束为主、制度保障为辅的诚信制约体系,使诚信在"熟人社会"转向"陌生化"社会的过程中保持生机,为社会治理提供道德依据。

再次,孔孟诚信思想有益于促进社会公平。"诚身有道,不明乎善,不诚其身矣。"(《离娄上》)要实现诚信首先要明白什么是善,不明白善的内涵就不能做到诚心诚意。善,即善良、善心、善行,与"义"社会正义相辅相成。孟子认为,要实现诚信必须怀有善意。随着市场经济的发展,社会贫富差距逐渐扩大,社会不公平加剧。来自社会的善意是社会公平的源泉,善有助于节制利的侵害,促进社会正义的实现。社会治理的目标就是有效地平衡社会利益,实现社会公平。社会矛盾是由利益分配不均造成的,多元主体的目的就是为了实现主体间相互沟通,平衡利益关系。孔孟诚信思想的价值内涵中包含了社会正义的内容,以诚信价值建构一套保障弱势群体利益的规范原则,在全社会范围内宣扬一种正义的信念,树立公平意识,弘扬社会主旋律。孔孟诚信思想对构建社会正义,促进社会公平有着重要的思想指导作用。

最后,孔孟诚信思想有利于弘扬民族文化,优化社会治理。创新社会治理理念,打破僵化的规范体系,为社会注入活力。将个人诚信和社会诚信纳入统一的诚信体系内,创新诚信观念赋予传统诚信以时代特征。传统诚信思想受时代和生活范围的限制,局限于闭关自守的小农社会。现代社会是开放的社会,随着科技的发展,信息交流愈加方便快捷,社会生活趋于一体化发展。西方文化的入侵,使传统文化受到了挑战。"治理"作为舶来品,引用到社会发展过程中,是对西方优秀文明的借鉴。但是社会治理不植根于中华文明的土壤就会导致本末倒置,从而得不偿失。孔孟诚信思想讲究和睦相处,注重营造社会主体之间的活跃氛围;讲究正义,注重促进个体和群体的相互协调,以减少社会利益矛盾纠纷;要求人与人之间真诚相待,信守承诺,充满热情和温暖。总之,孔孟诚信思想作为优秀的中华文化植根于世界民族之林,有利于提高文化自觉和文化自信,有利于促进社会治理,优化治理结构,增强治理效率。

党的十八届三中全会把"完善和发展中国特色社会主义制度,推进国家治理体系治理能力现代化"作为全面深化改革的总目标,提高社会治理能力就要勇于承担社会责任,信守社会承诺,建立和谐、友善和相互信任的道德环境。孔孟诚信思想十分重视政治道德的规范指导作用,视信任为调节君臣、君民关系的基本准则,对于现代社会培育诚信意识,提高治理水平,培育和践行社会主义核心价值观来说,是重要的文化资源。因此,要重视孔孟诚信思想在治国理政中的道德指引作用。

孔孟诚信思想是中华民族宝贵的精神财富,但这一精神财富还无法满足现代中国社会诚信价值体系建设和治国理政的需要。为适应现代化的发展需要,我们必须构建完善的诚信体制机制,建立以个人诚信为基础的综合的社会信用机制,使诚信成为社会普遍性的道德存在;必须大力倡导道德诚信,弥补法律对社会契约保护的漏洞,完善社会诚信体系,保障个人正当利益不受侵害,社会组织要履行诚信思想,不违背承诺,加强社会组织的诚信建设,特别是要克服孔孟诚信思想的软弱性,即完全依靠个人修养和崇高的社会理想难以构建诚信价值体系,而是要树立等价的诚信精神,把法律诚信和道德诚信结合起来,构筑强有力的诚信价值体系。

孔孟"诚信"观念是中国传统道德文化的重要组成部分,其理论形态是相当发达、成熟和完善的。但是诚信思想要随着时代的变化而不断创新才会有强大的生命力,特别是在社会转型期,多元社会治理主体共同参与社会治理,更需要科学的诚信理念维系社会关系。为适应时代需求,我们要从理论层面和操作层面对孔孟诚信思想进行全方位的批判性考察,发挥其对当代中国社会治理的积极价值,使社会治理全面地植根于中国传统文化土壤,获得全社会能够普遍接受的形式。

The Role of Confucius and Mencius' Thought of Integrity in Social Governance

LUO Yaqiong

(School of Public Administration, Zhengzhou University, Zhengzhou, Henan, 450001)

Abstract: Integrity is the traditional virtue in Chinese nation and the core idea of Chinese excellent traditional culture. It has been inheriting and developing in the Chinese civilization as a basic moral requirement. Confucius and Mencius' thought of integrity is the moral norm of individual living in peace, contacting friends and statesmen's governance, which has played a positive role in the national stability and social harmony. Confucius and Mencius' thought of integrity is an indispensable excellent resource to transform the mode of social governance and construct socialist values of integrity. Inheriting traditional Chinese culture, referring to integrity of Confucius and Mencius and giving full play to its role in social governance will help build socialist moral system in the new period and maintain social stability.

Key words: Confucius; Mencius; integrity; social governance

乐教研究

荀子论"乐"及其美育意义

卢 焱 刘 衡

(郑州大学 文学院,河南 郑州 450001)

摘 要:荀子是孔子、孟子之后儒家的代表人物,是先秦儒家思想的集大成者。荀子从音乐产生的必要性出发提出音乐的"乐情"特质,从音乐的构成原则出发提出了音乐的"中和"审美特征,从礼乐关系中看到了美善相乐的审美理想,为后世提供了比较丰富的音乐审美思想及乐教美育资源。荀子的乐教美育思想强调音乐的"乐情"性,认为音乐美育是在情感的愉悦中进行的审美和道德教育,把"育人"的个体性意义、"移风易俗"的社会价值与对音乐的审美结合起来以达到乐教的美育目的,具有一定的普世价值和借鉴意义,为我国新时期以来推行的审美教育、道德教育和和谐社会建设提供了可资参考的理论资源和思路。

关键词:荀子;音乐审美;乐教;美育

自圣王作乐以来,先秦儒家承其"乐教"传统,播泽后世。《尚书·尧典》记载帝尧命夔典乐教胄子,以养其正直温和、宽容谨慎、刚正不暴虐、简约不傲慢之性,并提出"八音克谐,无相夺伦,神人以和"的乐教思想。周代设立大司乐之官以乐德、乐语、乐舞教国子。《国语》载楚申叔教太子:"教之《诗》,而为之导广显德,以耀明其志;教之礼,使知上下之则;教之乐,以疏其秽而镇其浮。"至于孔子,更是立足于仁论乐,在对音乐的审美欣赏中达到尽善尽美的境界,而孟子从性本善的人性论基础出发建构了"与民同乐"的乐教思想体系。继孔孟之后儒家的代表人物之一荀子继承和发展了儒家乐教的传统:他一方面继承、倡导孔子的礼乐思想;另一方面站

作者简介:卢焱(1964—),男,河南郸城人,郑州大学文学院教授,主要从事审美教育学研究;刘衡(1991—),男,河南上蔡人,郑州大学文学院美学专业硕士研究生,主要从事影视艺术美学研究。

在批判墨子"蔽于用而不知文"(《荀子·解蔽》,本文以下引《荀子》,只注篇名)的"非乐"立场上反对墨子,从统治者"厚作敛于百姓,暴夺民衣食之财"(《墨子·节用下》)的角度出发否定艺术活动和审美活动,立足于"性恶"的人性根源及"明分使群"的社会现实需要,对"乐"展开了全面、深刻的论述,构建其完整的"乐教"思想体系,并认为必须从道德和审美两方面着手建设,才能建成一个尽善尽美、美善相乐的社会。

一、从音乐产生的必要性论音乐的"乐情"特质

"性恶"思想是荀子哲学运思的起点。荀子在论述音乐产生的必要性时认为,人天生具有好利、喜恶和耳目之欲,如果人顺着生而就具备的天性,就会导致争夺生而亡辞让、残贼生而亡忠信、淫乱生而亡礼义文理,产生社会动乱。因此,势必要通过"化性起伪"对人的本性进行约束来避免这种情况的发生,以达到"故必将有师法之化,礼义之道,然后出于辞让,合于文理,而归于治"(《性恶》)的效果。荀子通过性伪之分,从性恶推出人需要后天之"伪"而达到善,先天之性需通过礼乐之治,这就突出了音乐作为后天之"伪"的必要性,故荀子认为"先王恶其乱也,故制雅颂之声以道之"。(《乐论》)

荀子在《乐论》中论及音乐产生的必要性时认为音乐起源于人类的情感需求,与人类的情感有关,并以乐释乐,突出了音乐的"乐情"特质:

夫乐者,乐也,人情之所必不免也。故人不能无乐,乐则必发于声音,
形于动静;而人之道,声音动静,性术之变尽是矣。

穷本极变,乐之情也。

音乐所要表现的就是人性中快乐的情感。人快乐时吟咏哼唱的声音,表现在动作上就是手舞足蹈,而体现人性情的动作和声音就全部包含在音乐之中。因此,音乐的存在是人们情感的需求,乐以符合礼义规范的表达内容来激发人的情感,才不致发生混乱。荀子把情和性联系起来论人们快乐的情感,且荀子早在《正名》篇中就已对人类情感的性质及与本性和欲望的关系展开了论述:

性之好、恶、喜、怒、哀、乐谓之情。

性者,天之就也;情者,性之质也;欲者,情之应也。

荀子认为情来自性,这与先秦儒家"情自性出"的观点是一脉相承的。情就是认识本性中的好、恶、喜、怒、哀、乐之属的情感。荀子进而对"性""情""欲"三个概念做了区分:"性"就是人的本性,人一生下来就如此,没有经过后天人为,即人之本性的自然性;"情"是性的实质表现,人的本性中具有好、恶、喜、怒、哀、乐的情感;"欲"则是内心情感对外界事物的反应,人的欲望可以实现,这是人的情感产生的原因。性、情、欲都是人的本性的流露,故需要礼乐养情性。乐的目的就是为了触动人心,使人的心性向善。

然而,并不是所有的乐曲对人类的情感都有好的影响,不同的音乐对人类的情感影响并不相同。荀子《乐论》中对乐进行了区分,有雅颂之乐和以邪音淫声为代表的俗乐,对人的情感作用也不同:

> 故听其雅颂之声,而志意得广焉;执其干戚,习其俯仰屈伸,而容貌得庄焉;行其缀兆,要其节奏,而行列得正焉,进退得齐焉。
>
> 乐姚冶以险,则民流僈鄙贱矣;流僈则乱,鄙贱则争。
>
> 故齐衰之服,哭泣之声,使人之心悲。带甲婴胄,歌于行伍,使人之心伤;姚冶之容,郑卫之音,使人之心淫;绅端章甫,舞韶歌武,使人之心庄。

在欣赏雅颂之乐时,其美妙的乐声使人心胸开阔,执干戚而舞的过程中人就会变得端庄,随着音乐的节奏进退行走就能够整齐有致;如果欣赏妖冶的音乐,民众就会变得心性摇荡而现鄙贱之色,这样就会导致混乱。以郑卫之声为代表的邪音淫声,是靡靡之音,会让人的心性放荡,欲望滋生,导致社会争乱。再则,欣赏音乐对人的情感影响也有区别:穿着丧服哭泣会使人感到悲伤,行伍之中披甲戴盔而歌会使士气振奋,妖冶的容貌和清丽的音乐会使人心性放荡,欣赏《韶》《武》之乐会使人心变得庄重。君子作为理想人格的代表,有三件事必须慎重,"故君子耳不听淫声,目不视邪色,口不出恶言"。(《乐论》)如果欲望滋生不加限制,人心混乱而争斗四起,则有违圣王贤君治国之道。因此,需要有音乐引导人们的情感,要以道制欲,"故乐者,所以道乐也"。(《乐论》)荀子所提倡的"道"是人文化成之道,是后天之"伪"之道,是人之道。由于人们禀性所赋的情感有好、恶、喜、怒、哀、乐,音乐所要表现的就是快乐的情感,音乐本身就是要达到对人类情感的引导,故道德贤明的君子听正声,以道克制欲望而得快乐,小人则因为欲望的满足而快乐。

二、从音乐的构成原则看音乐的中和之美

"中和"是中国哲学史、美学史上的一个重要范畴。荀子继承了自孔孟以来的"中和"传统,提出了音乐的"中和之美",进一步发展了儒家的"中和"观念。《荀子》一书,多次提到音乐的调和作用:

诗言是,其志也;书言是,其事也;礼言是,其行也;乐言是,其和也;春秋言是,其微也。(《儒效》)

恭敬,礼也;调和,乐也;谨慎,利也;斗怒,害也。(《臣道》)

礼之敬文也,乐之中和也,诗书之博也,春秋之微也,在天地之间者毕矣。(《劝学》)

故乐者,天下之大齐也,中和之纪,人情之所必不免也。(《乐论》)

在荀子看来,"中和"就是音乐的审美特征。荀子提出"审一以定和者也,比物以饰节者也,合奏以成文者也"(《乐论》)的音乐构成原则,进一步对墨子"非乐"进行驳斥以说明先王立乐之方。郑玄在《礼记正义》中做出了这样的解释:"审一,审其人声也。比物,谓杂金、革、土、匏之属也。以成文,五声八音,克谐相应和。"[①]也就是说,审一是确定一个声音作为中声,配合金、革、土、匏之类乐器的节奏,共同演奏形成完整乐章。清人孙希旦在《礼记集解》中则认为宫、商、角、徵、羽五声皆为中声,宫声又为中声之始,故认为"则审中声以定和者,以审乎宫声而已。此所以谓之一也。比,合也。审一以定和,而一直上下相生以为五声,而又比合于乐器以饰其节奏也"。[②] 荀子认为"一"是乐之"和"的根本。"中和"的目的是以确定一个中声为基础调和各声及乐器节奏,要以"一"为基础去达到高度的统一,达到和合万物的境界。只有遵照"审一以定和"创作出来的音乐,才能调和个人的性情,才能使人在恰当的限度范围内满足欲望和情感,使得人的情感和社会关系达到和谐。

荀子赋予"中"以特定的内容——礼义之道。"中"的表现就是礼义:"先王之道,仁之隆也,比中而行之。曷谓中?曰:礼义是也。"(《儒效》)这就确定了音乐的

---

① 《礼记正义》,郑玄注,孔颖达疏,北京大学出版社 2000 年版,第 1334 页。
② [清]孙希旦:《礼记集解》,沈啸寰、王星贤点校,中华书局 1989 年版,第 1033 页。

形式和内容要以符合礼义为标准,才能达到君臣之间和敬、父子兄弟之间有亲情、同乡之间和顺。欣赏优美的音乐会对人产生有益的影响,欣赏邪淫之乐则对人产生坏的影响。先王作乐时,只选取那种中平肃庄的音乐,因为这些音乐都是符合"中"原则的"礼乐";而对那些"姚冶以险"的"邪音"则予以坚决地禁止,使之不能流行于天下。同样,荀子认为乐的最大作用就是"和",从音乐本身来说,声音、韵律、节奏、乐舞的相互协调从而产生优美的乐章就是一种"和",扩展到人自身、社会及天地宇宙之大和,这是建立于"异"之上的和,赋予杂多以一种和谐的形式和情感。在欣赏音乐时,感受到音乐的韵律节奏与人的社会关系及行为有着一致性,强调乐的调和作用与使之与礼的规范性互补。

荀子论中和,强调的是以作为等级规范制度的礼义之道为"中"的基础,是对音乐表达内容的规范,蕴含着向善的道德伦理目的。"和"的原则凸显的不仅是音乐的构成原则、形式,更重要的是推及人们的情感及社会之治。儒家一直都重人心社会之治,从个人到社会、从情感到伦理,凸显的也是从对音乐的情感性到对音乐的社会功用的重视。如果只强调礼的秩序性,则会太刚,太刚则易折,过犹不及。"和"的出现弥补了礼的不足,通过调和人心与社会关系,从而实现儒家理想中的王道之治。荀子一方面继承了前人论"中""和"的理论成果,一方面在论述音乐之美中发展了"中和"的观念,把礼义作为对音乐内容的评判标准与音乐的调和作用结合起来达到礼之社会价值与乐之审美价值的统一,形成了对音乐的审美评判标准——中和之美。

三、从礼乐关系看荀子美善相乐的审美理想

礼乐出现于上古时代,学界通常认为礼最初源于巫术祭祀,一般伴随着娱神的乐舞,礼乐不分。随着周代礼乐文化的进一步成熟,周公制礼作乐,重视礼乐的政治、道德教化方面的内容,使得礼乐从上古时代巫术祭祀的状态中脱离出来。孔子立足于仁本体论礼乐,礼乐是仁之用,提倡礼乐并济。荀子继孔子之后非十二子,倡礼法,重视礼乐,提倡构建一个美善相乐的社会。那么,礼乐各自承担着什么样的功能?它们之间是一种怎样的关系呢?这需要从荀子对"礼""礼乐"的论述中进行考察。

首先，荀子对礼的起源和作用进行了考察。荀子认为礼起源于人性的欲望不能满足可能会导致的争乱，为了避免争乱的局面出现，同时又不伤人之性，故而必须有一个伦理道德规范来规范人之心与人之行为，而这个伦理道德规范就是礼。荀子提出的"礼"有两层作用：一是"养"，一是"别"。"养"就是"以养人之欲，给人之求"（《乐论》），具体说来就是，人有吃的欲望，就要用肉类谷物调和五味满足口的欲望；人有嗅的欲望，就要用芳香气味的椒兰芷草达到养鼻的目的；人有听的欲望，就要用钟、鼓、管、磬、琴、瑟、竽、笙之类的乐器满足人们听取美妙音乐的需求；人有观的欲望，就要用图案和花纹满足眼睛的欲望；人有居住的欲望，就要建筑广大的房屋，并且室内器具齐全，满足身体居住的要求。总之，人本性中有很多欲望，礼的第一层次的作用——养，养是为了满足人们欲望方面的需求，而不伤害人的本性。如果人人都为了满足欲望，就可能导致社会混乱，所以就显示出了礼的第二层次的作用——别。别就是贵贱、长幼、贫富各得所宜，也就是说，要建立一整套的等级秩序规范来处理社会上的各种关系，各得其所，促进社会有序运行。因此，天子乘坐大辂，上面的席子、花草、带有花纹图案的横木及铃铛的响声，都是为了达到养的目的，这不仅突出了以养为礼的一面，也突出了等级秩序各得所宜的"别"之规范。

荀子重视礼乐。对于礼乐的作用，他认为："且乐也者，和之不可变者也；礼也者，理之不可易者也。乐合同，礼别异，礼乐之统，管乎人心矣。"（《乐论》）从中可以看出，礼乐的共同作用就是管治人心，而礼、乐的作用又有差异性——"乐合同，礼别异"。从礼乐管治人心的作用来说，荀子认为人心统摄全身，支配着人的行动。"心者，形之君也，而神明之主也，出令而无所受令。自禁也，自便也，自夺也，自取也，自行也，自止也。"（《解蔽》）荀子所论之心自己发出指令而不受指令，自我选择，具有自由意志。对此，有学者认为："荀子之心至少指称三种心灵官能，即理智、欲望和意志。"[①]人心中既有自由选择的意志，又充满了欲望和理智，为了达到心为形神之主的作用需发挥心的功能，要以诚养心，心诚需要做到心存仁德和行义才能达到至善的境界。礼乐管护人心，使人各得其宜，从而达到大治。荀子又从礼与乐

---

① 沈顺福：《荀子之"心"与自由意志——荀子心灵哲学研究》，《社会科学》2014年第3期。

的关系和不同功能出发论述了礼乐的作用——"礼别异,乐合同"。"礼"的作用是等级差别和规范秩序,"乐"的作用是感化人心,和而不同。礼乐所关涉的都是对人心的引导和管理。可见,圣人贤王制"礼"作"乐"的目的就是发人善心,绝恶乱,导民以正。礼表现的是儒家观念中具有强制性的等级差异和行为规范,"乐"则承担使人内心平和、养性怡情的功能,礼乐互补从而达到社会和谐。

儒家重视美善统一,对此,李泽厚认为:"通观整个中国美学史,美善统一始终是个根本性问题,只不过在不同历史条件下和不同的美学思潮中,对于善的实质、内容的理解,以及美善如何获得统一的看法有所不同。"[①]孔子论《韶》乐,实现了伦理与审美的统一,达到了尽善尽美的境界,而《武》乐尽管让人感觉到美,但是还没达到至善的境界。宗白华认为孔子论礼奠定了人们日常生活中礼的基础,"礼之本在仁,在于音乐精神。理想的人格,应该是一个'音乐的灵魂'"[②]。而孟子在论述美善关系时,把美放在了比善更高的层次上,认为美显示出了包含着善、信的品质。荀子论美善,从礼乐的功能入手,提倡礼乐相济,作为外在规范的礼与作为内在审美的乐共同构筑了后天之"伪"的理论品质,实现了礼的制度性与人的情感性、道德与审美的统一,达到身与心、个体与社会的和谐统一,进而达到美善相乐的审美境界。

四、"乐"之美育意义

荀子认为"乐"有三种功能:情感陶冶功能、道德培养功能和社会教化功能。"乐"的三种功能具有丰富的美育价值。音乐的情感陶冶功能的表现就是乐情,具有陶冶人的性情,塑造完美人格的美育意义;音乐的道德培养功能的表现是"育人",具有提高人的道德情操和境界的审美价值;音乐的社会教化功能的表现是"化人"与"移风易俗",从而促进社会和谐,达到美善相乐的境界。

首先,音乐具有情感陶冶的功能:"乐情",以陶冶人的性情,塑造健全人格。荀子从对音乐的产生及必要性的探讨中,看到了音乐的情感性本质。人不能没有音

---

① 李泽厚、刘纲纪:《中国美学史》(第一卷),中国社会科学出版社1984年版,第23页。
② 宗白华:《美学与意境》,人民出版社1987年版,第289页。

乐,因为它是人情感的表现,是人宣泄情感所必不可少的方式;在音乐情感的陶冶之下,人才能得到审美的满足。由于音乐是人的自然的情感诉求,并且有感化人心的作用,所以就需要"道"的引导,需要节制。只有优美雅正的音乐才具有陶冶性情的功能。我国著名漫画家、教育家丰子恺先生认为音乐对人的作用是潜移默化的,是心灵的事业,因此"高尚的音乐能把人心潜移默化,养成健全的人格;反之,不良的音乐也会把人心潜移默化,使他不知不觉地堕落。所以我们必须慎选良好的音乐"①。音乐教育作为艺术教育的一种,在音乐欣赏中传达给人的是情感的愉悦和精神上的自由,是美育实践的一个基本路径。由此可见,荀子对音乐的情感性本质的论述具有丰富的美育意义:一方面,音乐能够引导人的情感,陶冶人的性情,净化人的心灵;另一方面,音乐使得人们从礼法的强制性中超脱出来获得精神上的自由。杨国荣在论及荀子中和音乐对人心的陶冶作用时说:"相对于其他艺术形式(例如造型艺术),音乐更能展示主体的心路历程,并更容易激起心灵的震荡和共鸣,而在内心的深沉感染中,主体的精神便可以得到一种洗礼和净化。"②人们欣赏音乐时,自身情感处于一种审美愉悦的自由境地,在美善合一的境界中忘却了俗世利害与羁绊,能使人暂时从充满功利和欲望的心灵世界中解放出来,进而反观自身的现实处境,塑造自己高尚美好的人格。

其次,音乐具有道德培养的功能:"育人",具有提高人的道德情操和境界的审美价值。荀子认为由于人性本恶,如果任由快乐的情感放纵,而不加以引导和节制,便会引起社会混乱。因此,圣人贤王制作雅颂之乐,来引导感化人。"乐"之所以能发挥如此功用,其原因是音乐的形式和内容对人的品德情操和性情的教化作用是深刻和迅速的。君子"乐得其道",乐意接受音乐所传达的高尚道德情操和中正平和的愉悦情感,"耳不听淫声,目不视女色,口不出恶言"(《乐论》),而小人则"乐得其欲",高兴的是自己欲望情感的满足。荀子认为"金石丝竹,所以道德也"(《乐论》),而这一层的"乐"更是突出了音乐的道德培养功能,即音乐对人的道德情操的提高具有重要的意义。《礼记·乐记》中提出:"德者,性之端也;乐者,德之

---

① 丰子恺:《丰子恺音乐夜谭》,上海人民美术出版社 2004 年版,第 155 页。
② 杨国荣:《超越本然的自我——从儒学的演变看荀子的人格学说》,《思想战线》1993 年第 1 期。

化也;金石丝竹,乐之器也。"道德是人性的开始,音乐是德教的一种具体艺术形式,而金石丝竹之类的乐器也就具有了道德教化的属性。孔子论《韶》乐,尽美尽善,而《武》乐为尽善,认为善是根本,是美的底色,从而提倡尽善尽美。孟子认为独乐乐不如众乐乐,提倡与民同乐。儒家提倡修身,修身的要求之一就是提高自己的道德素养,而音乐美育是提高人们道德水平的途径之一。音乐美育通过运用音乐这一艺术形式,把音乐的道德属性内涵与人们对音乐的审美活动结合起来,寓教于乐,使人们在欣赏音乐的审美活动中感受到普遍性意义的道德理性,使人们在音乐这一艺术形式的审美力量陶冶下,潜移默化地提高个人的道德情操和境界。

最后,音乐具有社会教化的功能:"化人"与"移风易俗",促进社会和谐。音乐对人的情感影响是很深远的,对人的感化也是很迅速的。严肃庄重的雅乐会让百姓和睦不混乱不放纵,百姓就会安居乐业;淫声、邪音则会导致民众放纵奸邪。因此先王禁淫声,就是看到了音乐蕴含的道德属性的化人作用。荀子进一步指出:"乐者,圣人之所乐也,而可以善民心,其感人深,其移风易俗,故先王导之以礼乐而民和睦。"(《乐论》)认为音乐的内容必须符合礼义规范,只有符合"仁义之道"的雅乐,才能移风易俗。人们喜悦的心情需要调节和引导,在中正平和肃庄之乐的影响下,民众会心境平和而不混乱,从而达到身与心、个体与社会、人与自然的统一,以达到移风易俗。先王制礼作乐的目的就是社会教化,音乐的社会教化作用实现的两个途径:道德和政治。一方面,乐通伦理,"乐者,通伦理者也。是故知声而不知音者,禽兽是也;知音而不知乐者,众庶是也。唯君子为能知乐"[1]。乐所传达的是符合道德伦理规范的内容,只能辨别声音的是禽兽,通晓音律而不懂音乐的人是庶人,只有道德人格高尚的君子才懂得欣赏音乐。另一方面,乐与政通,《礼记·乐记》中认为:"声音之道,与政通。"宫商角徵羽五声与君臣民事物相对应,"是故审声以知音,审音以知乐,审乐以知政,而治道备矣"[2],从声音到音乐再到政治都是相通的,五声相和以成音乐,五声不乱,则国家不乱,政治清明。音乐所传达的雅正的情感和具有普遍意义的道德理性会感化人心,使民心向善,移风易俗,莫善于音乐。

---

[1] [清]孙希旦:《礼记集解》,沈啸寰、王星贤点校,中华书局1989年版,第982页。
[2] [清]孙希旦:《礼记集解》,沈啸寰、王星贤点校,中华书局1989年版,第982页。

荀子的音乐美育思想强调的是音乐的社会教化功能，礼乐互补，达到审美和道德的统一，从而促进社会的和谐，达到美善相乐的审美境界。

结　语

荀子对音乐的"乐情"特质的探讨以及音乐的中和审美特征、礼乐关系与美善相乐的审美理想及音乐功能的论述，为我们提供了比较丰富的音乐审美思想及乐教美育资源，对此，曾繁仁认为："荀子的礼乐论所体现出的道德意义与理性精神，对利于教化的社会功能和心理宣泄作用的充分肯定，对中华民族审美教育和艺术教育传统的形成发展，在思想理论上发生了重大影响。"[1]当然，由于时代、思想境界等方面的原因，荀子的音乐审美思想也存在一定的不足，比如把艺术作为实现社会稳定的工具，认为美育是政治和道德教育的一部分等，都带有狭隘的功利主义倾向。但是，荀子的乐教美育思想对音乐的"乐情"性的强调，认为音乐美育是在情感的愉悦中进行的审美和道德教育、把"育人"的个体性意义以及"移风易俗"的社会价值与对音乐的审美结合起来以达到乐教的美育目的等认识和论述，为我国当前推行的审美教育、道德教育及和谐社会建设等提供了一种可参考的理论资源和具体思路，具有一定的现实意义，对后世也将产生重要的影响。

Xunzi's Music Theory and Its Aesthetic Significance

LU Yan, LIU Heng

(School of Literature, Zhengzhou University, Zhengzhou, Henan, 450001)

Abstract: Xunzi, a representative of Confucianism after Confucius and Mencius, was a master of Pre-Qin Confucianism. He pointed out the musical trait of "Emotion pleasure" from the necessity of music, the Aesthetic characteristic of

---

[1]　曾繁仁：《现代美育理论》，河南人民出版社 2006 年版，第 236 页。

"Neutralization" from the constitutive principles of music and the aesthetic ideal of "Harmony of beauty and goodness" from the relation between rituals and music, which offered abundant musical aesthetics and aesthetic education resources for offspring. Xunz's aesthetics of music education emphasized the "emotion pleasure" of music, viewing musical aesthetic education as that of aesthetic and morals in a feeling of pleasure. To achieve aesthetic education of music by combining individual meaning of educating, social values of transforming outmoded customs and traditions with music aesthetics has universal value and significance and has provided theoretical resources and ideas for the aesthetic education, moral education and the construction of harmonious society since our country's new period.

Key words: Xun zi; music aesthetics; music education; aesthetic education

周易研究

邵雍《伏羲易》方图的生成及其极数

鲁庆中

(郑州航空工业管理学院 人文社会科学学院,河南 郑州 456000)

摘 要:本文揭示出了先天六十四卦方图的新的生成方法。从所展示的诸种生成思路的比较可以看出,这种"一分为二"直接生成六十四卦方图的思路是最为符合邵氏易理的。而且,我们进一步以数学上排列组合的方法穷究了六十四卦方图可能存在的最大数量,进而又按照阴阳相生的易学原理从中找出了最具价值的两种生成思路,从而从另一角度合理地证明了"神农易"与《伏羲易》相辅相成的孪生性与共生性,为易学的研究提供了新的资料,为人们研究六十四卦方图打开了更为宽广的思路。

关键词:邵雍;《伏羲易》;先天六十四卦方图

一、伏羲六十四卦方图的研究状况

虽然伏羲先天易四图(即伏羲八卦次序图、伏羲八卦方位图、伏羲六十四卦次序图与伏羲六十四卦方位图)首见于朱熹《周易本义》卷首,而不见于邵氏之《皇极经世书》,但由于朱熹明言"伏羲四图,其说皆出邵氏"(《宋·朱熹:《周易本义·周易本义图目》)和《皇极经世书》中多有"先天图,环中也""先天学,心法也,故图皆自中起,万化万事生乎心也"(宋·邵雍:《皇极经世观·物外篇》)之类的记述,毋庸置疑,伏羲先天易图就是邵雍的易图。邵氏以此四图立其易学之主体架构,流播后世,研究者甚众,蔚然自成易学一脉。其中,多为人们看重的是其六十四卦方位

作者简介:鲁庆中(1966—),男,河南郸城人,郑州航空工业管理学院人文社会科学学院教授,文艺学博士,主要从事文艺美学研究。

图的大圆图,该图是仿效汉人卦气之说而创制的法则天时推衍天地自然、社会历史运化之数的。然而,其"方者"即法则"地之仪也"(宋·张行成:《易通变·卷一》)的方图却没有大圆图那样的幸运,它并没有受到人们的重视。邵雍自己说该图是用来解释《周易·说卦传》中"天地定位"一节的,他说:"天地定位,否泰反类。山泽通气,损咸见义。雷风相薄,恒益起意。水火相射,既济未济。四象相交,成十六事。八卦相荡,为六十四。"(宋·邵雍:《伊川击壤集·大易吟》)用朱熹的话说,即是:"方图中两交股底,且如西北角乾,东南角坤,是'天地定位',便对东北角泰,西南角否。次乾是兑,次坤是艮,便对次否之咸,次泰之损。后四卦亦如是,共十六卦。"(宋·朱熹《语类·卷六十五》)即是说在方图中从西北角至东南角,依次是乾、兑、离、震、巽、坎、艮、坤,其中,两两相对,正好图示了"天地定位"一节。在古代,方图往往亦被占卜者用作按图上卦所处之位以拟比实际地理之位来确定地利与否的占卜工具。随着近代西方科学观念的传入,人们亦逐渐开始从科学观念的角度来研究先天易方图的方阵。陈梦雷即首先开辟了以对称排列法研究易图的先河(清·陈梦雷:《周易浅述·卷八》),其中,以对称排列法对方图内、外图的分析更为突出,从而亦凸显了先天六十四卦方图在伏羲易图中所具有的特殊意义。薛学潜在其大著《超相对论》中,从数学上矩阵的角度详细地研究了六十四卦的错综对称性,从而将方图与超相对论联系了起来。① 更具奇思妙想的是德国学者申伯格(M. Schonberger),他出人意料地发现了《易经》六十四卦与生物遗传密码"词"之间有巧妙一致的对应性,继而认为《易经》六十四卦中潜藏着生命的秘密信息。在其著作《生命的秘密钥匙:宇宙公式〈易经〉与遗传密码》中,他首次用伏羲先天易方图中的六十四卦序与六十四个生物遗传密码"词"对应起来,以六十四卦方图的排列形式排出了一个《易经》遗传密码表。他的观点激发了许多人的灵感,如秦新华、萧景霖、徐宏达、顾明、潘雨廷、王贡胜等亦都如法炮制地造出了自己的遗传密码六十四卦图表。我们且不说这些研究究竟对现代科学的进展有多少实际的作用,毫无疑问,这种易理向科学思想中的延伸却极大地推动了易学理论的发展,激发出了古老易学在新时代的生机。当然,我们也不能就此断言《易经》的研究对科学的进步

---

① 参阅董光璧:《易学与科技》,沈阳出版社1997年版,第102页。

绝无帮助，也许随着易学研究的深入，科学研究也会真的从中受到有益的启发而被巨大的推动。因此，对《伏羲易》先天六十四卦方图的研究自然有其重要的意义。

二、邵氏《伏羲易》六十四卦方图已有的生成法

先天易六十四卦方图是邵雍易学的重要内容，许多人对先天六十四卦方图亦进行过方方面面的探讨，但是对于先天易六十四卦方图的生成思路，研究者却多满足于现成的路子而没有过多的关注。据笔者所见，大体上《伏羲易》六十四卦方图通行的生成法共有三种。

第一种，即是存在于邵子《皇极经世书》中的如程颢所说的"加一倍法"，邵雍在其书中说：

> 太极既分，两仪立矣。阳上交于阴，阴下交于阳，四象生矣。阳交于阴，阴六月交于阳，而生天之四象；刚交于柔，柔交刚而生地之四象，于是八卦成矣。八卦相错，然后万物生焉。是故一分为二，二分为四，四分为八，八分为十六，十六分为三十二，三十二分为六十四。故曰分阴分阳，迭用柔刚，故易六位而成章也。（《皇极经世·观物外篇上·先天象数第二》）

在邵雍对《易传》太极分两仪、两仪分四象、四象再分八卦这一章节的发挥中，实际上已包含了所有其他易图的画法，这并不单单是伏羲六十四卦方图的生成方法，而且用这种方法来说明伏羲八卦次序图及伏羲六十四卦次序图是最为合适的。如朱熹即是这样认为的，他说："若要见到圣人作《易》要原直截分明，不如且看卷首横图（按：即伏羲八卦次序图），自始初只有两画时，渐次看起，以至生满六画之后，其先后多寡，既有次第，而位置分明，不费辞说。"（宋·朱熹:《答袁机仲书》）所以，邵雍的那段话只是用宇宙衍化数来说明卦的生成思路的，然而如何按照这些数而具体地画出六十四卦方图，邵氏却没有直接说明。因此，严格来说，邵雍并没有留下准确明白的伏羲六十四卦方图的生成方法。实际上，邵氏的这种"一分为二"法只是个总的原则，离伏羲易六十四卦方图的生成还是缺乏许多必要的中介的。笔者猜测，邵雍可能是知道怎样简易地按照"一分为二"法生成其各个易图的，只是他把这个秘密故意地掩藏起来了，正像当年他向李挺之学易之时，李挺之亦对他遮遮

掩掩其秘密一样,古人往往有神乎其技、秘不示人的毛病。

第二种画法即是重卦法。这种画法与朱熹所说的"一分为二"法不同,它是按照重卦的方式来完成的伏羲六十四卦方图。具体做法即是:将一正方形分成八列十六行,由下行往上,分别将一、三、五、七、九、十一、十三、十五行对应填上乾、兑、离、震、巽、坎、艮、坤,如此,则由下而始,第一行皆为乾,第二行皆为兑,第三行皆为离……第十五行皆为坤,每行皆八;然后再将二、四、六、八、十、十二、十四、十六每一行由右至左分别给已填好的重复的每行卦配上乾、兑、离、震、巽、坎、艮、坤,如最下两行相重即可以形成为泰、畜、需、小畜、大壮、大有、夬、乾八别卦。余下者可以此类推。这即是按重卦法而排出的伏羲六十四卦方图。邵雍、朱熹(按:只见过朱熹用重卦法排列过圆图,未见他用此法排列过方图)没见有传下如此的生成方法,是朱熹的弟子蔡元定首先用此法绘制了该图。今人南怀瑾先生亦持此说,南先生似乎觉得用重卦法而成方图是他自己聪明的发现。① 事实上,这种方法确是较为方便的,使复杂的易图变得简单明了。但是,它不一定是该图正确的生成方法,因为它违背了邵氏图法"一分为二"的成卦原则。按邵氏之说卦由数成,不应该是由重卦而得的,因此,这种方法虽然简便,然似非邵氏作易本法。

现在流传下来的还有一种方法,即是等截叠累法。这是一种通行的,亦为大多数人所了解的一种方法。就笔者所见,较早地注意此法的是清末民初的易学家杭辛斋,他在《先后天八卦平议》中对之有详细的说明,他说:

> 所谓一生二,二生四,四生十六,十六生三十二,三十二生六十四,"加一倍"法之先天大横图以成,又即横图对剖,规而圆之,为先天大圆图;又即八重卦依次叠之,成为方图。②

显然,杭氏是说方图、圆图皆从六十四卦次序图而来。李申先生也是这样认为的,他说:"把大横图(即伏羲六十四卦次序图)从乾到坤分为八节,叠加起来,就成了一个先天方图。"③这是说方图是从大横图的先等分八份,然后再依次将八份叠加起来

---

① 参见南怀瑾:《〈易经〉杂说》,复旦大学出版社1997年版,第44—46页;或南怀瑾《科学的排列》,载其著《〈易经〉系传别讲》,复旦大学出版社1997年版,第244—252页。
② 杭辛斋:《学易笔谈·读易杂识》,辽宁教育出版社1997年版,第154页。
③ 朱伯崑:《易学》,九州出版社2002年版,第273页。

生成的。而现代著名易学家朱伯崑先生的说法略有不同,他说:"邵雍论伏羲六十四卦方位图,除圆图之外,还提出方图。将大圆图中的六十四卦,从乾开始,分割为八个段落,按八个层次,从下向上排列,即是方图的结构。"①他的意思说方图是从大圆图的打截叠加而来。朱先生的学生张其成先生也从方图、圆图的关系中看出了门道,他说:"此方图与大圆图及六十四卦次序图是相通的。方图从乾开始依自下而上的排列层次相连接成圆形即这大圆图,排成一字形,即为大横图。将圆图或横图分为八段,自下而上叠成八横行,即为大方图。"②董光璧先生与张先生的看法亦很近似,他说:"实际上,对同序的六十四卦符号系统,方、圆排列是可以转换的。圆排列以序首尾衔接,方排列不过是自上而下分八行排布,形式不同而序可同。"③这里说的虽然是方图、圆图之间可以转换,而且说明了方图、圆图虽然表现形式不一样,而其内在的秩序是没有变化的,但是无意间还道出了方图是从圆图打截而来的思想。据笔者揣测,朱熹可能亦是这样认为的,因为他在对其《周易本义》卷首的《伏羲六十四卦方位》所做的解释中有这样一句话,他说:"方布者,乾始于西北,坤尽于东南。其阳在北,其阴在南。"这似乎是说整个方图是从西北乾开始,而结束于东南之坤,即是说方图卦序的连续排列与大横图卦序实际上是一致的,这里是不是暗含着方图就是大横图打截叠加而成的呢?

综上所述,这些说法虽稍有差异,但基本上还没有太大的变化,都主张方图是大横图或大圆图打截叠加而来的。这种先等量剖截再依次重叠的方法确是简便易行,方便之至,但是,这种成图的方法亦是有违邵氏"一分为二"的易理的。再进一步地想一想,这么构成的伏羲六十四卦方图,为什么就是合理的呢?邵氏为什么就这样毫无道理地打截叠加去造六十四卦方图呢?难道六十四卦次序图是可以随意打截、随意排列的吗?这样制作方图的方法是不是太随意太任性了呢?好像其制作太缺乏合理性了。所以,我个人以为,这种构图的方法虽然简便,但很是值得怀疑。这种毫无道理的制作肯定不符合邵氏构作六十四卦方图的原意的。

据笔者揣测,邵氏的易图是以小横图为基础,以大横图为展开,他的其他图都

---

① 朱伯崑:《易学漫步》,沈阳出版社1997年版,第134—135页。
② 张其成:《易图探秘》,中国书店1999年版,第77页。
③ 董光璧:《易学与科技》,沈阳出版社1997年版,第67页。

是从此而来的。小横图是邵氏易学的根基,其生成原理就是"加一倍法",非常圆融合理。朱熹讨论邵氏易图生成方法的时候正是就横图的生成而展开的。

基于以上的探讨,我们可以知道,虽然以上诸种方法都能形成六十四卦方图,但我们不得不承认它们都是十分勉强的。因此,邵氏先天六十四卦方图,应该还有别的符合其"加一倍法"原则的更为合理的生成方式。

三、甚为合理的先天方图生成法

所谓"更为合理"的生成方式,即应该是符合先天易的基本生成易理的。既然先天易别的易图皆是从"一分为二"上得出,皆符合一分为二,二分为四,三分为八,……六分而得六十四卦的二进制法则,那么,先天方图也应该是直接按照这种方式生成的,而不是将六十四卦次序图等截八节再依序排列出的。

以"加一倍法"直接生成伏羲先天方图确是易学史上的一个小秘密,以笔者所见,似乎以前无人知晓此种方法。具体做法有如下步骤:

1.准备一个空白的正方图形,可谓之"易有太极"。

2.将此正方形平面沿横中分线分成上、下两部分,规定上为阴、下为阳,可谓之"是生两仪"。

3.将已分的上、下两部分,沿各自的横中分线再等分为上、下两部分,亦同上步骤规定上为阴,下为阳,即成阴阳间隔的四部分,亦可谓之"两仪生四象"。

4.再将已分的四部分,沿各自的横中分线再进行划分,亦规定四部分的各自上半部分为阴,而下半部分为阳,即成一八行每行八个的八卦排列图,第一行为乾,由下往上依次为兑行、离行、震行、巽行、坎行、艮行、坤行,是谓"四象生八卦"。

5.如同上面4个分法的次序,再将此已经被横分的该正方形图重新作为一没经纵中分的图形而再用之,此亦可谓之"易有太极"。

6.再将此已经横分的该方形图沿纵中分线等分为二,规定左为阴,右为阳,亦可谓之"太极生两仪"。

7.再进一步将沿纵中分线已分的两部分一分为二,亦规定左为阴,右为阳,亦如上,即成"两仪生四象"之势。

8.再将沿纵中分线已分的四部分各自等分为二,亦如前法,规定左为阴,右为阳,即又成"四象生八卦"之状。

如此,即按照一分为二的"加一倍"的方法,经先横三分以成六十四别卦的内卦,再纵三分而成六十四别卦的外卦,就生成了一张伏羲先天易六十四卦方图。邵雍以其四图立其先天易系之本,自然,依古人的习惯做法,他的一些窍门不会轻易示人,于是其画法即成为不传之秘,所以,今传邵氏的《皇极经世书》并不见有易图,可能只是邵雍不愿意宣讲其秘密罢了。至于朱熹列邵雍之易图变其大著《周易本义》卷首,亦只列出了先天次序图以及圆图的画法,独不见"一分为二"的方图生成方法,是朱熹亦未得邵氏之真意,后人相延既久,亦不深究,致使该图如此简易的画法遂湮没无闻,成了不成问题的问题。

四、先天方图计有十份(或二十份)

综观以上三种画法,重卦法、等截叠加法都没有给我们关于方图的画法以太多的启发,单单"一分为二"法让笔者产生了浓厚的兴趣,使笔者认识到先天方图是不独有此一份的,因为我们可以按照"一分为二"法造出许多不同排列形式的六十四卦方图。究竟依据"一分为二"法能产生出多少份先天易方图,笔者用数学排列组合的方法进行了穷尽推究,已探得六十四卦方图可能的最大数量。

总观上面的划分方法,我们可以知道,对于正方形的中分法仅有两种,即横中分法与纵中分法。我们假定横中分法为 A,而纵中分法为 B(也可以假定以纵中分法为 A,以横中分法为 B),又纵、横中分必须依既定之次序各进行三次划分才能成六十四卦方图,那么,按照数学上排列组合的方法,即可以得到一个数学算式及其结果,即为:

$C_6^3 \cdot C_3^3 = 20$(个)

也就是说,按照"一分为二"的方法总共可以直接产生 20 个先天方图。

如果我们按照横中分与纵中分的不同排列次序,将它们具体的画法分别地排列出来,就如下表所示:

1. A、A、A、B、B、B;
2. A、A、B、A、B、B;
3. A、A、B、B、A、B;

4. A、A、B、B、B、A；
5. A、B、A、A、B、B；
6. A、B、A、B、A、B；
7. A、B、A、B、B、A；
8. A、B、B、A、A、B；
9. A、B、B、A、B、A；
10. A、B、B、B、A、A；
11. B、A、A、A、B、B；
12. B、A、A、B、A、B；
13. B、A、A、B、B、A；
14. B、A、B、A、A、B；
15. B、A、B、A、B、A；
16. B、A、B、B、A、A；
17. B、B、A、A、A、B；
18. B、B、A、A、B、A；
19. B、B、A、B、A、A；
20. B、B、B、A、A、A。

如上，如果我们再将相对等的画法如 A、A、A、B、B、B 与 B、B、B、A、A、A 看成是相同的，那么，可以说先天六十四卦方图就仅有 10 份。

那么，是不是这 10 份六十四卦先天方图都有意义呢？

笔者以为，如果平等地以"一分为二"法来看待诸种画法，它们应该都是有意义的。但是，通过上面 20 种画法的排列法，我们也会发现，这 20 种关于 A、B 的排列法中，有有序的，有不太有序的，但大多数是无序的。如果我们再将横中分式 A 与纵中分式 B 按照阴阳相交相生律即"孤阴不生，孤阳不长"的易理去衡量，也就是说，再将 A、B 式区分出个阴阳来（实际上横中分与纵中分本不必然有阴阳之分的，如上所言，所谓有阴阳之分是我们的假定，即假定横中分 A 为阴，那么纵中分 B 即为阳；如果横中分 A 为阳，那么纵中分 B 就为阴），并且按照易理，只有阴阳的相交才能相生，因此才是有意义的，那么，该表中只有 A、A、A、B、B、B 与 A、B、A、B、A、B

(或者B、B、B、A、A、A与B、A、B、A、B、A)这两种排列方式才是符合阴阳相交相生律的,前者是先横中分三次,然后再纵中分三次而成,这可以叫作先A后B式;而后者是横中分与纵中分的等量交叉相分而成,这也可以叫作A、B交叉式。因此,笔者以为,也只有这两种才是,符合大易阴阳律的,也才是最有意义的。而这两种生成方法,前者是伏羲六十四卦方图生成排列法,而后者亦正是"神农易"六十四卦方图的生成排列法。这也正是笔者在《"神农易"与〈伏羲易〉的比较》中所述的"神农易"与《伏羲易》是相辅相成的孪生关系的一个重要方面[①]。

五、结　语

总结以上所述,我们揭示出了先天六十四卦方图的新的画法。从所展示的诸种画法的比较可以看出,这种"一分为二"的形成六十四卦方图的方法是最为自然的、最符合阴阳相生原理的。虽然我们不敢肯定这种方法就是邵雍真正的原本的形成六十四卦方图的方法,但我们相信它是最为符合邵氏意图的。而且,我们亦进一步以数学上排列组合的方法穷究了六十四卦方图可能存在的最大数量,进而又按照阴阳相生的易学原理从中找出了最具价值的两种生成方法,从另一角度科学地证明了"神农易"与《伏羲易》相辅相成的孪生性与共生性,为易学的研究提供了新的资料,为人们研究六十四卦方图打开了更为宽广的思路。

---

① 鲁庆中:《"神农易"与〈伏羲易〉的比较》,《周易研究》2003年第2期。

Shao Yong's New Generation Method of the Diagram and the Number of Poles of *Commentary on the Book of Changes by Fuxi*

LU Qingzhong

(School of Humanities and Social Sciences, Zhengzhou Institute of Aeronautics Industry Management, Zhengzhou, Henan, 456000)

Abstract: This paper reveals a new generation method of Diagram of the Sequence of the Sixty-four Trigrams Anteceding Heaven. Compared with the various generated ideas, the approach which "One divides into two" directly generates the Diagram of the Sequence of the Sixty-four Trigrams is the most consistent with the relation of the Changes by Shao. Moreover, we further research the maximum number of the diagram of the sequence of the sixty-four trigrams by the mathematical method of permutation and combination, and also find out two most valuable generating ideas in accordance with the principle of yin and yang and reasonably proved the complementary twinning and symbiosis between "the Book of Changes by Shennong" and *Commentary on the Book of Changes by Fuxi* from another angle, which can provide new data for the study of the *Book of Changes* and broaden the scope of mind to study the Diagram of the Sequence of the Sixty-four Trigrams.

Key words: Shao Yong; *Commentary on the Book of Changes by Fuxi*; Diagram of the Sequence of the Sixty-four Trigrams Anteceding Heaven

《易传》的技术统治隐喻

冷天吉　冷万豪

(河南师范大学　政治与公共管理学院,河南　新乡　453000)

摘　要:《易传》不仅反映了儒家的德治思想,也反映了儒家的"技治"思想。《系辞传》的"制器尚象"表面是对卦象指导人们器物发明功能的肯定,实质上是一个儒家技术统治思想的隐喻,体现了儒家对政治统治合法性问题的反思。

关键词:《易传》;制器尚象;技术崇拜;技术统治

中国远古文化中,有许多技术发明,正是这许多技术发明使中华民族脱离了茹毛饮血的野蛮状态而进入文明时代。由于时间久远,各项技术的真正发明者已无从考知。但《易传》提出了圣人"制器尚象"的思想,把所有的远古技术发明归结为圣人,或把技术发明者直接称为圣人。那么,从技术哲学的角度看,它反映了怎样的技术思想呢?

一

远古的技术发明不都是圣人所为,但把所有的技术发明都归结为圣人,表明了技术在远古先民生活生产中的神圣性,反映了远古先民技术崇拜的心理意识。

中国远古历史是口传历史,人们在口传中形成了文化心理认同,当有了文字,这种心理认同便以文本的形式呈现。对于远古先民的技术崇拜心理意识,先秦诸

作者简介:冷天吉(1964—　),男,河南新乡人,河南师范大学政治与公共管理学院教授,哲学博士,主要从事科技哲学研究;冷万豪(1990—　),男,河南新乡人,河南师范大学政治与公共管理学院2014级科技哲学专业研究生,主要从事科技哲学研究。

子文本如《孟子》《墨子》《韩非子》等都有不少的记述。但较为详细系统的记述是《易传》的《系辞传》。《系辞传》认为："易有圣人之道四焉：以言者尚其辞，以动者尚其变，以制器者尚其象，以卜筮者尚其占。"指出《周易》具有言辞、示动、制器、占卜的功能。四大功能都体现圣人之道，制器尚象是四大功能之一。

制器就是器物的发明和制造。这里的器物应作广泛的理解，不仅包括可感的器物，也包括文化技术。尚象就是器物等发明的原理，在宽泛的意义上可以理解为技术发明的原理以及技术原理的形而上的根据。

《系辞传》对中国远古部落时期的技术发明史有一简单的叙述：

> 古者包羲氏之王天下也，仰则观象於天，俯则观法於地，观鸟兽之文与地之宜。近取诸身，远取诸物，于是始作八卦，以通神明之德，以类万物之情。作结绳而为罔罟，以佃以渔，盖取诸离。包羲氏没，神农氏作，斫木为耜，揉木为耒，耒耨之利，以教天下，盖取诸益。日中为市，致天下之货，交易而退，各得其所，盖取诸噬嗑。神农氏没，黄帝、尧、舜氏作，通其变，使民不倦，神而化之，使民宜之。易穷则变，变则通，通则久。是以自天佑之，吉无不利。黄帝、尧、舜垂衣裳而天下治，盖取诸乾坤。刳木为舟，剡木为楫，舟楫之利，以济不通，致远以利天下，盖取诸涣。服牛乘马，引重致远，以利天下，盖取诸随。重门击柝，以待暴客，盖取诸豫。断木为杵，掘地为臼，臼杵之利，万民以济，盖取诸小过。弦木为弧，剡木为矢，弧矢之利，以威天下，盖取诸睽。上古穴居而野处，后世圣人易之以宫室，上栋下宇，以待风雨，盖取诸大壮。古之葬者，厚衣之以薪，葬之中野，不封不树，丧期无数；后世圣人易之以棺椁，盖取诸大过。上古结绳而治，后世圣人易之以书契，百官以治，万民以察，盖取诸夬。

这一段话具有重要的意义：第一，明确指出了中国远古的技术发明项目以及发明者，发明项目有罔罟、耒耜、市井、舟楫、牛马驯化（内含车）、门柝、杵臼、弧矢、宫室、棺椁、书契等，发明人有伏羲氏、神农氏、黄帝、尧、舜等。第二，明确指出技术发明的原理以及技术原理的形而上根据。技术发明的原理就是自然万物变化的原理，技术原理的根据就是形而上之道。圣人根据卦象发明各种器物，而卦象则是来自自然天象，圣人经过长期的仰观俯察，模拟自然天象之道而制定了卦象。"是故夫象,圣人有以见天下之赜,而拟诸其形容,象其物宜,是故谓之象。"(《系辞上》)天象变化的规律就是形而上之道。根据卦象制造各种器物和发明各种技术就是形而下之器,"是故形而上者谓之道,形而下者谓之器,化而裁之谓之变,推而行之谓之通,举而措之天下之民谓之事业"。(《系辞上》)第三,指出了圣人技术发明的过程。技术发明的过程是经验观察—总结原理—原理符号化(模型)—发明器物—推广应用。第四,明确表达了人类文明的发展与技术发明相一致,由渔猎社会到农业社会再到商业社会。人类逐渐脱离动物穴居茹毛饮血的野蛮状态而进入宫室书契的文明社会。

《易传》的第一个隐喻即是技术崇拜。技术崇拜很早就存在于我国远古先民中,中国是一个农业文明古国,我国远古有关各种器物的发明,无一不与农业生活生产实践相关,火的发明、麻布丝帛的发明、耒耜的发明、井的发掘等都是和农耕文明相关。远古的任何发明在现在看来不算什么,但在当时都极大地促进了农业生产力的提高,都丰富了先民的物质文化生活,因此,远古先民对改善自己生存环境以及生活水平的技术给予很高地位进而对技术的发明者敬仰、崇拜,以至于把他们称为圣人。所以《易传》说:"见乃谓之象,形乃谓之器,制而用之谓之法,利用出入、民咸用之谓之神……是故法象莫大乎天地,变通莫大乎四时,悬象著明莫大乎日月,崇高莫大乎富贵。备物致用、立成器以为天下利,莫大乎圣人。"(《系辞上》)技术能提高生产的效率,能改变人们的生存环境,这些直接的利益能在现实中直接地感受到,也许人们不知道技术发明的原理,但人们知道运用它"利用出入",所以"民咸用之谓之神"。神奇技术的发明者被人推崇敬仰,被称为圣人。

二

《易传》把器物文化的发明者称为圣人,或者把器物文化的发明归结于圣人,肯定了器物文化中的智慧因素,表明了远古先民对器物发明神奇性的崇拜,同时也赋予器物文化发明者以神秘性、神圣性。但是,《易传》作者所列举的器物发明者不仅仅是圣人,同时也是中国远古时代有影响的部落首领。而部落首领是远古部落时期的政治统治者。《易传》作者把技术发明归于这些部落首领,它要表达怎样的政治理念呢?

远古器物文化的发明不一定都是部落首领所为,也可能是部落普通的成员所为,当部落成员进行某一项或多项的器物文化的发明时,如果是当时的部落群体把他作为圣人看待,或者后人把他作为圣人,那么就反映了一种技术崇拜心理。但是,器物文化的发明者不必都成为部落首领,如果把器物文化的发明者都推举为部落首领,或者把远古器物文化的发明都归结于首领,那么技术文化就与政治联系起来,用现代话语表达,技术就具有了政治统治的意味。

　　表面看来,《易传》的"制器尚象"只是在强调《易经》对社会人生的巨大功用,但和远古部落首领联系起来时,它就成为一个技术统治的隐喻。技术统治主义,也叫技术统治论、专家治国论、技治主义,其基本观点是主张科技专家对社会进行全盘的统治或管理。当代技术统治论坚持技术专家对社会的全盘管理,一般基于这样的信念:第一,技术专家是拥有丰富知识的人,他们常常是掌握了自然规律的人。第二,技术专家是具有聪明智慧的人,他能把知识转化为推动社会生产力发展的技术;技术专家是按照自然的、知识的客观原则来进行发明的人,他们不仅懂得自然的客观原则,也会坚持自然的客观原则。第三,他们能够把技术发明中的理性原则和客观原则贯彻到自己的生活中去,也就是说,如果让他们进行社会管理,他们会把技术发明中的理性原则和客观原则转化为管理中的公平正义。第四,技术专家的技术发明具有功利价值的追求,不可否认,一些当代的技术专家在发明技术的时候会基于自身的功利目标,但是他的发明与整个社会的功利追求相一致,正因为此,他的发明才能推动社会生产力的发展。也就是说,技术专家往往能把自己的功利追求与社会价值追求统一起来,这本身体现了一种为社会着想的价值追求,本身的行为就是一种善的行为。

　　在远古部落的原始民主政治中,某人之所以能成为部落首领,他不仅要具备全体部落人员所认可的德,还要具备能管理好部落的政治管理之才、能使部落发展壮大的技艺之才。而在当时,德主要体现为才,因为只有卓越的管理之才、高超的技艺才能真正促进部落的强大、部落生产力和人民生活水平的提高。因此,在原始部落中,是否具备一些文化技术发明之才成为胜任部落首领的条件之一。在此意义上,原始部落人与技术统治论者具有类似的信念:第一,原始部落中能发明技术的人不是一般的凡人,他们是沟通天人、神人的人,他们是拥有了关于天(自然)神秘知识的人。第二,他们既然懂得了上天神秘原则,就会把上天的这种神秘原则(天命)运用到部落的管理上来,使部落按照上天的原则发展而不至于使部落偏离上天的神秘原则而受到上天的惩罚。禹的父亲鲧之所以没有治好水,就是因为他本身缺乏上天启示给他的关于水的神秘原则。第三,部落首领的发明所体现的价值追求与整个部落的价值追求相一致,如果说,当代技术发明还有个人的功利动机在里边的话,那么古代原始部落的发明者则完全出于公心。原始部落发明的技术往往能极大提高部落生活水平、促进部落生产力发展。部落的所有成员认为这个发明是好的,好的就是善的。因此,技术的发明者出于公心的好就是部落极大的善,他当上部落首领时自然会把部落领导得好,发展得强大,他应该成为部落首领。当原始部落把技术发明作为部落首领的一个德才条件时,原始的技术发明就具有了技术统治的功能。

三

圣人、部落首领、制器者在《易传》中融为一体,既反映了古代先民技术崇拜的心理意识,也折射了一个技术统治的隐喻。但是,《易传》的"制器尚象"所表达的文本意义远不止此,《易经》本来是一本占筮的书,当儒家以自己的理念来对它进行解读而形成《易传》时,它就成为儒家的经典。相对于《易经》的成书年代,《易传》一般被认为是春秋战国的作品,古今有好多人认为是孔子的作品,后来经过多人的考证认为不是孔子所作。但是大多数人都承认《易传》确实反映了儒家的思想,是儒家人物对它进行了儒家的诠释。当《易传》作者以儒家理念去理解诠释《易经》时,儒家思想的政治理念就表达出来了。《易传》从儒家思想的视角探讨了政治统治合法性问题,圣人"制器尚象"是儒家探讨政治合法性问题的视角之一。

政治合法性探讨的是政治统治合法的根据问题。它追问的是:一些社会成员有何理由来管理社会中的另一些人,一个政权存在的根据是什么。在古今中外历史中,任何一个新政权的建立,任何一个新统治者的上台都面临着这个问题的追问。《易传》认为,《易经》思想的形成就反映了这种情形:"易之兴也,其于中古乎?作易者,其有忧患乎?""易之兴也,其当殷之末世,周之盛德邪?当文王与纣之事邪?是故其辞危。"(《系辞下》)《易经》变的思想反映在社会变迁上,就是探讨王权易代的合法性根据。

在夏商两代,夏商统治者的合法性来自"上天""上帝",是"帝""天"赋予了夏商统治者政治统治的合法性。这也就是当代英国政治学教授大卫·比瑟姆(David Beetham)所说的"神权政治型"国家政权类型。但是,夏、商、周三代的更替使人们认识到,天命并不永远眷顾一姓王朝,天命也是可变的。那么,天命变动的根据又是什么呢？商汤以"有夏多罪,天命殛之"(《尚书·汤誓》)的理由灭夏桀。"多罪"成为天命转移的理由,而无罪就应当承受天命。但是现实中无罪之人许多,为什么天命却要转移到商汤身上,显然,商汤还必须具备常人所没有的东西,这就是"有德"。周初的统治者就非常自觉地意识到这个问题：政权的合法性虽然有天命的根据,但是最终的根据还是人的"有德"。《尚书·康诰》："唯命不于常,唯德是授。"周公在全面总结殷商亡国教训,在夏商以来天命神权思想的基础上,提出了"以德配天"说,既保存了上帝,又解决了西周政权存在的合法性问题。后来的孔孟儒家在探讨政治合法性的问题上,继承了周初的"以德配天"思想,强调"以德治国"。他们在对《诗经》《易经》等古典文本诠释的过程中,始终贯穿了"德治"的思想原则。

《易经》虽然充满了人生的辩证法,但它是以占筮的手段来告知人们人生的辩证法,以占筮手段来指导人们的行为,因而占筮本身就是一种听天由命的天命论,这种通过占筮来决定社会人生重大问题的做法从根本上抹杀了人的主动性,抹杀了人的德行欲求。它既不符合社会历史变更的实际,也不符合个体人生的实际。对于前者来说,夏、商、周三代的更替,说明了社会政治统治的"天命靡常",对于后者,个人的福祸与个人的积德积恶有关。在儒家看来,虽然社会与个人吉凶的改变有着不可抗拒的客观力量,但这种客观的力量确实基于人的善恶的积累。儒家通过对《易经》的诠释,为《易经》的天命论注入了"德"的因素,而"德"则是人自身努力修行的结果。

那么,儒家为什么要把"制器尚象"作为《易经》四德之一呢？政权存在的合法性在于其向民众提供某种"服务"。现代的一些学者在谈到政治合法性时曾提出绩效合法性(也称治绩合法性),所谓绩效合法性,是指当政者主要通过提高人们的生活水平、促进社会生产发展、满足人们的精神文化需求来赢得民众对自身权力的承认。儒家的治国之德并不是一个抽象道德概念,而是具有强烈的实践要求。作为统治者来说，德不仅要求自身的品行端正，更主要是对人民的尊重爱护，给人民提供更大的生活实惠，促进社会生产力提高，促进社会的文明发展。"天命靡常，惟德是辅。民心无常，惟惠是怀。"（《尚书·蔡仲之命》）"圣王之制祭祀也，法施于民则祀之，以死勤事则祀之，能御大灾则祀之，能捍大患则祀之……皆有功烈于民者也。"（《礼记·祭法》）既要顺应天命，又要自身有德，还要造福于民。对统治者来说，这是一个很高的要求。但儒家认为，尧、舜、禹等做到了，因此，他们被称为圣人。

在儒家那里，德内涵着才，早期圣人之才可以概括为以下几个方面：一是杰出的政治领导才能，能使本部落在其领导下稳定统一、发展壮大。二是丰富的自然知识，能把丰富的自然经验知识运用于部落的生存发展中，使部落人口繁殖，财富积累。三是注重人类的教化培养，使部落较早脱离动物式的蒙昧状态。原始部落时期的圣人德才统一。才本身就是德，德体现为才，因为尧、舜、禹等人的才本身就是为部落全体而生、而用。"制器尚象"不仅是圣人的才德表现，更主要是为民、为部落谋福利、谋发展的途径。正是尧、舜、禹的德才一致，他们才被部落成员拥戴，取得了部落统治的合法性。因此，《易传》反映了儒家在探讨政治合法性问题上由"天命"到"德治"的转变。在追寻政治统治的"德性"的根据上，《易传》把"制器尚象"作为圣人的"四德"之一，内涵着对圣人之才的诉求，也内涵从绩效方面寻求政治统治合法性的理念。

总之，《系辞传》把"制器尚象"作为圣人之道，不仅仅肯定的是卦象对文化技术发明的指导作用，更重要的是揭示了中国远古先民对推动社会发展的文化技术的崇拜意识。同时，当圣人、部落首领、制器者三个位格融合为一体时，它传达了类似于现代技术统治思想的一个隐喻。当作为儒家的经典文本时，它表达了儒家在探讨政治统治的合法性问题时由"天命"根据到"有德"根据的转换，而"有德"不仅仅是道德，也内在地含有儒家对"才德"的诉求。

The Metaphor of the Technical Rule of Appendices to the Book of Changes

LENG Tianji　LENG WanHao

(College of Political Science and Public Administration,

Henan Normal University, Xinxiang, Henan, 453000)

Abstract: Appendices to the Book of Changes not only reflected Confucian rule of virtue, but also rule of technology. The principles of invention in the Book of Changes seemingly affirmed the functions of divinatory symbols to guide people to invent artifacts, but it was essentially a metaphor of Confucian technocracy, which embodied Confucian reflection on the legitimacy of political rule.

Key words: *The Book of Changes*; principles of invention; technology worship; rule of technology

医道研究

"中和观"的医儒会通与逻辑理性

孙可兴

(河南中医药大学 中医药与经济社会发展研究中心,河南 郑州 450046)

摘 要:"中和观"作为中国古代思想家对事物本质、规律认识与把握的一个根本法则,不但得到儒家与医家的继承与发散,而且呈现出理论上融会贯通的基本特征。它们在理论渊源、基本内涵、理论基础和实践环节都有着一定的内在连贯和一致性。在传承和弘扬中国优秀传统文化及中西文化沟通的大背景下,探寻医儒中和思想的合理要素及其在理论本质上的契合性与差异性,有助于深化传统儒学与医学的理论内涵和实践价值,为推进传统文化的创造性转化和创新性发展提供参考。

关键词:儒家思想;《黄帝内经》;中和观;医儒会通

中国传统儒家将经世致用、治国安民作为思想的重要指归,并时常将对生命的关注作为理论建构的基点之一,其理论阐释往往带有浓厚的中国传统医学色彩;而作为研究人体生命存在与发展规律的中国传统医学,则侧重于对人体健康与疾病的调节与治理。作为奠基传统医学理论之圭臬的《黄帝内经》(以下简称《内经》)深受儒家思想的濡染与滋养,其理论形态呈现出与儒家思想相互交融、兼容并蓄的显明特征。二者在阐释各自学说的过程中,不仅具有共同的理论基础,而且都强调"中和"这一首要的、基本的原则,使得"中和观"成为其理念与方法的共同本质和重

作者简介:孙可兴(1967—),男,河南巩义人,河南中医药大学中医药与经济社会发展研究中心副教授,硕士生导师,哲学博士,研究方向为逻辑与文化。

基金项目:郑州中华之源与嵩山文明研究会"中华传统中文化研究"重大课题之子课题"《〈黄帝内经〉中和观的思维路径与文化特质研究》"(ZD-1-14);河南中医药大学博士科研基金项目"《黄帝内经》中和观理论建构与中医文化精神探原"(BSJJ2015-18)。

要方面。深入探究医、儒"中和观"理论会通的本质与特征,对于发掘和把握儒家思想和中医理论的内在价值,发散与传承中国优秀传统文化具有一定的理论意义和实践价值。

一、"中和观"的理论渊源及其内涵

"中和"是古代儒家对事物本质、规律认识与把握的一个根本法则。"君子务本,本立而道生。"(《论语·学而》,本文以下引《论语》,只注篇名)这里的本与道就是"中""和",它既是世界观又是方法论,"中"为体,"和"为用,"中"是基点、目的,"和"是方法、手段,以体释用,以用证体。有了"中"才能得到"和","中和"共同构成了天地自然、人类社会和生命个体的恒常的存在状态,这是一种不偏不倚、中正和谐、真善美融为一体的存在状态。

在中国古代先贤那里,"尚中"思想由来已久。无论是对天地自然规律的体悟还是对人与自然关系的认知,无论是对治国平天下的思考还是对人与社会和谐共生的探索,无论是对为人处世态度的解读还是对养生愈疾方法体系的建构,都始终围绕"中和"这一主线,逐步形成了"中和观"这一理论形态。

从字源上考察,甲骨文的"中"有两种代表性的写法。一是一直线横穿圆圈,表示射箭中的;二是上下两面旗帜,中间是帐篷,表明是部落中心,中间还有鼓,意味着部落、氏族群体传递信息的中心和指挥中枢。后演变为地中,即地之中心。相传周公曾派韶公到洛阳选择地中作都城,便于中央对各地的统治与统领。经过进一步发展上升到更高的哲学层面,如孔子的中道、中庸思想,由形而下到形而上,体现思想家的哲学思考,成为中华民族对待家国天下的民族心理基础。

有关文献记载,殷商中兴之君主盘庚,即强调臣民须把心放得中正,"汝分猷念以相从,各设中于乃心"。(《尚书·盘庚》)孙星衍先生认为,此处"'设'作'禽',禽者,合也,言汝当比顺思以相从,各合于中道"。可见盘庚已然将符合中正之道作为人们行事的原则。到了周朝初年,则进而提出了"中德"思想,并以此规范和约束统治者的言行。如周武王在对其弟康叔的训诫中说:"尔克永观省,作稽中德,尔尚克羞馈祀,尔乃自介用逸,兹乃允惟王正事之臣。"(《尚书·酒诰》)意思是你如果能够切实遵循中正之德,并以此经常反省自己的一言一行,就能保有权力地位,享有好的生活待遇,成为合格的为王治事之臣。这里的"中"不仅是中正,而且与"德"相连,对人的德形提出了要求,一定程度上具有了"至中至善"的道德意味。青铜器铭文中的"从中""中德""中心"等也有此意。再如,周公告诫成王:"兹式有慎,以列用中罚。"(《尚书·立政》)提出了指导狱事处理的"中罚"原则。又如:"惟良折狱,罔非在中……咸庶中正""民之乱(治),罔不中听狱之两辞,无或私家于狱之两辞"。(《尚书·吕刑》)按今天的话说,就是强调在治理狱事时,要注意听取双方当事者正反两方面的意见,并进行辩证分析,不可偏听偏信,失却中正公允。在西周的青铜器铭文中也有类似说法,如"不中不刑"(《牧簋》)、"慎中其罚"(《叔夷钟》)等,说明"尚中"思想不仅深入司法领域,而且已经超越了道德范畴,具有了认识意义和实践意义。

《周易》的"尚中"思想更为明确,在其经、传中均得到了体现和贯彻。其六十四卦的每一卦均由上、下两部分组成,彼此相互关联,而居于中间的第二、五两爻其地位和作用更加重要,既统摄卦义又决定其他四爻。"若夫杂物撰德,辨是与非,则非其中爻不备。""二与四,同功而异位,其善不同。二多誉。四多惧,近也。柔之为道,不利远者,其要无咎,其用柔中也……三多凶,五多功,贵贱之等也。其柔危,其刚胜邪?"(《易传·系辞下》)不仅强调位置的重要性,而且提出了"柔中"之道,要使柔顺居中方能有利。可以说,"尚中"思想已经成为"易道"根本之一。由上可见,早在商周之时,"尚中"思想已十分流行,成为人们日常生活中的普遍原则。

迨及春秋末年,儒家创始人孔子提出了"中庸"的命题,并经其弟子及再传弟子的阐释与发挥,使长期以来广泛流传的"尚中"思想逐步成为系统化的理论形态。"中庸之为德也,其至矣乎!民鲜久矣。"(《雍也》)从字面看,似乎孔子强调的"中庸"是一种高尚的道德,但仔细体味孔子思想的内在逻辑,"中庸"思想不断得以扩展和发挥,其实表达着孔子看待自然与社会发展规律乃至治国理政的核心理念与思维方法。首先,"中庸"即"用中",应"执其两端,用其中于民"。(《中庸》)"子贡问:'师与商也孰贤?'子曰:'师也过,商也不及。'曰:'然则师愈与?'子曰:'过犹不及。'"(《先进》)强调为人处世应做到不偏不倚,不可"过"亦不可"不及",反对偏执一方,走向极端。正确的态度是唯中道是用,"允执其中"。"尧曰:咨!尔舜!天之历数在尔躬。允执其中,四海困穷,天禄永终。"(《尧曰》)同时,既反对自高自大,一味用强,也反对谨厚有余,一味退避,"狂者"与"狷者"皆不足取:"子曰:'不得中行而与之,必也狂狷乎!狂者进取,狷者有所不为也。'"(《子路》)其次,提出了"礼之用,和为贵"的修齐之道:"有子曰:'礼之用,和为贵。'先王之道斯为美,小大由之。"(《学而》)不仅引入了"和"的概念,而且对"中"与"和"的辩证关系进行了理论阐释,"和"是动态的"中",是对立双方相互联结、渗透、调和的过程,从而形成了"致中和"的哲学命题。所谓"喜怒哀乐之未发,谓之中,发而皆中节,谓之和。中也者,天下之大本也;和也者,天下之达道也。致中和,天地位焉,万物育焉。"(《中庸》)据此,不但进一步深化了对"中"的本质的认识,而且为"中"的存在和变化发展找寻到了实现路径,即"中和"。就自然而言,天地运行法则是阴阳二气相互推动、相互调和,从而孕育和化生万物;就人的行为而言,应该不急不缓,"从容而不迫"(《朱熹论语集注》卷一);就人的生命存在而言,人的喜怒哀乐、七情六欲也必须处在内在调和平衡的状态。唯其如此,才能实现和保持天地人存在与发展的"致中和"的"大本""大道",这也是天下无处不在、无时不有、不可须臾阙如的普遍规律,一旦离开就会偏离自然规律,即如孔子所说"道也者,不可须臾离也,可离非道也"。(《中庸》)毋庸讳言,"中庸之道"已然超越单纯的道德层面,成为普遍的理论原则和思想方法。"称中庸之道为儒家的矛盾观或发展观,比起称它为伦理学说来,更能抓住问题的实质。"①这也是我们提出"中和观"的内在理由。

《内经》在建构医学学说的过程中,十分重视"中和"思维,广泛吸收借鉴了儒家"中和"思想,形成了特色鲜明的医学"中和观",将其作为阐释医理的基本法则。《内经》追求人体生理的内外调和、"阴平阳秘"、天人和谐的"中和"思想得到后世医家的不断发挥,与儒家"中和"思想在方法论原则上具有高度的恰适性,抑或说,医家阴阳调和的医学思想是中庸之道的具体应用。

《内经》理论注重"中和",并时常在"中和"之中发现人与自然、人体自身的顺达与和美。如于人与自然讲求顺应、合一,"上古之人,其知道者,法于阴阳,和于术数"(《上古天真论》);于人体讲求平衡、调和,"凡阴阳之要,阳密乃固,两者不和,若春无秋,若冬无夏,因而和之,是谓圣度。故阳强不能密,阴气乃绝,阴平阳秘,精

---

① 庞朴:《"中庸"平议》,《中国社会科学》1980年第1期。

神乃治,阴阳离决,精气乃绝"(《生气通天论》);于疾病诊治讲求"无过无不及";于临床用药讲求"大毒治病,十去其六,常毒治病,十去其七,小毒治病,十去其八,无毒治病,十去其九"(《五常政大论》);在养生方面,更是时刻不忘教诲人们要顺应天时,万事不可"过",因为"春秋冬夏,四时阴阳,生病起于过用,此为常也"。(《经脉别论》)凡此种种,皆为避免过用而求和。

从《内经》"中和观"的理论内涵来看,一是从"天人合一"出发,认为人居于天地之中,与天地自然处于一个有机整体。天地生化人,"天食人以五气,地食人以五味"。(《六节藏象论》)生于天地之间的人亦应天地。人应天地就要顺应天地四时的规律,通过调和达到平衡状态,这是《内经》"中和观"的理论内核。二是从阴阳理论出发,认为天有阴阳,地有阴阳,人亦应之。人体的最佳状态是"阴平阳秘,精神乃治"。当阴阳不平衡时就会出现病态,通过调和阴阳,使之无"过"无"不及",最终达到阴阳平衡。三是认为人体之中在于心,"心之官则思",心与脑有密切联系,具有双重功能,在人体五脏中居于统领的核心地位。西医认为脑为中心,脑死亡是人死亡的标志。但从现代医学临床看,很多"脑死亡"的病人,心却照常运行。四是围绕"生病起于过用"进行论说,将"过"与"不及"作为生病的根本原因。"过"与"不及"其实就是偏离了"中和"状态,不论是治病还是养生,都只有通过调和阴阳、虚实、寒热,使其无"过"无"不及",达到阴阳平衡即"中和",才是健康的最佳状态。

诚然,《内经》主要是医学著作,没有明确提出"中和观"的概念,在解读人的生老病死的状态与规律时,用词也多使用"和"的概念而少使用"中",但是,其思想始终围绕着"中"这个基点与主线,在每一个"和"的背后又都有着"中"这一标尺,"和"的过程、目的、状态都是"中",形成了其内涵的"中和"理论形态,这一理论形态在人们的生活实践中不断彰显出取之不尽、用之不竭的生命活力。其一,为人们保健养生、防病治病实践提供理性观照。如强调养生要"法四时阴阳",把人体作为一个整体来进行调理,从而符合《内经》所表达的辩证本质,达到促进身心健康的目的。其二,一定程度上透射出中医理论的哲学思维本质。如借助天人合一思想建构了自己的阴阳五行学说,将人与自然看作对立统一的有机整体,通过人与自然相参应来阐述人体的各种变化,保持人体动态平衡,维系生命的正常运转。其三,体现着求和谐的中国文化内涵。中国文化讲求"和",《内经》"中和观"的本质也是求平衡、求和谐。人要得到身心健康，不仅自身要处于一个平衡和谐的状态，而且和自然、社会也应处于一个平衡和谐的状态。这种求和谐的文化内涵，也成为中西文化沟通的重要思想载体，成为创造性转化和创新性发展的中国文化之根。其四，随着大众对于生命与健康的关注度不断提高，近年人们对中医整体辩证养生与治疗方法的合理性和有效性越来越看重，学术界对中医理论从其哲学、文化和思维形态的解读与研究进一步升温。《内经》作为中医学的奠基之作和中国优秀传统文化的元典之一，其理论建构中所贯穿的"中和观"也越来越受到重视。从哲学与文化层面合理建构医儒会通的"中和观"，不仅可以进一步发掘中国传统儒家思想的内涵与实质，而且在当前中医理论研究与临床实践视界下，对于指导人们保健养生、防病治病也有着积极的学理价值。

二、"中和观"的医儒融贯互参

古代儒家与医家在实践中都将治国与治身联系起来，以国喻身，以身喻国。在治国与治身中，执两用中，用中为常道，中和可常行，以"用中"保持国与身的恒常状态，将"中和"作为国与身理想存在状态及实现途径，将"执中"作为治世愈疾的根本原则，呈现出融会互参、相映成趣的理论进路。

（一）国与身相统一是医儒会通的基础

在中国古代思想家那里，家国天下是最为关注的永恒主题。就儒家而言，治国立身是其庞大理论体系诉诸实践的核心；就医家来说，对生命个体存在规律的探索从来也没有离开身心与国家社会的交通。从理论指归看，国与身的状态如何是其探究的共同对象；从实践指向看，治世愈疾是其追求的共同目标；从思维方法看，二者又都受中国传统"取象比类""能见取譬"等思维和论说方式的影响，互相借喻、类比，从而使国与身、治世与愈疾在内容和形式上具有一定的统一性，中国古代众多"儒医"的出现即是这一统一性的鲜明例证。

将国与身这对范畴统一起来的是春秋末年的医和，他首次提出了"上医医国"的论断并流传后世。"（晋）平公有疾，秦景公使医和视之……（赵）文子曰：'医及国家乎？'对曰：'上医医国，其次疾人，固医官也。'"（《国语·晋语》）医和将身与国进行类比，认为治身犹如治国，能治身者即能治国。汉代王符接受了医和的说法，指出："上医医国,其次下医医疾。夫人治国,固治身之象。疾者身之病,乱者国之病也。身之病待医而愈,国之乱待贤而治。治身有黄帝之术,治世有孔子之经。"(《潜夫论·思贤》)不仅将治国与治身的人、术进行了区分,而且进一步将孔子之经和黄帝之术作为治国与治身的工具理念,使儒与医在理论上内在地联系起来。

随着儒家学说的建立与发展,为了宣扬其修齐治平主张及天理人欲学说,大批儒生涌入医家队伍,广泛向医药领域渗透,形成了绵延两千多年的儒医群体,借医喻国,论证儒理,宣传其政治主张。如"南人有言曰:'人而无恒,不可以作巫医。'善夫!'不恒其德,或承之羞'"。(《子路》)孔子此言乃是借巫医之名阐明恒德乃是君子应有之德,以此劝导弟子有德有恒方能成为真正的儒者。北宋程颢、程颐也有类似主张:"医家以不认痛痒谓之不仁,人以不知觉、不认义理为不仁,譬最近。"[1] 二程以病理上对麻木状态的不知不觉譬喻思想上的"不认义理",生动形象地说明了儒家义理的重要意义。这一以医理类比儒理的言说方式成为儒家论说方式的一种基本形态。究其原因,一是人们防病愈疾离不开医药知识;二是医药的社会功能与儒家教义相契合,通过行医施药可以修身养性,做到仁爱有德,扶危济困;三是借医药以弘扬儒家思想。医药学不仅是技术,而且具有深广的文化影响力和思想内涵,更容易为社会大众所接受。

与此相呼应,古代医家也时常以医理喻儒理,以医学之义阐明治国理政之要。据有关史料记载,早在殷商时期,一些医家即以医理论国事。如伊尹与汤王商讨国策时,就曾经借太素、上皇及九主治国之事,以医为喻,宣陈他的治国之道:"用其新,弃其陈,腠理遂通,精气日新,邪气尽去,及其天年。"(《史记·殷本纪》)

《内经》在论证其医理时,时常将人身之象与国家社会之象作类比。如将人之一身脏腑功能喻作一国:"心者,君主之官也,神明出焉。肺者,相傅之官,治节出焉。肝者,将军之官,谋虑出焉。胆者,中正之官,决断出焉。膻中者,臣使之官,喜乐出焉。脾胃者,仓廪之官,五味出焉。大肠者,传道之官,变化出焉。小肠者,受盛之官,化物出焉。肾者,作强之官,伎巧出焉。三焦者,决渎之官,水道出焉。膀胱者,州都之官,津液藏焉,气化则能出矣。"(《灵兰秘典论》)人的全身器官俨然是

---

[1] 〔宋〕程颢、程颐:《二程集》(第一册),中华书局1981年版,第33页。

一个官吏系统。这一思想和论说方法深深影响着后世医家和儒家。

唐代孙思邈即继承了这一传统，他说："古之善为医者，上医医国，中医医人，下医医病。"(《备急千金要方·诊候》)认为一流的医者应该把刻苦钻研医道、济世救人乃至治国作为人格价值的最高追求。清代名医徐大椿撰有"医道通治道论"一文，专门探讨了治病人之法与治国之术的相参相应："治身犹治天下也。天下之乱，有由乎天者，有由乎人者。而人之病，有由乎先天者，有由乎后天者。先天之病，非其人之善养与服大药不能免于夭折，犹之天生之乱，非大圣大贤不能平也。"(《医学源流论》)以人的先天、后天之病与天下治乱的复杂因素相类比，形象地说明了依靠大圣大贤治国平乱的深刻道理。

由上，儒家和医家都将治国与治身联系起来，以国喻身，以身喻国，从而使其"中和观"的融会贯通具有了共同的思想基础。

（二）"用中"是保持国与身的恒常状态

孔子所谓"中庸"，从字面看就是"用中"，不仅有前述之"允执厥中"、不可偏执之意，而且还蕴含着平常之"正道"，平常之"定理"，是"极高明而道中庸"(《礼记·中庸》)的无所不在、无时不有的平常之道，是看似平常又需要时时呵护、须臾不可缺离的普遍存在状态。"道也者，不可须臾离也，可离非道也。"(《中庸》)这一"不用之用"其实是大用，相对于"变"而言它是恒常不变的客观存在。正因为此，"用中"就需要时时刻刻本之于常理，遵循于常道，既不能主观随意设定，亦不能任性而为。"治大国如烹小鲜"，一旦国与身偏离了其恒常状态，就会出现病乱。同时，正因其平常，那么只要你保持一颗平常心，时时处处遵守法度，不妄作为，即便是普通人也能达到"用中"的精神境界；反之，一旦妄为作劳，不能"守中"，"使失其序"，就会打破这个恒常状态，给国与身带来危害。

对此《内经》又是怎么认识的呢？以养生为例。《内经》认为在自然状态下，人体全身的阴阳气血处于一个动态平衡状态，达到这种状态的人称作"平人"，"平人"气血调和，呼吸匀称，健康无病。"人一呼脉再动，一吸脉亦再动，呼吸定息脉五动，闰以太息，命曰平人。平人者，不病也。"(《平人气象论》)养生防病的关键在于适时地调和阴阳，使饮食有节，起居有常，清心寡欲，精神内守，使人与自然、社会保持和谐统一。"上古之人，其知道者，法于阴阳，和于术数，食饮有节，起居有常，不妄作劳,故能形与神俱,而尽终其天年,度百岁乃去;今时之人不然也,以酒为浆,以妄为常,醉以入房,以欲竭其精,以耗散其真,不知持满,不时御神,务快其心,逆于生乐,起居无节,故半百而衰也。"对调理阴阳来养生的论述,也归纳了上古"真人、至人、圣人、贤人"等得道之人之所以在养生方面取得成就,是因为他们都善于理解和把握阴阳之理,所以才能够做到"恬淡虚无,真气从之,精神内守,病安从来。是以志闲而少欲,心安而不惧,形劳而不倦,气从以顺,各从其欲,皆得所愿……故合于道。"(《上古天真论》)只有"法于阴阳,和于术数"才能"合于道",这个"道"就是平常之道,自然之道,其关键在于使阴阳相和合。应该说这一结论是有说服力的。

  如果违背或偏离了"道",这种平衡状态就会被打破,导致人体生命体征的不平衡,呈现病态或产生病变。"故饮食饱甚,汗出于胃。惊而夺精,汗出于心。持重远行,汗出于肾。疾走恐惧,汗出于肝。摇体劳苦,汗出于脾。春秋冬夏,四时阴阳,生病起于过用,此为常也。"(《经脉别论》)《内经》对时、情、味、体"过用"致病的病因和四时养生也进行了归纳分析。

  "《内经》对于'过用'思想的认识,是以'本'为指归,以'过'与'不及'共在同生的动态辩证过程。"① 它从人与自然关系出发论证了"过用"的本质,认为人与自然存在相参相应、信息传变的互动关系,自然界天地之气、春夏秋冬升降轮回对生命活动时刻产生着重要影响。当人的生命肌体顺应自然界发展变化,按照四时阴阳法则来安排生活和工作时,人与自然就会结合成一个密切联系的整体,人体内环境与自然外环境之间就会处于一种阴阳平衡、相生相应的正常状态,人会精神愉悦,体格康健;一旦不能适应春夏秋冬气候变化,违背了春生夏长秋收冬藏的规律,就可能产生病变。所谓"逆春气,则少阳不生,肝气内变;逆夏气,则太阳不长,心气内洞;逆秋气,则太阳不收,肺气焦满;逆冬气,则少阴不藏,肾气独沉"。(《四气调神大论》)《内经》还将人的脉象区分为春弦、夏洪、秋毛、冬石,之所以不同的季节会出现不同的脉象,也是由于人体气血对春夏秋冬气候变化所做出的自发的适应性反应。

  如何才能避免"过用"呢?《内经》创造性地提出了"治未病"思想,强调人体结

---

① 孙可兴、张晓芒:《黄帝内经"过用"思想的哲学意蕴与当代价值》,《郑州大学学报》2014 年第 5 期。

合自身实际进行自我调节从而避免"过用",达到阴阳平衡的养生理念。"是故圣人不治已病治未病,不治已乱治未乱,此之谓也。夫病已成而后药之,乱已成而后治之,譬犹渴而穿井,斗而铸锥,不亦晚乎?"(《四气调神大论》)"治未病"理念以超前思维告诉了人们一个道理,那就是要避免"过用",首要的和最根本的是"不过用",即顺应四时阴阳变化,自觉使人体保持健康状态,不可逆而为之。这正是"用中"思想的生动写照。随着西医预防医学不断发展,中医"治未病"理论已经受到越来越多人们的重视,成为 21 世纪医学研究领域的热门课题。

(三)"中和"是国与身理想存在状态的实现途径

按事物运动的对立统一法则,国与身也处于一个平衡—不平衡—平衡的矛盾运动过程中,为此事物的两端也处于不断地内在调和即"中和"的动态过程,使国与身的诸多方面相互协调适应,达到最佳的存在状态。如此循环往复,不断地达到更高的"中和"。在此,"中和"表达的既是一种状态,也是一种手段和运动过程。

春秋末年的著名政治家晏子曾以调制羹汤为喻阐明了这个道理。"齐侯(景公)至自田。晏子侍于遄台,子犹驰而造焉。公曰:'唯据(子犹)与我和夫!'晏子对曰:'据亦同也,焉得为和?'公曰:'和与同异乎?'对曰:'异!和如羹焉,水、火、醯、醢、盐、梅以烹鱼肉,燀之以薪,宰夫和之,齐之以味;济其不及,以泄其过。君子食之,以平其心。君臣亦然。君所谓可而有否焉,臣献其否以成其可;君所谓否而有可焉,臣献其可以去其否。是以政平而不干,民无争心……今据不然,君所谓可,据亦曰可;君所谓否,据亦曰否。若以水济水,谁能食之?若琴瑟之专一,谁能听之?同之不可也如是。'"(《左传》)晏子在此提出了"和"与"同"这对范畴,认为"和"是事物各个方面和各种因素互补互济、相互调和而不断达到新境界的过程,而"同"只是单一的或数量上的增减,朝廷君主与臣子之间的关系应是"和"而不单单是"同",已然具有了质变量变的意味,将对"和"的认识引向了深入。

周太史史伯也有类似的思想,提出了"和实生物,同则不继"的命题。"夫和实生物,同则不继。以他平他谓之和,故能丰长而物归之。若以同裨同,尽乃弃矣。故先王以土与金、木、水、火杂,以成百物。是以和五味以调口,刚四肢以卫体,和六律以聪耳,正七体以役心,平八索以成人,建九纪以立纯德,合十数以训百体……夫如是,和之至也……声一无听,物一无文,味一无果,物一不讲。王将弃是类也,而与专同。天夺之明，欲无弊，得乎？"（《国语·郑语》）正如"以水济水"不能得到美味，中和六律才能听到美妙的音乐一样，君主必须多听各方面的意见，避免"去和而取同"，才能减少失误，政治公平，达到"政平而不干，民无争心"的理想境界。

晏子、史伯的思想得到了孔子及其后学的极力推崇，将其作为修德正身处世的基本准则。孔子指出"君子和而不同，小人同而不和"（《子路》），强调君子之德在于"和"而非"同"，并最终升华为"致中和"的哲学命题，丰富了儒家"中和观"的思想内涵。受此影响，西汉大儒董仲舒进一步提出"德莫大于和，而道莫正于中""天地交泰"（《春秋繁露·循天之道》）等命题，不仅发挥了孔子的思想，将"中"看作天下之正道，"和"视为天下之至德，认为治理国家必须刚柔中和，才能"其德大盛"，其道大行，国家大治；而且认为人的寿命也决定于身心的"中和"，所谓"天地交泰"的中和之道，其实就是医家所说的阴阳之平、阴阳调和。

上述思想在《内经》中得到了充分体现。《内经》认为，人的各方面阴阳关系处于内外调和的动态平衡状态时，才能健康无病。如："阴阳者，天地之道也，万物之纲纪，变化之父母，生杀之本始，神明之府也，治病必求于本。"（《阴阳应象大论》）将阴阳调和看作治病之大本。又如："凡阴阳之要，阳密乃固，两者不和，若春无秋，若冬无夏，因而和之，是谓圣度。故阳强不能密，阴气乃绝，阴平阳秘，精神乃治，阴阳离决，精气乃绝……是以圣人陈阴阳，筋脉和同，骨髓坚固，气血皆从。如是则内外调和，邪不能害，耳目聪明，气立如故。"（《生气通天论》）也就是说，阴阳偏盛偏衰都可能引发疾病，所以必须经常根据不同情况进行调理，使之达到中和状态，如果阴阳不平衡又不能及时进行调和，则会加重病情甚至危及生命。

《内经》对"中和"的"和"与"同"的内涵也有所阐发，提出了"智者察同，愚者察异"的重要命题，深化和拓展了"中和"方法的理论内涵。《内经》指出："知之则强，不知则老，故同出而名异耳。智者察同，愚者察异，愚者不足，智者有余，有余则耳目聪明，身体轻强，老者复壮，壮者益治。"（《素问·阴阳应象大论》）对此，历代医家进行了解释。杨上善："察，观也，智者反物观道，愚者反道观物。"（《黄帝内经太素》）王冰："智者察同欲之闲，而能性道；愚者见形容之异，方乃效之，自性则道益有余，放效则治生不足。"（《王冰注黄帝内经素问》）吴昆："智者察于其同，先期而知持满，愚者察于其异，耗竭而后修为。"（《吴昆注黄帝内经素问》）张介宾："智者所见皆合于道,故察同,愚者闻道而笑,而各是其是,故察异。"(《类经》)张志聪:"智者省察其阴阳同出于天真……愚者止知名之有异。"(《素问集注》)李中梓:"智者洞阴阳之故,故曰察同,愚者徒知强老之形,故曰察异。"(《内经知要》)高世栻:"察同者,于同年未衰之日,而省察之,智者之事也。察异者,于强老各异之日而省察之,愚者之事也。"(《黄帝素问直解》)张倚:"智者察同,则知损益之源,愚者察异,但观壮老之节。"(《素问释义》)日本汉医学家丹波元简在其《素问识》一书以及程士德在其主编的《素问注释汇粹》一书中都采用了张倚的说法,见仁见智,异彩纷呈。

按上述医家的解释,似乎察同为上,即寻找的是"皆合于道"的"阴阳之故""损益之源",是带有规律性的东西;而察异为下,只关注具体的细枝末节的东西。这有一定的道理。但从《内经》的相关论述看,其实察同和察异应该是没有高下之分的。因为没有比较就没有鉴别,没有具体又哪来抽象。因此,"同""异"皆为道。如果不知阴阳之变、阴阳之化,不了解"阴中之阳""阳中之阴""阴中之至阳""阳中之至阴",那么阴阳就会变成一潭死水,对于人的养生来讲又有什么意义呢?其实,"同"与"异"是事物不可分割的两个方面,只有了解了各种"异",才能发现其中的"同","异"是"同"的前提和基础,"同"是"异"的总结和升华。联系《内经》上下文及其他篇章看,不仅有智者懂得运用普遍规律合理摄生保持健康,愚者则只看表面、局部,抓住一点不及其余而盲目行动的意思,而且还有更深的一层意味,那就是智者善于比较和类比,在差别还没有显现的时候就能敏锐地发现事物的细微变化,根据需要及时进行调整;而愚钝之人往往等到矛盾暴露、激化时才进行补救,为时已晚。对于医生来说也是这样。高明的医生往往不仅能见其同,即异中求同,发现生命变化的一般规律;而且能观其异,即同中察异,发现生命变化的特殊规律;不仅能发现和利用大同中的小异,而且能发现和利用小异中的大同,所谓"故圣人自治于未有形也,愚者遭其已成也"。(《灵枢·玉版篇》)只有抓住细小的同异,才能取得良好的预防和治疗效果。否则,只知察同,就难以发现个体特征和新的病变;只知察异,就会在复杂的病情面前束手无策,眉毛胡子一把抓,难以确立准确的治疗方案,贻误治疗良机。《内经》由此提出了早诊断、早治疗、防患于未然的医学原则,对后世医学影响深远。

事物的差异和同一往往不仅表现在现象上而且表现在本质上,表面现象上相似的事物可能本质恰恰相反,而表面上看起来似乎毫不相干的事物又可能本质是相同的,因此随着认识的深化,必然有一个从表面现象深入到本质的过程。对此黑格尔曾经有一段精彩的论述:"假如一个人能看出当前即显而易见的差别,譬如,能区别一支笔与一头骆驼,我们不会说这人有了不起的聪明。同样,另一方面,一个人能比较两个近似的东西,如橡树与槐树,或寺院与教堂,而知其相似,我们也不能说他有很高的比较能力。我们所要求的,是要能看出异中之同和同中之异。但在经验科学领域内对于这两个范畴,时常是注重其一便忘记其他,这种情形在自然科学里特别显著。"①科学的方法要求做到发现异中之同和同中之异,要善于从现象上升为本质。《内经》的"察同""察异"说基本符合黑格尔善于发现"异中之同和同中之异"的要求,深化了其"中和观"的思想内涵。

《内经》阴阳调和思想得到后世医家的不断继承与发扬。医圣张仲景把人体的阴阳调和机能作为疾病向愈的根本,认为"凡病,若发汗,若吐,若下,若亡血,亡津液,阴阳自和者,必自愈"。(《伤寒论》)杨上善则强调阴阳的相对平衡,"阴阳相得,不可偏盛也"。(《黄帝内经太素》)孙思邈将阴阳调和看作人体健康的生理前提,"阴胜则阳病,阳盛则阴病,阴阳调和,人则平安"。(《千金要方》)张介宾更加强调阴阳相须、相依的"平和"关系,指出"天地阴阳之道,本贵和平"。(《景岳全书》)"阴内阳外,气欲和平,不和则病""阴阳表里,原自相依,不惟阳密足以固阴,而阴强亦能壮阳也"。(《类经》)章楠引用《中庸》之语,把中和之道看作天地生生之德,并将其归结为"阴阳两平,不偏不倚""夫致中和,天地位焉,万物育焉。天地之大德曰生者,得中和之道也。中和者,阴阳两平,不偏不倚。"(《医门棒喝》)可见,儒者和医者在关于国与身的论述中,尽管目标各异,但具有"中和"这一共同的方法论原则。

(四)"执中"是治世愈疾的根本原则

既然"中和"是国与身的理想状态和实现途径,那么,在实现和保持这一理想状态中应该坚持什么原则呢?对此儒家和医家提出了各种方法与原则,最根本的原

---

① [德]黑格尔:《小逻辑》,商务印书馆1980年版,第253—254页。

则就是"执中"。

在儒家看来，事物都有其相互对立的两方面，要想使对立的两方面达到统一，就必须善于"执其两端"，即"执中"，这才是"大知"。"舜其大知也与！舜好问而好察迩言，隐恶扬善，执其两端，用其中于民，其斯以为舜乎！"（《中庸》）朱熹对此有过解释，认为任何事物都有"两端"，孔子所论"两端"有两方面含义：一是指事物相互对立的两个方面，如长短、大小、厚薄等；二是指尖锐对立的两种言论。"'两端'谓众论不同之极致，盖凡物皆有两端，如小大厚薄之类。于善之中又执其两端，而量度以取中，然后用之。则择之审而行之至矣。然非在我之权度精切不差，何以与此？此知之所以无过不及而道之所以行也。"（《四书集注》）在中国历史上，尧、舜、禹禅位时都谆谆教诲后者要"允执其中"，这得到了儒家的高度赞扬，认为"允，信也；中者，无过、不及之名。"（《四书集注》）"执中"是尧、舜、禹授受的"心法"，只有如此才可以治国平天下。孟子不但强调"执中"，还主张权变，反对"执一"，认为"执一"势必"废百"，有害于道，所谓"执中无权，犹执一也"。（《孟子·尽心上》）荀子认为"行事失中谓之奸事"。（《荀子·儒效》）君子在治理国家、管理社会的活动中，不可"失中"，应"比中而行"，把握好事物两端的界限，适可而止，无过无不及，既坚持基本原则，又灵活处理矛盾和纠纷，做到"宽而不慢，庸而不烈，辩而不争，察而不激，直立而不胜，坚强而不暴，柔从而不流，恭敬谨慎而容：夫是之谓之文"。（《荀子·不苟》）上述思想在后世儒家那里得到了广泛接受与传承，也成为医家防治疾病的根本法则。

《内经》认为，人的疾病与不病最核心的是阴阳是否平衡，这是最根本的道理和方法。"阴阳者，数之可十，推之可百，数之可千，推之可万，万之大，不可胜数，然其要一也。"（《阴阳离合论》）"从阴阳则生，逆之则死，从之则治，逆之则乱。"（《四气调神大论》）在预防和养生方面，要"从阴阳""法四时""谨和五味"，能知"七损八益"的道理。在防治疾病方面，应"谨察阴阳所在而调之，以平为期，正者正治，反者反治"。（《至真要大论》）始终将"以平为期"作为防治疾病的总目标，将"正者正治，反者反治"作为治疗的基本方法，通过调理达到阴阳的"中和"状态。据此提出一系列具体的调节方法，如"寒者热之，热者寒之""燥者润之，急者缓之""有余折之，不足补之""盛者泻之，虚者补之"等。

可见,《内经》将"过用"与"不及"看作打破人体阴阳气血平衡的一对矛盾范畴,凡论"过用"之处,都有改进的办法,但改进"失度"又可能"矫枉过正"。所以《内经》又说一切皆有所"本",阴阳平和,纲纪务本,其实就是"执中",就是围绕着"度"进行调节,使阴阳两平,未有偏盛,形成了独具特色的疾病防治理论体系,与儒家的"执中""用中"思想是一脉相承的。

后世医家遵循和阐发《内经》医理,创造了许多防病愈疾的方式方法,但都没有偏离调和、"执中"这一根本法则。张仲景将调节人体阴阳、脏腑、津液、营卫之"和"作为其施治立方的根本宗旨,如"百合病见于阴者,以阳法救之,见于阳者,以阴法救之"(《金匮要略》),从而创立了《伤寒杂病论》。王冰强调"执其两端,而用其中",指出"益火之源,以消阴翳;壮水之主,以制阳光"。(《重广补注黄帝内经素问》)目的也是调节人体阴阳、脏腑之"和"。李东垣、张景岳、汪昂等历代大医都将"取其中""得其中""执中用两"的法则作为古今医理和治法之要,传承和贯彻了《内经》"中和观"的理论精髓,推动着传统医学的理论建构和临床实践,也推动着儒家治国立身理论与实践的发展。

由此,儒家和医家"用中""中和""执中"的"中和观"呈现出融会贯通的理论进路。

三、"中和观"理论建构的逻辑理性

科学理论的建构与实践须臾离不开理性的观照,"中和观"也不例外。理性有逻辑理性、实践理性和价值理性三种形式,是"人们内在的一种普遍约束性,是面对一种事物时回溯思考的求真、求善的论证过程及集体思维的结果。它是人类具备的一种思维能力和判断能力,反映了人类能够认识事物本身规律和必然性的一种智慧"①。在理解和把握医、儒"中和观",推进中国优秀传统文化创造性转化与创新性发展的进程中,必须始终贯穿理性这一人类认识事物规律和必然性的智慧。

逻辑理性是指"追问以及追求推理论证的逻辑性或推理论证在逻辑上的合理性。它具有一般方法论的意义,相对于一般经验认识更具有稳定性和确定性,既可

---

① 张晓芒、余奎:《法律论证中的逻辑理性》,《政法论丛》2010年第5期。

以为正确思维提供基本的思维框架和模式,具有建构性功能;也可以为有效的分析、评价、论证提供公正的平台,具有批判性的功能"①。其体现在把握和实践医儒"中和观"过程中的重要作用在于:不仅仅把它作为一种理论形态,而且要把它置于对优秀传统文化的认知与传承的实践中,使其合理性更多地与当今经济社会发展结合起来,与人们对健康不断增长的需求与对疾病认识的不断深化结合起来,从而使理论的价值追求与事实认识内在地连接起来,以发挥其对于现实的影响与指导作用。另一个作用在于,逻辑理性有助于使人们准确把握理论的实质。儒家和医家"用中""中和""执中"的"中和观",都反对"过"与"不及",强调保持国与身的平衡状态,力图把事物变化和人的活动限制在"度"的范围内,避免越过"度"而达到"两端"。这一思想对于治国理政和人的生命存在无疑是至关重要的。因为"物体相对静止的可能性,暂时的平衡状态的可能性,是物质分化的根本条件,因而也是生命的根本条件"②。同时也说明,儒学与医学在其理论的历史使命和发展方向上是一致的,需要我们不断发掘、继承和弘扬。不过也应看到,社会政治理论与医学理论又有本质的区别,传统儒家与医学思想也存在着许多局限性,需要在研究中进行理性分析和理论"扬弃",这是对待传统文化既要始终充满"温情与敬意"又要不断进行合理批判的正确态度。

实践理性是指"人类关于自身与世界的关系'应如何'和人'应当怎么做'问题的观念掌握,是主体对未来实践活动的过程和结果做出的超前反映或观念预演"。③医儒"中和观"基于"天人合一"理论将天、地、人看作一个整体,提倡积极健康、恬淡安然的生活方式,内在地要求及时消除社会刺激因素,改变错误的认知模式,确立健康的人际关系,避免思想过激和行为异常。这不仅使得人体与疾病的变化规律与自然、社会密切联系起来,从人的生物属性、思维属性、社会属性的视角深化对人的本质属性的认识,而且也指导着人们在纷繁复杂的现实生活中采取正确的认知和行为方式。

价值理性是指"思考、追问以及追求思想或行为自身的价值正当性或价值上的

---

① 张晓芒:《批判性思维及其精神》,《重庆工学院学报》2007 年第 6 期。
② 《马克思恩格斯选集》第 3 卷,人民出版社 1972 年版,第 563 页。
③ 别祖云、刘丹:《实践理性的合理化》,《探索》2003 年第 4 期。

合理性。包含三层意思:思想或行为满足某种正当利益要求;思想或行为自身与某种正当价值取向一致;思想或行为自身就是正当的"①。科学理论总是具有其求真求善的价值追求,如医儒"中和观"强调以人为本,提示人们对历史、文化、思维方式、生活方式进行反思,从而确立合理的态度与方法,促进人与社会相协调。发展中国的软实力,其背后的价值理念就是"中和",它不仅是一种理念,也是一种方法,作为方法可能是更为现实的。在实现"中国梦"的历史进程中,如何弘扬中国的历史与文化,阐扬中国的哲学精神和"逻辑思想",从而在中西方文化交流与沟通中架起一座桥梁,是传统文化研究的题中应有之义,也是医儒"中和观"的价值理性之所在。

逻辑理性、实践理性和价值理性都是理性的体现,是人类认识事物规律的智慧。将它们应用于构建并实践医儒"中和观",不仅有助于实现传统文化传承的理论自觉,而且有助于在实践中不断进行理论预演和探索,不断剔除其不能满足现实发展需要的不合理部分,补充新的更加合理的结论。就理论与实践的互动关系看,不仅有积极的现实意义,而且是坚持中国发展道路的历史必然选择。

Integration of Confucianism and Medicine in "Mean and Harmony" and its Logical Rationality

SUN Kexing

(Chinese Medicine and Economic and Social Development Research Center,
Henan Traditional Medicine University, Zhengzhou, Henan, 450046)

Abstract: As a basic principle for ancient Chinese philosophers to recognize and master the essence and law of things, "Mean and Harmony" was not only inherited and spread by the Confucian School and medicine, but also theoretically

---

① 王洪:《法律逻辑学》,中国政法大学出版社 2008 年版,第 51 页。

integrated in these two fields. Both the Confucian School and medicine have their own internal compatibility and consistency in theoretical source, basic connotation, theoretical basis and practical processes. In the background of inheritance and promotion of traditional Chinese culture and communication between Chinese and Western cultures, exploring the rational elements of Mean and Harmony in both Confucianism and medicine and their theoretical differences and conjunctions will help deepen the theoretical connotation and practical value of traditional Confucianism and medicine and provide reference for the promotion of creative transformation and innovative development of traditional culture.

Key words: Confucianism; *the Orthodox Classic of Huangdi*; Mean and Harmony; integration of medicine and Confucianism